松本健太郎 編

理論で読む
メディア文化

Making Sense of NOW: Critical Media Literacy

「今」を理解するためのリテラシー

新曜社

はしがき

編者 松本健太郎

「今」（に生きつつある人間／に根づきつつある文化）の組成を理解するために、「今」どのようなかたちの〝リテラシー〟が求められている、といえるだろうか。

筆者は、かつて日本記号学会の機関誌として刊行された『ゲーム化する世界――コンピュータゲームの記号論』（新曜社、二〇一三）の編集を担当したことがあるのだが、その際、同様の書名の本がないかどうかを検索してみて驚いたことがある。じつは、類似したタイトルの書籍があまりにも多いのである。ほんの一部の事例をあげるならば、トーマス・フリードマンによる『フラット化する世界』、ニコラス・G・カーによる『クラウド化する世界』、ジグムント・バウマンによる『リキッド・モダニティ――液状化する社会』、アラン・ブライマンによる『ディズニー化する社会』、ジョージ・リッツアによる『マクドナルド化する社会』など、そのような事例は枚挙に暇がない、といいうるほどである。

日本記号学会第三一回大会における討議の成果をとりまとめて出版した『ゲーム化する世界』では、コンピュータゲームそのものを内在的に分析するというよりは、むしろゲーム的な想像力が社会に拡散・浸透しつつある現況をふまえ、私たちの世界がどのようなロジックのもとに組み変わりつつあるのかを解明しようとした――というのも昨今では、ゲームは「テレビ」「パソコン」「ケータイ」「スマホ」の画面を含め、さまざまなメディウムや装置のなかに侵入し、人がそれをつうじて、生きていくうえで重要な何かを学んだり、現実のなかでは不可能な何かを体験したり、あるいは社会の誰かと交わったり結びついたりする、きわめて影響力の大きな媒体としての役割を演じつつあるからである。他方で「ゲーミフィケーション」なる術語が端的に示唆するように、ゲームという媒体がその枠を超過して、そこに包含されるロジックやデザインが（教育分野や経済分野を含む）多様な領野へと応用され、人々の行為や欲望のかたちを大きく変質させつつあるからである。[*1]

以上の「〇〇化する世界」もしくは「〇〇化する社会」をめぐる言説群のなかで、「ゲーム化／ゲーミフィケーション」とは、「今」を読み解くための切り口のひとつにすぎないかもしれない。しかし改めて再考してみるならば、乱立する「〇〇化」言説の源泉にあるものは、私たちが生きる文化のあり方が、さらには、そのなかに生きる私たち自身のあり方が急激な「変化」にさらされている、という直感ではないだろうか。メディア史を紐解いてみると、最古の文字が使用されたのは数千年前、その後、ヨハネス・グーテンベルクが活版印刷を発明したのが数百年前、さらに時代をくだって一九世紀以降には様々な電気メディア・電子メディアが踵を接して発明され、それが近年になってからは各種の／新種のデジタルメディアやソーシャルメディアが爆発的に台頭する、という状況が顕在化しつつある。人間とは自らが作ったメディアによって作りかえられる存在である――メディア論的にそう考えてみるならば、現代人はまさにその等比級数的な変化の〝まっただなか〟にいる、と考えたほうが良さそうである。

社会学者のバウマンは、現代人が直面しつつある状況を「リキッド・モダン」（液体的・流動的な近代）と呼んでいる。彼によるとそのような時代においては、「そこに生きる人々の行為が、一定の習慣やルーティンへと（あたかも液体が固体へと）凝固するより先に、その行為の条件の方が

＊1
わかりやすいところで、プレイヤー自身の能力向上を目的とする「脳トレ」的なゲームを例にあげると、それによって、それまでは〝しんどい〟と感じられていた学習が〝遊び〟へと転換される。

変わってしまうような社会」[*2]が現出しつつあると理解される。私たちが生きる現代社会は「液体」の隠喩、「液状化」のイメージで表象されるほどに、急速な変容の時を迎えつつあるのだ。

現代人の情報世界は多種多様なデジタルメディア、あるいはソーシャルメディアによって急速に組み変わりつつある。いわゆる〝ガラケー〟と呼ばれた多機能型携帯電話とは異なり、アプリを加除することでいくらでも機能をカスタマイズできる〝スマホ〟のように、昨今の若者たちはＬＩＮＥ、Ｔｗｉｔｔｅｒ、Ｆａｃｅｂｏｏｋなど、手許にある複数のコミュニケーション媒体を組み合わせて——それも自らの所属する文化的グループの基準におうじて——情報世界を巧みにカスタマイズしようとする。そしてそのような技術的前提の変化は、ポストモダン的状況における〝文化の島宇宙化〟とも称される傾向、つまるところ（〝ジャニオタ〟にしても〝バンギャ〟にしても）細分化された小集団、あるいはトライブカルチャーを社会のなかで林立させる遠因ともなっている。

近年、私たちがそのなかに生きる記号世界と、（私たちと他者とを、あるいは私たちと世界とを媒介する）メディア・テクノロジー との関係性は以前にもまして錯綜したものになりつつある。実際に私たちが記号——言葉にしても、あるいは、言葉以外の非言語的な記号にしても——をもちいて展開する思考のプロセスに対して、メディア・テクノロジーが干渉する局面は多々認められる。たとえばオンライン通販サイトの「レコメンデーション機能」——これは過去の購買履歴から特定のユーザーの趣味や関心を割り出し、サイト内でそれと関連するカテゴリーの「おすすめ商品」を推奨してくれるものである。あるいは携帯電話・スマートフォンなどに搭載されている「予測入力」——これはキーボードによる文字入力を省力化してくれるもので、言葉の選択肢を先回りして表示してくれるものである。自分が次に考える可能性があること、次に欲望する可能性があることが、あらかじめテクノロジーによって制御される（…便利でもあるが、気持ち悪くもある…）。そ

＊2
ジグムント・バウマン『リキッド・ライフ——現代における生の諸相』長谷川啓介訳、大月書店、二〇〇八年、七頁。

の巨大システムのなかでは、思考や欲望のどこまでが自分由来で、どこからがシステムの要請に応えたものなのかが、実は、それを行使する本人にとっても判然としないという場合も少なくないだろう。

ともあれ〝リキッド化〟という言辞を選択するかどうかはさておき、私たちをとりまく文化のあり方が、さらには、文化とともに生きる私たちのあり方がドラスティックに変容しつつある、という点に関しては衆目の一致するところではないだろうか。実際のところ、先述の「リテラシー」概念に関しても、そのような技術的環境の変化と無関係であることはない。そもそもリテラシー（literacy）とは、本来的には、読み書きの能力、すなわち「識字」を意味していたはずである。だが近頃では、よく話題にのぼる「メディア・リテラシー」に加えて、「情報リテラシー」「コンピュータ・リテラシー」「視覚リテラシー」「マンガ・リテラシー」「プロジェクト・リテラシー」といった表現がありうるように、それは様々な語と組み合わされ（ようするに「〇〇リテラシー」といったかたちで）概念化される傾向にある。これは多メディア社会の進展に付随して、私たちに要求される能力、ここでいう「リテラシー」概念そのものが多様化、さらには〝リキッド化〟しつつあることの証左であるといえよう。

それでは「今」、メディア文化の構造を理解するために、どのようなリテラシーが必要なのであろうか。クリフォード・ギアツは、人間とは自らが紡ぎ出した〝意味の網の目〟に支えられた動物であると捉え、その〝意味の網の目〟こそが「文化」であると規定した。[*3] コミュニケーションを媒介するメディアが技術的に進歩し、またそれが社会的文脈において位置づけられていく一連の過程をつうじて、メディア文化を構成する〝意味の網〟は刻々と更新されていく。とくに各種のデジタルメディアやソーシャルメディアが台頭したことによって、文化という〝意味の網〟が変換されて

＊3 クリフォード・ギアツ『文化の解釈学Ⅰ』吉田禎吾ほか訳、岩波書店、一九八七年。

いく速度は格段に上昇したようにも感じられる。そして他方では、それにともなって人と人との結びつき方、あるいは人とテクノロジーとの付きあい方なども確実に変質しつつある。

ますます錯綜した組成を露呈させつつある「今」を理解するために、本書では、それぞれ専門性の異なる一四名の執筆者が、引用された理論的言説を前提に、現代のメディア文化を照射するうえで有用な何らかの作品／事象を選定し、それらを学問的視点から読み解いていく、という仕掛けが用意されている。いったん理論のフィルターを通してみると、いままで〝あたりまえ〟だとおもっていたことが、まったく別の表情をもって私たちの意識に立ちあらわれてくる。つまり、理論的なイマジネーションを駆動させることによって可視化されるもの、あるいは、そこから零れ落ちるものの双方を視野にいれながら（ある理論的言説を鵜呑みにするのではなく、批判的思考を前提に、その可能性と限界とを視野にいれながら）、しかし理論的な視座を経由することで、世界を読み解くための新しくも異化的な視点を獲得することができる――その知的刺激にみちた学問的体験を読者に提供したいとも願っているし、また、本書をつうじて、理論的言説に包含される〝思考のカタチ〟をふまえ、「今」を理解するためのリテラシーを構想する端緒を提示できれば、とも願っている。

さて、以下では本書の構成について手短に触れておこう。この本は「第Ⅰ部　テクノロジーから「今」を読む」、「第Ⅱ部　表象から「今」を読む」、「第Ⅲ部　社会から「今」を読む」の三部構成によって成り立っているが、それらに含まれる各章の概要を素描しておきたい。まず、第1章の「ミシェル・フーコーと「玉ねぎの皮」――デジタル・メディア社会の時空間構制論」（水島久光）では、テレビ的なマス・メディアの「エピステーメー」を、さらには「テレビ」と「ポスト・テレビ」のあいだの断層を俯瞰しながら、「知のデジタル・シフト」以降の状況を把捉するために、「メディアの問いを、『知の考古学』の続きとして読むという冒険」を試みている。

第2章の「ベルナール・スティグレールの「心権力」の概念――産業的資源としての「意識」をめぐる諸問題について」（谷島貫太）では、ジョナサン・クレーリーによるスティグレール批判を踏まえたうえで、テレビからスマートフォンに至るまで、人々の意識を捕捉する各種テクノロジーをとりあげながら、「大量の時間対象を流通させ大衆の意識群を同期化させるマス・メディアの時代と、個人化された情報によって諸個人に個別に働きかけるポータブル・デバイスの時代」を考察の俎上に載せている。

第3章の「貨幣の非物質化――クレジットカードと認知資本主義」（山本泰三）では、認知資本主義をめぐる言説を背景に据えながら、現在ますます高度化しつつある決済システム、すなわちクレジットカードというメディアをとりあげ、「技術的イノベーションの結晶」ともいわれるその要請のもとで、消費者がいかにしてその装置的なシステムによりコントロールされているかが明らかにされる。

第4章の「メディアの媒介性と、その透明性を考える――ヴィレム・フルッサーの「テクノ画像」概念を起点として」（松本健太郎）では、「メディアの透明性」をめぐる言説をとりあげながら、現在それが遠近法や写真のみならず、CG、VR、GUIなどのデジタル映像テクノロジー、さらには「さわる画面」としてのタッチパネルによっても惹起されることを検討している。

以上の第Ⅰ部（「テクノロジーから「今」を読む」）では、メディア・テクノロジーの発達が現代をいきる私たち自身のあり方に、あるいは、私たちがつくりだす文化のあり方に及ぼしつつある影響を多角的に分析していくわけだが、これに対して第Ⅱ部（「表象から「今」を読む」）では、SF映画、芸術作品、ビデオゲーム、小説、Jホラーなど、各章の執筆者が何らかの表象に向き合う過程をつうじて、昨今のメディア環境を読み解く理論的な視点が提示されることになる。

第5章の「マッド・サイエンティストとトポス概念――『バック・トゥ・ザ・フューチャー』とメディア考古学」（太田純貴）では、エルキ・フータモの「トポス」概念を援用しながら、また、小説『フランケンシュタイン』を起点とするマッドサイエンティスト像との距離感を測定しながら、『バック・トゥ・ザ・フューチャー』における登場人物、ドク・ブラウンのイメージ編成を分析することになる。

第6章の「唯物論的時間とエージェンシー――視覚文化批判」（柿田秀樹）では、キース・モクシーによる「唯物論的時間」と題された講演、および『視覚的時間』と題された著書をとりあげながら、芸術作品がもつメディア性を紐解き、視覚のなかに唯物性がどのように関与してくるのかを考察することになる。

第7章の「ビデオゲームにみる現実とフィクション――イェスパー・ユール『ハーフ・リアル』を読む」（河田学）では、デンマークのゲーム研究者、ユールによって二〇〇五年に発表された『ハーフ・リアル』における議論に依拠しながら、ビデオゲームにみられる現実性とフィクション性について議論を展開することになる。

第8章の「ジル・ドゥルーズを読む村上春樹――『色彩を持たない多崎つくると、彼の巡礼の年』をめぐって」（五井信）では、村上とドゥルーズによる「一九六八年」への拘泥を出発点としながら、また、村上の作品に表象される「過去」や「他者と出来事」などの問題に着眼しながら、ドゥルーズの言説に依拠しながら小説を読む、という作業を実践することになる。

第9章の「Jホラーにおける女性幽霊の眼差しとメディア――ローラ・マルヴィのフェミニスト映画理論を起点として」（鈴木潤）では、フェミニズム映画理論の視座に依拠しながら、『邪願霊』

や『リング』などのホラー作品をとりあげ、そこに関与する「見る／見られる」という視覚関係、さらには従来の「見る男性／見られる女性」というジェンダー関係がどのように転換されてきたかを分析することになる。

以上にあげた第Ⅱ部に対して、「第Ⅲ部　社会から「今」を読む」では、社会における何らかの問題や事象をとりあげ、そこから現代文化を読み解いていくための理論的視座が提示されることになる。まず、第10章の「〈スペクタクル〉な社会を生きる女性たちの自律化とその矛盾」（田中東子）では、ギー・ドゥボールの『スペクタクルの社会』を参照しながら、女性たちの経済的・社会的な自立を前提に発生した「イケメン男性」の消費実践について考察することになる。

第11章の「お笑いの視聴における「（多様な）読み」は可能なのか――スチュアート・ホールのエンコーディング／デコーディング理論から」（塙幸枝）では、お笑い番組や現代的なバラエティ番組を分析対象として取りあげ、それらの視聴においてはテレビを「読む」という前提そのものが揺らぎつつある可能性などを指摘しながら、ホールによる理論を批判的に検討することになる。

第12章の「ヒトとモノのハイブリッドなネットワーク――「ゆるキャラ」を事例に」（遠藤英樹）では、ブルーノ・ラトゥールが提唱するアクター・ネットワーク理論を援用しながら、また、メディア文化研究における「モノ的転回《マテリアル・ターン》」に目を向けながら、ヒトとモノのハイブリッドとしての再帰的「ゆるキャラ」を分析の俎上に載せることになる。

第13章の「ショッピングモールとウェブサイトの導線設計を比較する――インタフェース・バリュー概念を手がかりに」（大塚泰造）では、インターネットにおける空間的隠喩に注目したうえで、ショッピングモールの建築的構造がモータリゼーションにより発展してきた過程と、ウェブサイトが閲覧端末の性能向上と回線インフラの高速化により進化してきた過程を対比しながら、空間認識をめぐる現代的なあり方について考察を展開することになる。

第14章の「インターネットと対人関係――若年女性のソーシャルメディア利用に関する調査から」（天野美穂子）では、インターネット・パラドクスの問題意識（インターネットが対人関係や精神生活を豊かにするのか）を、日本の若年女性のインターネット（ソーシャルメディア）利用という条件のもとでとらえ、対人関係や精神的健康にどのように関係するのかを検討することになる。

以上が本書に収められた全一四章の概要である――これらの各章には、それぞれの部の表題に含まれる「テクノロジー」「表象」「社会」だけではなく、「人間と文化」「現実と虚構」「過去と現在」「時間と空間」「映像と身体」「見る／見られる」「コントロールする／される」等々、「今」を理解するうえで有用な、さまざまな学問的知見が散りばめられている。「今」（に生きつつある人間／に根づきつつある文化）の組成を理解するために、どのようなかたちの〝リテラシー〟が求められているか――本書がそれを構想する契機を提供するものになりえていれば、編者として幸いである。

緒言を終えるにあたって、本書の刊行に御尽力いただいたすべての方々、とりわけ、執筆者の先生方、そして、厳しいスケジュールのなかでの編集作業に御協力いただいた新曜社の編集者、渦岡謙一氏に心よりお礼を申し上げたい。

理論で読むメディア文化——目次

はしがき　松本健太郎　3

第I部　テクノロジーから「今」を読む

第1章　ミシェル・フーコーと「玉ねぎの皮」　水島久光　22
――デジタル・メディア社会の時空間構制論

1　メタ理論のメタ理論、そしてまたその先のメタメタ…理論　24
2　「メディア学」の誕生　26
3　「侍女たち《ラス・メニーナス》」から「近代」へ　28
4　その次の裂け目――テレビとマス社会という〈実定態〉　32
5　ベラスケスとマネ、そして桜井均――絵画空間とテレビ場　35
6　近代の出口における「表象」とは何か――アーカイブの問いへ　38
本章のまとめ　ポスト近代の「表象」の主題――時間と距離との対話《ポリローグ》　41

第2章　ベルナール・スティグレールの「心権力」の概念　谷島貫太　45
――産業的資源としての「意識」をめぐる諸問題について

1　意識の流れと時間対象　47
2　スティグレールの文化産業論とクレーリーによる批判　49
3　「生権力」から「心権力」へ　52
4　「心権力」と産業的資源としての意識　55

本章のまとめ　60

第3章　貨幣の非物質化――クレジットカードと認知資本主義　山本泰三　62

1　クレジット　66
2　抽象と機械　67
3　国際ネットワークの起こり　69
4　システムとレント　72
5　情報とコントロール　74
本章のまとめ　77

第4章　メディアの媒介性と、その透明性を考える
――ヴィレム・フルッサーの「テクノ画像」概念を起点として　松本健太郎　80

1　映画『トゥルーマン・ショー』から考えるメディアの透明性　82
2　写真の透明性がもたらしたもの　87
3　〝無媒介性の錯視〟を生成するデジタル・テクノロジー　91
4　視覚に紐づけられた触覚　95
本章のまとめ　100

第Ⅱ部　表象から「今」を読む

第5章　マッド・サイエンティストとトポス概念
――『バック・トゥ・ザ・フューチャー』とメディア考古学

太田純貴　104
1　エルキ・フータモのトポス概念とメディア文化におけるマッド・サイエンティスト　106
2　『バック・トゥ・ザ・フューチャー』におけるマッド・サイエンティスト　109
3　連続するマッド・サイエンティスト　111
4　マッド・サイエンティストの／と裂け目　115
本章のまとめ　118

第6章　唯物論的時間とエージェンシー――視覚文化批判

柿田秀樹　121
1　新しい唯物論にむけて　123
2　唯物論的転回と視覚文化の批判　126
3　ポストモダン芸術と唯物性――表象不可能な視覚性　128
4　唯物論的時間とコミュニカティヴなエージェンシー　132
5　主体の後に出現するエージェンシー　134
本章のまとめ　138

第7章　ビデオゲームにみる現実とフィクション　河田学　142
——イェスパー・ユール『ハーフ・リアル』を読む
1　ゲームとは何か——ユールの「古典的ゲームモデル」　145
2　フィクションとしてのゲーム　149
本章のまとめ　メディア技術としてのビデオゲーム　153

第8章　ジル・ドゥルーズを読む村上春樹　五井信　156
——『色彩を持たない多崎つくると、彼の巡礼の年』をめぐって
1　文学研究と語り理論　159
2　分岐点としての〈過去〉　161
3　他者と出来事　165
4　クロノスとアイオーン　168
本章のまとめ　171

第9章　Jホラーにおける女性幽霊の眼差しとメディア　鈴木潤　174
——ローラ・マルヴィのフェミニスト映画理論を起点として
1　『邪願霊』における女性幽霊の眼差し　177
2　メディアの変化にともなう女性幽霊の眼差しの変化——『邪願霊』から『リング』へ　180
3　メドゥーサとしての『リング』の女性幽霊・貞子　182
本章のまとめ　185

第Ⅲ部　社会から「今」を読む

第10章　〈スペクタクル〉な社会を生きる女性たちの自律化とその矛盾　田中東子　192

1　消費主体／消費客体の転覆とその波及　195
2　バラエティ豊かな「イケメン男性」の増殖　199
3　イケメン男性の消費・商品化が示す両義性　205
本章のまとめ　208

第11章　お笑いの視聴における「(多様な) 読み」は可能なのか
――スチュアート・ホールのエンコーディング／デコーディング理論から　塙 幸枝　211

1　お笑いを「正当に」読むということ　215
2　現代的なバラエティ番組における「読み」の (不) 可能性　217
3　『バリバラ』における「支配的な位置」の不明瞭性と「対抗的な位置」への拒絶感　221
本章のまとめ　224

第12章　ヒトとモノのハイブリッドなネットワーク
――「ゆるキャラ」を事例に　遠藤英樹　227

1　アクター・ネットワーク理論とは　230
2　メディア文化研究の流れ　232

3 「ゆるキャラ」のメディア文化論 235
4 ヒトとモノのハイブリッドとしての再帰的「ゆるキャラ」 237
本章のまとめ 241

第13章 ショッピングモールとウェブサイトの導線設計を比較する
――インターフェース・バリュー概念を手がかりに 大塚泰造 244
1 パソコンとインターネットにみる空間的隠喩 247
2 モールのデザイン/ウェブのデザインの歴史を比較する 249
3 Google以降の状況――空間的隠喩がもつ意味の変化 254
本章のまとめ 257

第14章 インターネットと対人関係
――若年女性のソーシャルメディア利用に関する調査から 天野美穂子 259
1 インターネット利用は対人関係や精神的健康を阻害するのか 260
2 日本の「インターネット・パラドクス」研究 263
3 インターネット(ソーシャルメディア)利用の影響――二つの調査データからの検討 265
本章のまとめ 275

事項索引 283
人名索引 285
執筆者紹介 287

装幀――難波園子

第Ⅰ部

テクノロジーから「今」を読む

第1章　ミシェル・フーコーと「玉ねぎの皮」
――デジタル・メディア社会の時空間構制論

水島久光

【キーワード】
アーカイブ（アルシーヴ）　言表可能性　可視性　時空間　ポスト・テレビ

【引用1】

博物学が生物学となり、富の分析が経済学となり、なかんずく言語《ランガージュ》についての反省が文献学となり、存在と表象がそこに共通の場を見いだしたあの古典主義時代の《言説《ランガージュ》》が消えたとき、こうした考古学的変動の深層における運動のなかで、人間は、知にとっての客体であるとともに認識する主体でもある、その両義的立場をもってあらわれる。従順なる至上のもの、見られる鑑賞者としての人間は、『侍女たち』があらかじめ指定しておいたとはいえ、ながいことそこから人間の実際の現前が排除されていた、あの〈王〉の場所に姿を見せるのだ。それはあたかも、ベラスケスの絵全体がそのほうを向いているのにもかかわらず、その絵が鏡の偶然によってちょうど無断侵入とでもいったように反映しているのにすぎぬ、あの空虚な空間のなかで、これまでそれぞれの交替とか相互排除とか絡みあいとか散光とかいったことが推測されてきたあらゆる形象（モデル、画家、王、鑑賞者）が、とつぜん、その知覚しえぬ舞踏を止め、充足したひとつの形象のなかに凝固し、ついに肉体をそなえた視線に表象の全空間が関係づけられることを要請するにいたったかのようなのである。†1

【引用2】

可能な文の構築のシステムを定める言語体系と、口に出された発言《パロール》を受動的に集めるコーパスとのあいだに、アルシーヴは、一つの特殊なレベルを定める。それはすなわち、多数多様の言表を、ことごとく、規則的な出来事として、加工されたり細工されたりする事物として出現させるような、一つの実践のレベルである。アルシーヴは、伝統の重みを持ちはしない。それは、あらゆる図書館の図書館、時間も場所も持たない図書館を構成するものではない。しかしそれは、あらゆる新たな発言《パロール》を快く迎えてその自由が行使される領野を開く忘却でもない。伝統と忘却とのあいだで、アルシーヴは、諸言表の存続とその規則的な変容とを同時に可能にするような一つの実践に関する諸規則を明るみに出す。それは、諸言表の形成およびその変換にかかわる一般的システムなのだ。〔…〕アルシーヴの記述は〔…〕、我々を、我々自身の連続性から断ち切るのだ。その記述は、歴史の断絶を追い払おうとして我々がそのなかに我々自身を見ることを好む時間的同一性を消散させる。その記述は、超越論的目的論の糸を切断する。そして人間学的思考が人間の存在《エートル》もしくは人間の主体性を探索する場所において、その記述は、他者を、そして外を、白日の下に晒すのである。†2

＊

†1　フーコー『言葉と物』三三一－三三二頁。

図1-1　フーコー『言葉と物』

†2　フーコー『知の考古学』二四八－二五〇頁。

図1-2　フーコー『知の考古学』

1　メタ理論のメタ理論、そしてまたその先のメタメタ…理論

われわれは「メディア」を語るとき、まだまだ、ついついマス・メディアを基準にしがちだ。そもそも「メディア」が分析すべき、あるいは分析可能な対象として立ち現われたのは、「マス」の衣をまとっていたからこそだから、それは仕方のないことではある。

メディア分析者の嚆矢たるマーシャル・マクルーハン[*1]は、十分それを自覚していた。彼のいささか預言者めいたレトリックも、「メディアなるもの」全般を視野におさめんとした目論見の表われと思えば理解できる。マクルーハンは、メディアを人間の精神と肉体の機能拡張を支持するもの全般ととらえた。だからこそ最晩年作『メディアの法則』の分析手法「テトラッド（強化、回復、衰退、反転）」は、狭義の「マス・メディア」の範疇にあるテレビやコンピュータだけでなく、住宅、洋服までをも「メディアなるもの」として解釈の対象としえたのだ。

マクルーハンの諸々のテーゼの核心は、理論そのもののスコープを広げること――いわゆる「メタ性」にあったということになろう。しかしメタ理論の悲しさは、それを志向するごとに個別事象の分析の肌理が粗くなり、呪文化していくという点にある。マクルーハン以降も「メディアとは何か」を説こうとしたアプローチは数々でてきてはいるが、ニクラス・ルーマン[*2]の社会システム論、レジス・ドブレら[*3]のメディオロジーなどホリスティックなアプローチも、いまだその対象から後ずさりしていかざるをえない「メタ性」のジレンマのなかにある。[*4]

そうこうしているあいだに、時代の歯車は回ってしまった。正直われわれは、こんなに早く「マス」の時代がたそがれるとは思ってもいなかった。メディアを論じる人々の世代間断絶は、それ自体が方法の未成熟さの証といえるだろう。あんなに絶対的な覇権を握っていたように見えたテレビが、すでに〝オワコン〟として扱われる論調には違和感を禁じえないが、まあとかく同時代的物言

＊1
マクルーハン（一九一一―一九八〇）カナダの英文学者、批評家。その仕事はメディア研究の嚆矢といわれ、メディアの機能を人間の能力の拡張と定義づけたことで知られる（『メディア論――人間の拡張の諸相』（一九八七、みすず書房））。メディアの物質性に注目し「メディアはメッセージである」「ホットなメディアvsクールなメディア」などの刺激的なテーゼを連発し、テレビが普及する一九六〇年代に世界的な「マクルーハン・ブーム」を引き起こした。

＊2
ルーマン（一九二七―一九九八）ドイツの社会学者。一九六〇年代のユルゲン・ハーバーマス（ドイツの哲学者）との論争で注目を集めた。一九八四年に発表された『社会システム理論』（恒星社厚生閣、一九九三）で、総合的に社会を捉えうる理論として、社会学にオートポイエーシス概念を導入。その中心概念が「二値コード」である。あらゆる機能する社会システムは、固有の二値（バイナリー）性を持つ――（例）貨幣：支払われる／

いは、前のめりになりがちにはなる。その一方で、学会などではもはや伝統芸能的ともいえる内容分析や、ジャーナリズム的規範が重箱の隅をつついている。なんだろう、この「メディア」をめぐる諸言説の散らかり具合は……。

こういうときは、ヴァルター・ベンヤミン[*5]よろしく、散らかったもののなかに真実はあると考えるべきだろう。ターゲットを三つに絞ってみる――第一に「マス・メディア」を前提とした分析理論、そして次にマクルーハン、最後にホリスティックなメディア環境論。このように並べてみると、ぼんやり見えてくるのは各々の理論の不完全性である。言い換えれば、各々が「自明《ア・プリオリ》」とするものを抱え込み、他の理論はその「自明」性のあやうさを、説明すべき対象とするといったように、相互にもたれあっているのだ。

「マス・メディア」を分析する理論は、メディアの透明性を所与のものとし、メッセージが送り手から受け手に正確に伝わるか否か、あるいは伝わらないとするならば、そのポリフォニーをもって「読み」の多様性にアプローチすることを使命としてきた。それに対してマクルーハンは、そのメッセージそのものにメディアの物質性が関与する（「メディアはメッセージである」）ことを暴露し、メディアの肌理の相対的なグラデーション（ホット〜クール）を描いてみせた。ここで「自明」なものとされたのが「人間」である。メディアをその拡張体として叙述することによって、その基点をなす「人間」の働きは括弧のなかにしまい込まれることになった。その鍵をこじ開けたのがルーマンやドブレなのだが、彼らの「二値コード」（ルーマン）や「MO＝OM」（ドブレ）などのキーワードをもちいることで、システム全般の「機能」を一瞥のもとに視野に収めようとする野心は、「主体」の気まぐれ、そこから逸脱しようとするエネルギーをとらえそこなってしまう――かくして、理論はメビウスの輪をまわりはじめる。

支払われない。法：守られる／守られない――など。メディア解釈にも、この方法を敷衍させた。

＊3
ドブレ（一九四〇―　）フランスの哲学者、作家。ボリビアでのチェ・ゲバラのゲリラ闘争に参加したのち、フランスに戻り、ブーニューやスティグレールらと「メディオロジー」という学術運動を起こす。情報伝達を担う社会システムを「メディア圏」としてホリスティックに捉える方法を提唱。そこでは、現実の事物の組織化（MO：matière organisée）と同時に、現実の諸関係の事物化（OM：organisation matérialisée）が生じているといい、それがその事物の「メディア性」を担保していると説く。

＊4
ルーマンとドブレを同じカテゴリーとして語りうる妥当性については、拙著『閉じつつ開かれる世界』第一章「メディアと「主体」の位置――ラカンと「境界」の論理」参照。複数のシステムの結合態《カップリング》として、ドブレが「メディ

それでもわれわれは、各々の異なるアプローチの「対象」を等しく「メディア」の名で呼んでいる。裏返していうならば、この点こそがこの迷宮から脱する手がかりだ。その名称を対象に与えることを許すものが、それらの「対象」とわれわれとの関係のどこかにあるに違いない。本章では、その「隠された焦点」を探していく出発点を、ミシェル・フーコー*6に求めることにしたい。

2　「メディア学」の誕生

ミシェル・フーコーは『知の考古学』の緒言において、こう言う――「書物（その著者との関係における書物）が問題なのでもないし、理論（自らの構造と自らの整合性を備えた理論）が問題なのでもない。そうではなくて、医学なるもの、政治経済学なるもの、生物学なるものなどとして時間を貫いて与えられる集合体の数々、馴染み深いものであると同時に謎めいているそうした集合体の数々が問題なのだ。これらの統一体《ユニテ》が、独立したものでもないし規則づけられたものでもないにもかかわらず、たえず変換を被る匿名で主体なきものであるにもかかわらず、かくも多くの個別的作品を貫くものであるにもかかわらず、いずれも自律的な領域を形成しているということ。このことを私は示したいと思っているのである」。

『狂気の歴史』『臨床医学の誕生』『言葉と物』をつうじて、個別領域において追求してきた問題について、われわれの「知」の成立そのものに関する、さらに、ひとまわりメタな「問い」としてここでフーコーは提起している。これを素直に読むならば、「医学」「政治経済学」「生物学」といった学問の輪郭自体が自律的に、すなわち自己組織的な運動によって形成されるというのだ。「知」のカテゴリーは、まさしくその「知」の対象との関係自体を問う再帰的かつ自己言及的なまなざしの重なりの結果として現われていく。『知の考古学』とはその歴史を読み解く一般理論の試

ア圏」を説明していることに注目している。

＊5
ベンヤミン（一八九二―一九四〇）ドイツの文芸批評家、哲学者。アドルノ、ホルクハイマー、ハーバーマスなど、フランクフルト学派社会学や二十世紀の美学に強い影響を与えた。『複製技術時代の芸術』で打ち出した「アウラ」概念や、『パサージュ論』の痕跡・廃墟のイメージなどは、後年のメディア論の「先取り」したものと評価されている。ナチスから逃れ、アメリカへの亡命を意図してスペイン国境を逃走するなか、拘束され自殺。

＊6
フーコー（一九二六―一九八四）フランスの哲学者。『言葉と物』は当初「構造主義の考古学」の副題がついていたことから、当時流行していた構造主義の書として読まれ、その旗手とされたが、後年本人によって否定された。むしろ皮相な構造主義を批判し、古典主義時代を中心に歴史性と主体、規範の関係を再定義する仕事を幅広い領域において展開した「知の

みであった。
とするなら、ここであげられた「医学」「政治経済学」「生物学」などの範列に、「メディア学」を付け加えることをフーコーも許してくれるに違いない。フーコーの活躍した時代は、もちろん二〇世紀中~後半であるから、当然その視野にメディア的な現象は入っていたであろう。しかし彼の歴史的関心の中心は古典主義から近代へのシフトにおかれていたがゆえに、そしてフーコーが亡くなった一九八〇年代には、メディアに関する問いは、まだ「学」としての体を成していなかったがために、その主題から免れたのだといえまいか[*7]。

フーコーは「知」の領野それ自身を問う分析方法を、「歴史」に対する認識論的転換に求める。すなわち、歴史学の伝統的形態がおこなってきた「日付を持った諸々の事実」の所与性、あるいは時間の連続性のなかでおこなっていた要素記述から離れ、歴史を「非連続的」なもの、それぞれの系列において固有の時間をもつもの、地層をなすものとして認識することを提案する。歴史と構造を対立する概念ではなくむしろ積極的にむすびついたものとしてとらえるこの方法においては、その構造的分節点の現われこそが、歴史を記述する契機となるのである。

したがってフーコーにとっては、まだ「メディア」は立ち現われる手前にあった。彼の現代的問題に関する関心は、せいいっぱいに引っ張っても「アンディ・ウォーホル」（「劇場としての哲学」[*8]）がぎりぎりのところであった。しかし、ウンベルト・エーコ[*9]の「TV：失われた透明性」（パレオTVからネオTVへの変容）を経て[*10]、おそらく誰でも「知のデジタル・シフト」を実感できるようになった今、われわれはようやくフーコーに代わってそれを論じるべき位置に立つことができたといえる。

焦点は、いうまでもなく「テレビ」あるいはテレビ的なマス・メディアの「エピステーメー」と

巨人」として今日は評価されている。自ら同性愛者であることを告白。その苦悩が「性」「権力」などへの関心に向かわしめたとも。

＊7 フーコー自身はその「学」としての成立を「美学と政治の接近」として予感しているが、ラチダ・トリキが論文「チュニジアのフーコー」（フーコー 二〇〇六所収）で指摘しているように、『知の考古学』の巻末に近い「Ⅳ 考古学的記述――他の考古学」における絵《タブロー》の考古学的分析の可能性についての言及は、十分メディア論的に読むことができる――「その分析は、空間、距離、奥行き、色彩、比率、ヴォリューム、輪郭といったものが、検討されている時代において、一つの言説実践のなかで名指しされ、言表され、概念化されなかったかどうかを探究することになるだろう」（フーコー 二〇一二：三六五）。

＊8 フーコー（二〇〇六a）に収録。

デジタル技術とネットワークによるそれのあいだにある「非連続性」「断絶」「閾」「変換」であり、そこにおいてどのような要素が異なる集合をなすのかにある。その肌理の違いこそが、地層となって表われるのである。

ところで地層といっても、フーコーは、単純に時系列に堆積していくものを想定してはいない。ジル・ドゥルーズは、フーコーにおける地層化の二つの要素を「言表可能なものと可視的なもの」と明言しているが、それはすなわち、〈言説形成体〉と彼が呼んだ言表の諸集合と、「その偏差、隙間、その距離の作用を――いうならばその充溢した表面ではなく、その空白を――担っているもの」（「科学の考古学について」：一八六）*11としての〈実定態《ポジティヴィテ》〉に対応し、「エピステモロジー」は、この二要素の関係として記述される。

『言葉と物』の第一章に位置づけられた『侍女たち《ラス・メニーナス》』に関する論考こそが、その記述を代表する例である。一六五六年に描かれたベラスケスのこの代表作に対してフーコーはまさに「書（描）かれたもの（者）」と「観るもの（者）」の複雑なまなざしの攻防を見てとる。そこに古典主義時代の表象の構造を読み解き、それによって近代の「知」とのあいだにある断層を指摘することが可能になる――それが、『言葉と物』の主題（知の編成の問題を「可視性」からアプローチする）である。

この方法を、「テレビ」と「ポスト・テレビ」のあいだの断層を語ることに適用するにはどうしたらいいか。おそらくそれを考えるには『侍女たち』、そして作者ベラスケスがフーコーの考古学的分析に果たした役割を見定める必要があるだろう。

3 「侍女たち《ラス・メニーナス》」から「近代」へ

『言葉と物』で描かれた歴史の地層は、ルネサンス期、古典主義時代、そして近代文化の三層を

*9 エーコ（一九三二―二〇一六）イタリアの小説家、哲学者。一九八〇年に発表された『薔薇の名前』、一九八八年の『フーコーの振り子』といった大作で知られるが、むしろこれらの作品は『開かれた作品』『物語のなかの読者』などにおける理論的成果を具体的にかたちにして見せたものと考えられる。メディアに関する重要な論及も少なくなく、「偶然と筋」「失われた透明性」などの論文は、自身が放送局に努めていた経験がベースになっている。まさに理論と実践を軽やかに往還する学際人であった。

*10 水島・西（二〇〇八）の巻末に収録。

*11 フーコー（二〇〇六a）に収録されている。

なし、各々の異なる知的編成軸で記述される――「類似（相似）」を軸とした一七世紀のルネサンス期と「有限性」とそれに対する「欲望」を軸とした一九世紀の近代文化のあいだに二重の非連続な裂け目があり、それに挟まれ、あるいは橋渡しをする役割を一八世紀の古典主義的知の原理たる「表象」が果たしたことを発見した点に、フーコーの独自性がある。

ベラスケスの『侍女たち《ラス・メニーナス》』は、本格的な古典主義時代の到来に先駆けて、その特性を余すことなく表わしたものとしてとりあげられた――「おそらくこのベラスケスの絵のなかには、古典主義時代の表象についての表象なるものと、それが開く空間の定義とがあるように見える。実際、この表象は、そのあらゆる構成要素において、すなわち、そのイメージ、表象に向けられた眼差し、表象を通して見られうる顔、そしてこの表象を生みだしている動作とともに、表象ということ自体をこの絵のなかで表象する試みなのである」（フーコー 一九七四：四〇）。

フーコーはこの第一の裂け目（「表象」の存在）を介して、古典主義時代におけるエピステーメーを代表する「知」のカテゴリーである「一般文法」「博物学」「富の分析」が育ち、それがやがてそれ自身が促す力によって表象の統治から脱し、「言語学」「生物学」「経済学」となっていくさまを描く。そしてその反転こそが第二の裂け目である。フーコーは『侍女たち』と同様に、第一の裂け目を象徴する作品として『ドン・キホーテ』（一六〇五）をあげているが、第二の裂け目では（『ドン・キホーテ』と対照をなす作品として）マルキ・ド・サドの『ジュスティーヌ』（一七八七）などがその典型として示される。

そこでクローズアップされるのが「欲望」である――「その深い存在《エートル》において表象であるドン・キホーテ自身が、みずからの意志に反してその表象である

図1-3　ベラスケス『侍女たち《ラス・メニーナス》』

ように、ジュスティーヌは、まさに彼女自身がその純然たる欲望の、際限のない対象なのである」（同書：二三二）。『侍女たち』に描かれたように、古典主義時代、眼差しは複雑化したにせよ、いまだ「書かれたもの」に縛られていた。しかしこの時代の終わりは、その表象の地位は保持したまま、界面下に広がる「欲望」の放逸を許すようになる。古典主義時代の入口には、「王」の姿に代表される秩序は隠然と存在していた。しかし近代はまさにその不在を顕わにする。

ところで、『言葉と物』でフーコーが『ドン・キホーテ』に『ジュスティーヌ』を対応づけたように、同書の第一章を占めた『侍女たち』にも対応する絵画作品があるのではないかと考えた人々がいた。二〇〇一年に「ミシェル・フーコー、ひとつのまなざし」というシンポジウムを開催したマリィヴォンヌ・セゾンらによって活字化された講演（フーコー 二〇〇六b）で『フォリー・ベルジェール劇場のバー』（一八八一―八二）がとりあげられたが、まさにそれがその作品である。たしかにこの絵は、サドが書いた「自らの欲望の主体でありかつ他者の欲望の対象でもある」二重態である存在を「観る／観られる」視線の交差のなかに描いていることにおいてその特徴は照応するだけでなく、鑑賞者の移動が可能になったことによる、時代の「出口」たる編成軸の成立を予感させる。

しかし、この仮説には十分に納得しきれない部分がある。とくにサドとマネの作品のあいだにある一世紀という時間的隔たりは、どう説明できるのだろうか。もしかするとそこにはフーコーにおける地層化の二つの要素（＝言表可能なものと可視的なもの）の違いが表われてはいないか。それは古典主義時代と近代文化のあいだの裂け目が、言表の諸集合すなわち〈言説形成体〉の次元と、言表を「表面」ではなく「空間」足らしめるシステム、すなわち〈実定態〉の次元では、ことなった歴史を刻んでいることを示したものではないだろうか。

図1-4　マネ『フォリー・ベルジェール劇場のバー』

ドゥルーズは「フーコーにとって、可視性の場は決して言表の領野と同じリズム、同じ歴史、同じ形態をもちはしないだろう」（ドゥルーズ 二〇〇七：九五）という。フーコー自身〈言説形成体〉と〈実定態〉の区別にこだわった。その違いは、前者の言表が「言説一般に対して内部的」であるのに対し、後者は「外部的」（「科学の考古学について」：一九五）、すなわち意味論的世界に対してプラグマティック（語用論的）な世界をなしているのである。

つまりそれは「絵画」というモノ＝表象装置の物質的・技術的成立の側面に光をあてる。『フォリー・ベルジェール劇場のバー』の「新しさ」は、ルネサンス期以降「絵画」を縛りつけていた「二次元空間に三次元を描かねばならない」という当為から、作者を開放したことにある。その背景には、まさに表象がプラグマティックな空間におかれるようになった技術史的変化を見ることができよう。このマネの絵が描かれた一八八〇年代は、（キットラー[*12]がそれを主題としたように）表象の技術化の時代であったのだ。

「表象＝representation」は、たしかに（フーコーがハイデッガー「世界像の時代」を参照し説明したように[*13]、物質的には「自らの前に、自らに向けて立てる」平面＝タブローの存在によって特徴づけられる。そこでは、二次元で描かれたものでありながらそこに空間性が発生する――それをタブローのなかの意味論的規則にではなく、タブローをとりまく社会空間における「観る／観られる」主体の立ち位置に求める時代（＝近代）が到来したのだ。その意味でいえば、『フォリー・ベルジェール劇場のバー』の歴史上の位置は、自ら表現したものというよりも、すでに時代を支配するシステム（＝〈実定態〉）に規定されたものであり（その全面をおおう鏡の存在がそれを表わしている）、マネ自身が、「そう描かされてしまった」――二重の自己を図らずも体現してしまった作品なのではないかと考えることができよう。

＊12 キットラー（一九四三―二〇一一）ドイツ文学、文化論の分野で独創的な思想を著わした。主著『グラモフォン・フィルム・タイプライター』（ちくま書房、一九九九）では、聴覚、視覚、書字といった人間の身体感覚に根差した表現が、いかにして技術的カテゴリーに回収されていったかを精緻な分析と刺激的な文体で明らかにし、メディア論に新たな領域を開いた。

＊13 神崎繁は、フーコーの「表象」の概念にインスピレーションを与えたのが、ハイデッガーの「世界像の時代」（全集第五巻『杣道』所収）であると考察する（神崎 二〇〇六：二七―三〇）。

4　その次の裂け目――テレビとマス社会という〈実定態〉

表象――とりわけ「可視的なもの」の近代は、いうまでもなく写真―映画―テレビへとつづく技術進化の過程として記述することができる。しかしすでに述べたように、残念ながらフーコーは、そこへの論及を積極的にはおこなっていない。

一方の「言表可能なもの」について『言葉と物』第二部では、「経済学」「生物学」「言語学」が近代のエピステーメーとして成立していった様を、「労働」「生命」「言語」が人間から抽象化され、認識・操作すべき、まさに技術的客体として取りだされた経緯として、主に記述している。しかし、冒頭でこの分析の方法論的提起にもちいた『侍女たち』に象徴される「可視的なもの」への第二部における言及は、冒頭の【引用1】に示した部分に限られ、しかも必ずしも歯切れがよくない。

さて、ここからが本章の「冒険」である。この引用部分を思い切って要約してみよう。フーコーは、近代の知の成立とともに古典主義時代の言説は消えてゆき、そこに「従順なる至上のもの」「見られる鑑賞者」すなわち矛盾的二重体である人間が、消えていた「〈王〉の場所に姿を見せる」という。しかしそれは、どうやって？――【引用1】の後半部分、「これまでそれぞれの交替とか相互排除とか絡みあいとか散光といったことが推測されてきたあらゆる形象（モデル、画家、王、鑑賞者）が、とつぜん、その知覚しえぬ舞踏をやめ、充足したひとつの形象のなかに凝固し、ついに肉体をそなえた視線に表象の全空間が関係づけられることを要請する」――これはどういう意味なのか？――表象から自由になった（ように見える）認識主体としての人間が、逆にひとつの認識システムのなかに取り込まれるということを意味していないだろうか。

それが「テレビジョン」なのである。もっとはっきりいうならば、テレビ自体も徐々に変化してゆき、その到達点として一九八〇年代に現われた、エーコが名付けたところの「ネオＴＶ」のシステムとその表象こそが、近代の到達点として、あるいは近代から次のエピステーメーの時代との地層の裂け目として現われたものなのだ。「ネオＴＶ」は、外部参照性を喪失させ、そして「わたしはここにいる、わたしはわたしだ、わたしはきみだ」（「失われた透明性」）と語りかけるシステムとして「人称性」を立ちあがらせ、まさにその「新しい人間」を不在の〈王〉の位置に据えるに至ったのだ。

　ではなぜ、古典主義時代の「絵画」の役割を、テレビが取って代わるに至ったのだろうか。それはもちろん「代数《マテシス》」と「分類《タクシノミア》」の振舞いの結果ではあるのだが、そのあいだに写真、映画を挿入して考えると見えてくる――近代の〈実定態〉が空間を構成する諸々のものを徐々に加え、その新たに取り込んだ要素がわれわれの認識作用を変化させてきたのだ――最も大きく変化したのが時間の観念である。

　写真は、絵描きたちが苦労して表わした二次元世界における三次元空間を、時間を堰止めることによっていとも簡単に技術的痕跡として提示することを可能にした。かつて絵画においては混然一体として空間のなかに織り込まれていた時間が、空間を凝着させる媒介として自立した、すなわち空間と時間の認識上のトレードオフの関係がここに生まれるのである。時間はかつて「可視的なもの」よりも「言表可能なもの」において強く意識されてきた――「語る」という行為自体がそもそも時間との深い関わりのなかにあるからだが、「書くこと」の進化（「書かれたものの存在」）は、ある意味その違いを曖昧にした。振り返っていうなら古典主義時代は、「表象」が時間と空間をないまぜにしたのだともいえよう。

　一方、写真によって意識化された「時間」「空間」の区別は、それによって互いに切り取られる「現在」と「過去」、「此処」と「彼処」の分節を明確化させるとともに、それを連続させるムーヴィング・イメージへの希求を喚起した（このあたりはフーコーよりもドゥルーズの主戦場である）[*14]——映画やテレビに発展していく「メディアへの欲望」の背景には、こうした新たなエピステーメーの成立があったのである。

ダニエル・ブーニューはこの新しい認識秩序を「直接（時空間の共有を条件とした認識）」と「間接（離れたものをむすびつける媒介機能）」の組合わせによって説明する。

——指標的かつ同時的「直接」（「表すもの」と「表されるもの」——提示されるものの共現前）。会話での物まね、動物の行動、デモ、風向きを示す風見鶏、火を表す煙……

——「表すもの」と「表されるもの」のあいだの時間差のありうる指標的「直接」（記号が現象を超えて延長される）。遺跡、刻印、痕跡一般、便箋の残り香、灰……

——同時的間接。口頭のコミュニケーションにおける言葉、礼儀作法の決まった振る舞い、ラジオやテレビの「生」放送、先住民の狼煙……

——時差をともなった間接。テクスト一般、美術館の絵画、ラジオやテレビの録音・録画番組、この本……（ブーニュー 二〇一〇）

この整理によって明らかになったのは、テレビやラジオのいわゆる放送技術が、「時間をともなった間接」に閉じていたかつての「表象」の世界を、同時的間接を軸足にして、われわれの生きられる狭い指標的かつ同時的「直接」の時空間につなぐ「新たな現実を支える〈実定態〉」を開いた、ということであろう。「ネオTV」は、「いま・ここ」を核にその表象に向きあい／とりこまれる主体のプラグマティックな時空間で世界を包み込むプロジェクトであったといえよう。それが、

＊14　ドゥルーズ「運動イメージ」（『シネマ1』）、「時間イメージ」（『シネマ2』）。

メディアが推し進めた「マス」モードの自明化の原動力になっていたのだ。

しかし、それがもしも近代文化の〈実定態〉の完成形であるとするならば、そのなかにおける表象内容には、フーコーの手には届かなかった次の地層とのあいだの裂け目、次の時代のエピステーメーの兆しを見ることができるはずだ。そのためには、ベラスケスやマネ、あるいはセルバンテスやサドに当たる「書き（描き）手」を設定しておく必要があるだろう――本章ではその位置に、元NHKプロデューサーの桜井均に登場していただくことにしたい。

5　ベラスケスとマネ、そして桜井均――絵画空間とテレビ場

テレビ表象は基本的に集合的制作行為である。エンドロールには、多くの個人名や団体名がならぶが、いずれもの肩には資本主義経済の原則に則って分業を担う役職名が掛けられる。そのため、通常はテレビ表象の単位である番組が個人の名で語られることは稀である。

しかしドキュメンタリーやドラマといった相対的に作品性の強いジャンルでは、例外的に、かつての「表象」の名残として、個人の名とともに番組が語られることは少なくない。しかしそれにも原作者名、脚本家名、演出家名、主役（俳優）名などさまざまなパターンがある。プロデューサーはそうした数多の役職のなかで、もっとも古典的な作者の地位に近い肩書きである。とりわけ「現実」を被写体とするドキュメンタリーにおいては、ドラマよりもその作為に関与するファクターがシンプルとなる分、「作品」を代表する顔として振る舞うケースが多くなる。

一九六九年にNHKに入局した桜井均は、はじめはディレクターとして、一九九〇年代以降は、スペシャル番組のプロデューサーとして数多くのドキュメンタリーを世に送りだしてきた。桜井の作風には他のテレビ・ドキュメンタリー番組とは異なる「色」がある。それは、単一の作品であり

ながら、その背後に無数の他の番組・コンテンツとのネットワークがはりめぐらされているのが透けて感じられるような作り方を（おそらく意図的に）している点である。

一例をあげよう。二〇〇五年に桜井がプロデューサーを務めた『ＺＯＮＥ――核と人間』[*15]（八月七日）は、戦後六〇年を機に連作されたＮＨＫスペシャルの一つとして放送された。放射能に汚染され立入り禁止となった空間を「ＺＯＮＥ」という。桜井は、このキーワードを中心に核開発の歴史（現在―過去）と、ヒロシマ・ナガサキという此処に、チェルノブイリ、ネバダといった世界の「ＺＯＮＥ」を彼処として縦軸／横軸上につないでいく。その作業の過程のなかで桜井は、複数の眼差しを誘導する構造的要素を映像のなかに仕込んでいく。

『ＺＯＮＥ』は、徹底的に過去の資料映像からの引用を基盤にして創られている――しかも微視的に見れば、各映像素材の結合部分には意味論的なマーカーとしての機能をふんだんに盛り込んであり、俯瞰で見るならば七四分間の番組全体をシンメトリカルな構造に設《しつら》え、観るものの位置を「現在―過去」「此処―彼処」の循環に誘導するなどのメタ的作為を随所に見てとることができる。それはなによりこの「ＺＯＮＥ」というキーワードの解釈項が不在であること（実際に立ち入れないこと＋意味の確定が不可能なこと）によって際立つ。

この桜井にとってプロデューサー生活の円熟期に位置づけられる「作品」の独特な表現は、同じ年に『テレビは戦争をどう描いてきたか――映像と記憶のアーカイブス』を著わしたことと深く関係している。同書の前書きにおいて、桜井はテレビ・ドキュメンタリーをこのように定義づけている――「テレビ・ドキュメンタリーは《映像・音》を基本単位として、世界の現実を切り取り、それらを再構成（テレビの場合、編集という）することによって、「自分たちがどのような世界に生きているか」を理解するための媒体《メディア》あるいは道具《ツール》ということができる」（桜井 二〇〇五：vii）――

＊15
「ＺＯＮＥ（ゾーン）――それは放射能に汚染され、立入禁止となった区域のことである。六〇年前の広島・長崎への原爆投下以来、地球は数え切れぬほどの「ＺＯＮＥ」で覆い尽くされていった。この匂いも色もない人間の五感をもってしても危険を察知できない未知の恐怖にさらされた世界の人々は、言葉・詩・絵画・音楽などあらゆる表現によって人間性を回復させ、記憶を伝えようとしてきた。番組は、人類が核分裂反応を発見し「千の太陽」と呼ばれた原子力を手に入れてから、原爆投下・核実験競争・原発事故に至るまでの七〇年間で、人間は、いかにしてＺＯＮＥから脱け出そうとしてきたか、その格闘の歴史を伝える」（ＮＨＫスペシャルサイトより転載 https://www6.nhk.or.jp/special/detail/index.html?aid=20050807）。

これ以降桜井は、制作から研究・論評に軸足を移していくことになるが、この「ドキュメンタリー＝認識のツール」というテーゼは、彼のドキュメンタリー論のライトモチーフとなっていく。
桜井は、同書からさかのぼること四年、初めて著わしたテレビ論『テレビの自画像――ドキュメンタリーの現場から』の冒頭で「近頃、私はテレビマンの誰彼となくつかまえて、「いま、あなたはどこにカメラの三脚を立てますか」と尋ねることにしています」といっている（桜井 二〇〇一：三）。[*16] この「自らの立ち位置を問う」という姿勢こそが、桜井をフーコー的な意味で、ベラスケスそしてマネの延長線上に位置づける裏付けを与えてくれる。

しかし、近代文化の「完成形」としてのテレビは桜井にそれ以上の役割を要求する――われわれはベラスケスやマネの作為を直接彼らの言葉によって知ることはできない。だからこそフーコーという後年の解釈者の存在が必要だったのだが――桜井は、自らが制作しかつ語るという立ち位置をとるようになる。『テレビの自画像』、それはたんに表現する主体でありかつ見られる客体であるという二重態としての自意識の獲得に止まらない。そこに語る主体と語られる客体を加え、なおその客体を自己と他者（対象）、集団（社会の刻印）と個の相互性のなかに見定めては、その「見え」を解くという運動のなかにおく。

桜井の極めてユニークな研究・論評方法に、複数の既存の番組を再編集し提示することによって、隠されたコンテクストを浮かびあがらせるというものがある。過去のドキュメンタリー群を「制作年代」「特定の作者」あるいは「公害」「戦争」といった主題から切り、部分を拾いあげ、つなぎ直し、論点を明るみに出していく。この方法によって遡及的に気づかされることがある。それは「各々のドキュメンタリーは、一見単体の作品の殻をまとっていても、もともとは多数の映像素材の編み合わせによってできあがっている」、すなわち映像のアーカイブの存在を前提に成立して

図1-5 桜井均『テレビは戦争をどう描いてきたか』

＊16 桜井均の初めての単著は、自ら制作したドキュメンタリー番組に沿って書かれたもの（『埋もれたエイズ報告』一九九七）である。

いるという事実である。

先にあげた『ZONE』という番組自体が、実はその研究・評論手法をそのまま作品化したものだった。桜井自身はこの事実を意識させる、すなわち元の映像素材への指し示し《インデックス》を意図的に明らかにしているような番組を「ハブ番組」と呼んでいる。さまざまな既存のコンテンツのコンテクストが交差するこのメタ・ドキュメンタリーによって、われわれ観る者は、膨大な記録の森のなかに分け入ることができる。

6　近代の出口における「表象」とは何か——アーカイブの問いへ

桜井はここ数年、精力的にドキュメンタリー番組のアーカイブに向きあい、多数の論評を著わしている。それらを読むたびに不思議な気分に襲われる。いずれもがまるで「ドキュメンタリー」のように書かれているのである。「言表可能なもの」を「可視的なもの」であるかのようにあつかう〈あるいはその逆をおこなう〉——この制作＝論評の重ね合わせは、いわば〈言説形成体〉と〈実定態〉の交差点を探る試み、あるいは近代の入口において、サドとマネのあいだで引き裂かれた地層＝断層を掘り、読み合わせる、まさに考古学的作業である。

『テレビは戦争をどう描いてきたか』で桜井は、とくに「戦争」という主題においてドキュメンタリーを研究する場合の重要な視点を提示している。それは「語り」の問題である。一九五三年、日本のテレビ放送は開始当初から「あの戦争」とどのように向き合っていくかという難問を背負いつづけてきた。桜井は、しかし初期のテレビ・ドキュメンタリー（およびそこに描かれる人々）における「戦争」に関する語りは「モノローグ」に閉じていたと、告発する。同書では、それがダイアローグ、そしてポリローグに向かう過程で生じるさまざまな問題について、多くの番組内容を追いながら論じていく。
「認識の道具《ツール》」とともに、この「多声性《ポリローグ》の希求」（あるいはモノローグの〝閉じ〟への抵抗）は、同書以降書き重ねられていく評論において、次第に「アーカイブへの問い」として先鋭化していっている。もちろんＮＨＫ出身の桜井において当初、直接的には、番組の保管庫としての「ＮＨＫアーカイブス」の存在意義を問うことであった。しかし今日それは、その実体を超えて、フーコーの「アルシーヴ」のコンセプトに接近しているように思われる。

ＮＨＫ放送文化研究所がおこなうアーカイブ・シリーズ研究「制作者研究〈〝過ぎ去らない〟巨匠たちの仕事場〉」における桜井論文「鈴木良子（映像編集者）〜編集室は「第二の現場」〜」（『放送研究と調査』二〇一五年五月号）には、三つの意味で、その現在の到達点が表われている。そこにはまさに言表可能性と可視性の重なりの肌理が浮かび上がっている。

第一に、通常番組制作においてあまり光のあたらない「編集者」に光をあてたこと。桜井はこの一つ前に「カメラマン吉野兼司」論を著わしているが（ＮＨＫ放送文化研究所 二〇一三）、これらによって集合的制作行為である番組づくりが、実は「対話」のプロセスであることが明るみに出されることになる（桜井は〝ドキュメンタリーは認識のツールであるというテーゼ自体が「編集室での対話のなかから生まれた」と告白する）。

第二には、一見すると「言葉の不自由さ」に悶える被取材者のなかから、人間の「多言語話者」としての本質を浮かび上がらせる「編集」の機能を指摘した点。たとえば聾唖者の「互いの口となり耳となり、助け合って生きてきた」姿を映した『歳月』（一九六四）、戦地での人肉食の告白をストップモーション（言葉を伏せて）で表現した『和賀郡和賀町』（一九六七）——こうした「名作」といわれるテレビ・ドキュメンタリーのなかでは、「言説の領界」の縁《ふち》における可視性の問題が提起されていることに気づかされる。

そして第三に、この被写体の「言葉にならないことば」を、番組制作者間のコラボレーション（独立性を保持した者同士の協働）が増幅させ、オーディエンスに聞こえるかたちを得る——すなわち制作者と被取材者とオーディエンスの三者を「つなぐ」空間がここには創造される。この論考で桜井がこれまでのテーゼに付け加えた重要な知見は、そこで空間が時間的な継続性を媒介に成立していることを指摘した点である。ドキュメンタリーをツールとして獲得された「認識」は常に未完成であり、その先に精神を投げ出すアブダクション[*17]なのだ。ゆえに、「今回はここまで来た。さて次は?」と、問いのリレーのバトンを「つないで」いく。被取材者は制作者に、制作者はオーディエンスに、そしてオーディエンスは被取材者に「出会う」——そして映像は「公共空間」のエンジンとなる。

冒頭の【引用2】でフーコーはこういう——「可能な文の構築のシステムを定める言語体系と、口に出された発言《パロール》を受動的に集めるコーパスとのあいだに、アルシーヴは、一つの特殊なレベルを定める。それはすなわち、多数多様の言表を、ことごとく、規則的な出来事として、加工されたり細工されたりする事物として出現させるような、一つの実践のレベルである」。桜井が鈴木良子を介して明らかにした「言葉を（映像を介して）編む仕事」としての編集は、まさにこのことをいっていたのではないだろうか。

鈴木も（以前の桜井論文にとりあげられたカメラマンの吉野兼司も）、そして桜井自身も、それぞれ固有のコンテクストを有する膨大な素材（あるいは吉野の場合はリアルな時空間）から断片を切りとり、抜き出し、つなぎなおす作業をおこなっている。「〔…〕アルシーヴの記述は〔…〕、われわれを、われわれ自身の連続性から断ち切る」、そして「人間学的思考が人間の存在《エートル》もしくは人

＊17
アメリカの哲学者チャールズ・サンダース・パースがアリストテレスの論理学をもとに提唱した、帰納法、演繹法と並ぶ第三の推論法。仮説形成法ともいわれ、ひらめき的洞察や創造力といった心理的情態に近い推論の形体を指す。かつては論理学の領域外ともみなされていたこの思考のカテゴリーを、むしろパースは自身の主題の一つとして扱うほどに重要視し、そのことによって科学的発見を論理学の問題として議論する道を開いた。

間の主体性を探索する場所において、その記述は、他者を、そして外を、白日の下に晒す」――そのことによって新たに人と人を結びあわせるのだ。

すなわちわれわれの世界は、常に可能的なアーカイブ（アルシーヴ）を成しているのである。「諸言表の形成およびその変換にかかわる一般的システム」（フーコー 二〇一二：二四八）であるアーカイブは、テレビが代表するマス・メディア（＝近代文化）時代の出口の地層の裂け目に現われた新しい秩序のかたちなのであろう。

本章のまとめ　ポスト近代の「表象」の主題――時間と距離との対話《ポリローグ》

さてそれでは、フーコーの考古学的分析の核心、すなわちルネサンス、古典主義、近代各々の時代において、「類似」「表象」「欲望」と移り変わってきたエピステーメーの編成軸は、これからのアーカイブの時代においては何なのか――その答えは、すでに出てしまっている――フーコーがベラスケスやマネを導きの糸としたように、桜井均の仕事を見るならば、それは「対話」ということができるだろう。

しかし、単純化は禁物である。すでにもはやアーカイブを介してドキュメンタリー映像を見ることによって、われわれには「対話」が、決して狭義の言語行為の枠のなかに納まるものではないことがわかった。「観る／観られる」ことと「語る／語られる」ことの交錯のなかにあって自らの立ち位置を問うことを要求されるわれわれにとって、もはや「他者とつながる行為」としての「対話」は、言語表現に閉じたものではありえない、時空間的な実践なのである。

今日「メディア」への問いは、冒頭にあげたような「分断」と「相互依存」の迷宮から脱し、理論的に次の次元への移行を要求されているように思われる。かの迷宮を支えていた、被写体（被取材者）、制作者、オーディエンスのあいだの距離は、古典主義時代の空間的差異に近代の時間的差異が加わることで複雑化していったが、今日それはデジタル技術のなかで根こそぎ反転・相対化され、ユークリッド幾何学から位相幾何学的な世界へと移りつつあるからだ。「既読」「リツイート」「いいね」でむすばれる「対話」空間の素材としては、かつて「世界認識のためのツール」と期待された映像表象も今や、狭義の、卑俗な意味での「ツール」（ユーチューバーたちの遊び道具）になり下がってしまっている。こんな社会だからこそ、まさにこの新しい世界における「距離」を読み取るための「対話の科学」が求められているのだ。

認知言語学者のマイケル・トマセロは、そのことに気づいた識者のひとりである。『ことばをつくる』『コミュニケーションの起源を探る』などの著作のなかで展開する彼の発生論的研究は、言表可能性と可視性が相補的に働くことによって、人間特有のコミュニケーションが成立することを説く。とりわけ興味深いのは「指さしと物まね」、すなわち「共同注意フレーム」「伝達意図の理解」「役割交代を伴う模倣」の三段階を条件として空間を媒介とした「解釈項の共有」を志向すると考えた点である。

われわれがごく当たり前におこなっている「解釈項の共有」プロセス、たとえば単なる「友人の接近に対して指さす行為」のなかにも「私は〔あなたが〔私は（あなたが、あなたの友人が近づいてきたことを知ること）を欲するということ〕を知ること〕を欲する」（トマセロ 二〇〇八：八六）という複雑な伝達意図が、「玉ねぎの皮」的に多層化されている。この「対話の成立自体が自己言及的プロセスの産物である」という事実は、「言説形成体」（表象の積み重ね）そのものが「実定態」（システム＝ハイパーリンク、あるいはクラウド・コンピューティングのアーキテクチャ）として成立している今日の世界の時空間で、生きていくことの難しさを表わしている。

フーコーが強い関心を抱いた「監視」「権力」「狂気」といったことがらは、いよいよこの世界のなかの重要事項としてわれわれの生に立ちはだかるだろう。メディアの問いを、『知の考古学』の続きとして読むという冒険に挑むタイミングは、実は遅きに失しているくらいなのである。

問題は、少々先へと進みつつ、いわば螺旋状の回転によって、私自身が企てたことの手前に立ち戻ることである。

——M・フーコー『知の考古学』緒言

引用・参照文献

石田英敬（編）（二〇〇六）『地のデジタル・シフト——誰が知を支配するのか？』弘文堂
神崎繁（二〇〇六）『フーコー——他のように考え、そして生きるために』日本放送出版協会
桜井均（二〇〇一）『テレビの自画像——ドキュメンタリーの現場から』筑摩書房
——（二〇〇五）『テレビは戦争をどう描いてきたか——映像と記憶のアーカイブス』岩波書店
桜井均＋七沢潔＋東野真ほか（二〇一二、二〇一三—一四、二〇一五）「制作者研究〈テレビ・ドキュメンタリーを創った人々〉」「制作者研究〈テレビの〝青春時代〟を駆け抜ける〉」「制作者研究〈〝過ぎ去らない〟巨匠たちの仕事場〉」『放送研究と調査』NHK放送文化研究所
ドゥルーズ、G（二〇〇六）『シネマ２＊時間イメージ』宇野邦一＋江澤健一郎ほか訳、法政大学出版局
——（二〇〇七）『フーコー』宇野邦一訳、河出文庫
——（二〇〇八）『シネマ１＊運動イメージ』財津理＋齋藤範訳、法政大学出版局
トマセロ、M（二〇〇八）『ことばをつくる——言語習得の認知言語学的アプローチ』辻幸夫ほか訳、慶應義塾大学出版会

――（二〇一三）『コミュニケーションの起源を探る』松井智子＋岩田彩志訳、勁草書房
フーコー、Ｍ（一九七四）『言葉と物――人文科学の考古学』渡辺一民＋佐々木明訳、新潮社
――（一九七五）『狂気の歴史――古典主義時代における』田村俶訳、新潮社
――（二〇〇六ａ）『フーコー・コレクション３ 言説・表象』小林康夫＋石田英敬＋松浦寿輝編、ちくま学芸文庫
――（二〇〇六ｂ）『マネの絵画』阿部崇訳、筑摩書房
――（二〇一一）『臨床医学の誕生』神谷美恵子訳、みすず書房
――（二〇一二）『知の考古学』槙改康之訳、河出文庫
――（二〇一四）『言説の領界』槙改康之訳、河出文庫
ブーニュー、Ｄ（二〇一〇）『コミュニケーション学講義――メディオロジーから情報社会へ』水島久光監訳、西兼志訳、書籍工房早山
マクルーハン、Ｍ、マクルーハン、Ｅ（二〇〇二）『メディアの法則』高山宏監修、中沢豊訳、ＮＴＴ出版
水島久光（二〇〇四）『閉じつつ開かれる世界――メディア研究の方法序説』勁草書房
水島久光＋西兼志（二〇〇八）『窓あるいは鏡――ネオＴＶ的日常生活批判』慶應義塾大学出版会

第2章　ベルナール・スティグレールの「心権力」の概念
――産業的資源としての「意識」をめぐる諸問題について

谷島貫太

【キーワード】

心権力　生権力　テクノロジー　ポータブル・デバイス　マス・メディア

【引用1】

われわれの意識は、ｉＰｏｄや携帯電話――やがてはそこで配信されるテレビ番組――によってたえず刺激されている。一日当たり一〇時間近く、個々人の注意が占拠されるに至ったのだ。心権力としてわたしが分析する時代とはこのようなものである。[†1]

【引用2】

ところでフーコーが、ヨーロッパに局限することで歴史的かつ地理学的に、そしてかくも力強く描き出そうと固執した生権力（biopouvoir）は、もはやわれわれの時代を織りなすものではない。それゆえその生権力の概念は、拡張されないかぎり、意識テクノロジー的な心権力（psychopouvoir）の特殊性も、それに由来する生権力のおかれた新たな状況も、またもはや国家（そしてそのプログラム機関）にではなく脱領域化された経済的諸力（そしてそのプログラ

†1 Bernard Stiegler, *Economie de l'hypermatériel et psychopouvoir. Entretiens avec Philippe Petit et Vincent Bontems*, p.116.

ム産業）——これらは言説的および非言説的な新たな諸関係、すなわち新たな装置《ディスポジティフ》を構成する——に属する意識政治となった生権力も理解することができない。†2

【引用3】

心権力とは、合理的手法、すなわち合理化された手法をもちいて、個人および集団の意識の制御に基礎をおく社会の組織化である。ここで合理的手法と呼ばれているのは、トライアンドエラーのプロセスによって実現される手法によって、比率《ラチオ》や計算を働かせるものという意味であり、それについて人々は、どう機能するかは知っているが、どのような帰結をもたらすかは知らない。†3

【引用4】

いま目の前にあるのは、もはや群れと個人の対ではない。分割不可能だった個人（individus）は、分割によってその性質を変化させる「可分性」（dividuels）となり、群れのほうもサンプルかデータ、あるいはマーケットか「データバンク」に化けてしまう。†4

＊

現代フランスを代表する哲学者ベルナール・スティグレール（一九五二―）は、技術と人間の関係性をめぐってきわめて多岐にわたる議論を展開している。その射程は壮大かつ多様で、直立歩行とともに開始された人間という種の固有性をめぐる議論からはじまり、存在論や現象学などの西洋大陸哲学の根本的読み直しを経て、現代における感性的貧困や政治的悲惨までをも扱っている。そ

†2 Bernard Stiegler, *Prendre Soin 1. De le Jenesse et des Générations*, p. 227.

†3 Bernard Stiegler, 《Psychopouvoir et guerre métapsychologique : la question du pharmakon》, p. 123.

†4 ジル・ドゥルーズ『記号と事件』三六一頁。

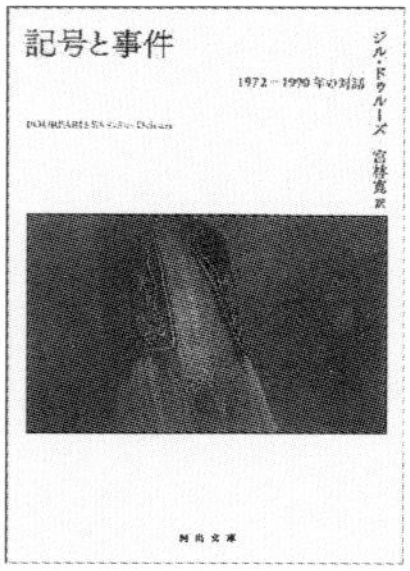

図2-1　ドゥルーズ『記号と事件』

の全体像を限られた紙幅で描き出すことは、当然ながら不可能だ。本章では、そのスティグレールの議論のなかでも人間の「意識」とそれをとりまくテクノロジーをめぐって展開されている議論に焦点をあてる。スマートフォンをはじめとするさまざまなポータブル・デバイスが、たえず新たな戦略を繰り出しながら人々の意識に恒常的に働きかけつづける現代社会にとって、人間の意識をめぐるスティグレールの議論は、ひときわ重要なアクチュアリティを有していると考えるからだ。なかでも、彼が近年提唱している「心権力 psychopouvoir」という概念は、まだ日本ではほとんど紹介されてはいないが、現代の人々がおかれている状況を理解するための、きわめて有効な手がかりになるはずである。本章は、スティグレールが人間の意識とテクノロジーの問題について論じるその理路をたどりながら、この「心権力」という概念について、その理論的な射程を可能な限り広く押さえつつ概説することを試みる。

図2-2　スティグレール『技術と時間2』

1　意識の流れと時間対象

意識をめぐる議論を立ちあげるに際して、スティグレールがその出発点とするのは時間対象の問題である。〈時間対象 Zeitobjekt〉とは、現象学の提唱者であるエドムント・フッサール[*1]の用語で、「単なる時間内の統一体ではなく、さらにそれ自身のうちにも時間的延長を含む対象」(フッサール一九六七：三二―三三) を指す。たとえばメロディがその例としてあげられる。あらゆる対象は時間のなかに存在する (「時間内の統一体」) が、必ずしも時間的に経過するということをその対象の本質的な契機としているわけではない。しかしメロディという対象は、その時間的経過なしでは成立しない。時間的に流れていくということが、メロディがメロディであるための本質的な要素であるのだ。このことは、書かれた文字にはあてはまらない。

＊1
エドムント・フッサール (一八五九―一九三八) はオーストリア出身の哲学者。対象の現われを、意識の作用に遡ることで解明しようとする現象学を提唱した。その時間論では、絶えず流れていくものとしての意識がどのように構成されているかを探求していった。主著は『論理学研究』(一九〇〇)、『デカルト的省察』(一九三一)、『ヨーロッパ諸学の危機と超越論的現象学』(一九三六) など。

文字のような非時間対象と、メロディや映像のような時間対象の区別は、テクノロジーと意識が取りむすぶ関係という点できわめて本質的である。そのことは、それぞれのテクノロジーとの関係において、意識の時間的な流れがどのように生みだされていくのか、という観点からとらえなおすとより明確に理解できる。文字そのものには時間は含まれないが、文字を読むという行為は時間的なものだ。そこでの読むという行為に時間を与えているのは、読み手の意識である。書かれた文字をどのような速度で読むか、どこで立ち止まりどこで再開するかは基本的に意識の能動性に委ねられている。読むという行為の時間性は、意識によって制御されるのだ。対してメロディの聴取においては、意識はそのような形での能動性は奪われている。メロディはそれ自身が時間的に経過するものであり、意識は、その対象の時間性にひたすらついていくことしかできない。スティグレールは映画という時間対象をめぐって次のように述べる。

> 時間対象の特徴は、その流れが、それを対象とする意識の流れと「逐一」一致することにある。つまり、対象の意識は、この対象の時間を取り込むのだ。意識の時間は、対象の時間なのであり、このプロセスに基づくことで、映画に典型的な同一化の現象が可能となるのだ。[*2]

時間対象を受容しているとき、意識の時間の流れは、その受容対象の時間の流れを「取り込むadopter」のだとスティグレールは表現する。「取り込み adoption」というフランス語は養子縁組を意味する言葉でもあり、この言葉をスティグレールは全般的に、自分自身が生きたわけではない経験を自分のものにしていくプロセスを指し示すためにもちいる。自分が生まれる前の歴史的出来事は、自分が実際に生きた経験ではないが、しかし社会に生きる人間はみな、自分が生まれる前に起

図2-3　スティグレール『技術と時間3』

＊2　スティグレール 二〇一三：五九。訳語は適宜修正。

こった社会的出来事を、自分自身のものとして「取り込んでいく」というプロセスを必ず経る。このプロセスによってはじめて、社会的記憶というものの存在が可能となる[*3]（スティグレール 二〇一〇：三九〇）。この歴史的出来事の「取り込み」は、いうまでもなく、音楽や映画やテレビといった時間対象だけでなく、文字によって書かれた歴史においても実現される、きわめて一般的なプロセスだ。しかし映画やテレビといった時間対象においては、たんに語られた出来事の「取り込み＝養子縁組」だけでなく、その出来事が語られる時間の流れそのものが「取り込まれる」のだとスティグレールは主張する。二時間の映画を制作するということは、その映画を鑑賞する二時間の意識の流れを作りだす、ということでもあるのだ。

スティグレールは、一九世紀後半に出現したフォノグラフや映画、さらにはテレビといったメディアを、時間対象を機械的に複製し流通させるテクノロジーという観点から論じていく。そこでは文化産業は、人々の意識の流れに介入し、それらを産業的な資源へと変換していく一つの体制として位置づけられる。時間対象によって体系的に介入される人々の意識の流れという視点を導入したこと、ここに、文化産業をめぐるスティグレールの議論の新しさがあるのだ。

2　スティグレールの文化産業論とクレーリーによる批判

文化産業の問題を時間対象という観点からとらえなおそうとするスティグレールの試みがその直接の分析対象としてとりあげたのは、映画、ラジオ、テレビといった、同一の時間対象を大量の人々に届けるメディアであった。これらのメディアは人々に、日常の時間の流れにリズムを与えるプログラムを提供する。映画であればそれは作品の上映スケジュールというかたちをとり、ラジオやテレビであれば番組表というかたちをとる。このような観点から、スティグレールは文化産業を

＊3　「集団を基礎づける未来との関係が、成員が共通の過去を共有することを前提しているのはいうまでもないが、この過去が共通になりうるのは、取り込みによってでしかない」（スティグレール 二〇一三：一五四）。訳語は適宜修正。

プログラム産業と言い換える。

> プログラム産業、とくにラジオ、テレビといった情報メディア産業は、時間対象を大量に生みだすが、それは何百万、何千万、何億、さらには何十億もの「意識」によって同時に聞かれ見られるのを特徴とする。この大規模な時間的一致が、出来事の新たな構造を統制し、それに、新たな集団的意識と無意識が対応している。（同書：同頁）

個々の人間の時間の流れは、それぞれ異なり多様なものだ。しかしプログラム産業が大規模に流通させる時間対象は、意識の群れ＝大衆の諸時間を「同期させる synchroniser」ことを可能とする。スティグレールがあげる例を引くならば、サッカー・ワールドカップの決勝を視聴する数億、数十億の視聴者の意識は、テレビに映しだされる時間対象によって同期化される。スティグレールはこのような「同期化 synchronisation」に、人々の時間が互いに隔たり、差異化していく「非同期化 diachronisation」の運動を対置させる。この後者は、人々の経験の「特異性 singularité」の条件であり、諸意識の時間の過度の「同期化」は、そのような特異性を均質化してしまうのだとスティグレールは主張する。

時間対象の大規模な流通による、個々の意識の時間の「同期化」と、それによる特異性の抹消と均質化というこのスティグレールが展開する議論の構図は、しかし、ラジオやテレビといったマス・メディアをあつかうことはできても、インターネットやポータブル・デバイスの普及によって一般的となった新たな情報環境を前にしてどこまで有効なのか、という批判も当然提起されてきた。ここではその代表的な例として、美術理論家のジョナサン・クレーリーによる批判を振り返っておこう。

クレーリーは現代の情報管理社会を論じた『24／7――眠らない社会』のなかで、スティグレールの議論が焦点をあてている時間対象の問題は、現代の情報環境を理解していくうえで副次的な地位を占めるものでしかないとして、次のように述べる。

> スティグレールの主たる関心となっているように思われるのは、限られた対象――映画、テレビ番組、音楽――がいかに大衆に受容されて、いかにその注意を捕えているかであるが、それは、いま最も重要なことなのではない。むしろ、見ることや聞くことという活動とつねに重なる反復的な操作や応答へと注意が再編成されていることが重要なのである。個人の分断、孤立、中立化を永続させているのは、メディアの産物の均質性であるというよりも、むしろ、これらの要素や他のさまざまな要素が消費されているもっと広くて強制的な配置なのである。*4

ここでクレーリーが念頭においているのは、マス・メディアが流通させる時間対象コンテンツに取り囲まれる意識ではなく、たとえばスマートフォンなどのポータブル・デバイスにつねに接続されている意識である。この両者は、前者の意識が流れゆく時間対象を前にして受動的な受容態度を基調とするのに対し、後者の意識が、むしろある種の能動性を発揮して、絶えざる「反復的な操作や応答」を繰り返す、という点で明確なコントラストを示す。電車のなかでスマホを開いている人々のほとんどは、映画のような時間対象コンテンツに没入するのではなく、ゲームに興じるのであれ誰かと連絡を取り合うのであれ、端末のインターフェイス上で情報との絶えざるコミュニケーションをおこなっている。そこでのユーザーは、自分が起こさなければならないアクションをたえ

図2-4 クレーリー『24／7――眠らない社会』

*4 クレーリー 二〇一五：六七。

ず予期しつづける、という状態におかれている。ゲームであれば特定のコマンドの実行というかたちで、他者とのコミュニケーションであれば適切な返信というかたちで、ポータブル端末に接続された意識は、絶えざるアクションを引きだされつづけるのである。

また、スティグレールが時間対象の問題とむすびつけた大衆の意識の「同期化」という点でも、そのアクチュアリティについてクレーリーは異論を挟んでいる。たとえばスマホを操作する人々の意識は、個人化されたコンテンツやコミュニケーションにそれぞれ接続しており、スティグレールが述べていたような意味での「同期化」はそこには見られない。そこで機能しているのは、「同期化」とは正反対の、諸個人の個別の興味関心に最適化された情報である。この点において、もしスティグレールの議論が時間対象とそれによる大衆の意識の「同期化」という論点に尽きるのであれば、その理論は、マス・メディア以後のインターネットやポータブル・デバイス、またそこに流通する個人化された諸コンテンツの時代を扱えない、「古い」ものであると見なさざるを得ないだろう。

本章では、クレーリーによるスティグレール批判を踏まえたうえで、その批判では見逃されているスティグレールの議論の可能性に焦点をあてる。その可能性の中心に位置するのが、「心権力psychopouvoir」の概念である。この概念によって照らしだすならば、大量の時間対象を流通させ大衆の意識群を同期化させるマス・メディアの時代と、個人化された情報によって諸個人に個別に働きかけるポータブル・デバイスの時代とは、クレーリーが強調するような差異以上に、その両者を統制する共通点によって理解されるべきことになる。その理路を、次節以降でたどっていこう。

3 「生権力」から「心権力」へ

まずは、スティグレールが「心権力」に与えている定義をみておこう。

　心権力は、生権力（フーコー）という用語を埋め合わせる用語である。二〇世紀後半以降、問われるべき問題は、もはや生産機械としての人口の制御（生権力）にではなく、消費機械としての動機づけを制御し、作りあげること（心権力）にある。心権力の時代とは、注意《アテンション》の産業的捕捉の時代である。市民の身体と生を制御しようと試みるのは、もはや国家だけではなく、精神を制御することを目指す多国籍企業もまたそうである。*5

　この定義のうちに明確に述べられているように、心権力という概念は、ミシェル・フーコーの「生権力 bio-pouvoir」概念を拡張し、そのことによって新たな問題系に応えようとするものである。それゆえこの概念の内実を理解するためには、まずはフーコーの生権力概念について簡単に振り返っておく必要がある。

　フーコーの生権力という概念において中心的な位置を占めるのは、「人口 population」という対象だ。フーコーの整理によれば、「人口」という概念そのものは古来より存在したが、一七世紀の重商主義の時代に政治における新たな対象として浮上し、*6 一八世紀の重農主義の時代に、決定的に新たな仕方で位置づけられることになる。*7 フーコーが焦点をあてる「人口」という対象は、人間をあつかう際の新たなアプローチの出現を示すものだ。「人口」としてとらえられた人間は、意志を有した道徳的主体でもなければ、社会契約をむすんだ法的主体でもない。「人口」としての人間とは、一種の「自然」である、とフーコーは述べる。太陽や風雪といった自然には自由意志はなく、それゆえ社会的な契約や合意の対象にはなりえない。同じことは、たとえば羊などの動物の群れに

＊5
http://arsindustrialis.org/psycho-pouvoir 引用者訳。Ars Industrialis は二〇〇五年にスティグレール主導のもと立ちあげられた組織で、自らを「精神の産業的政治のための国際的連盟」と定義し、文化政治の運動を推進している。この Ars Industrialis のサイトには、現代の文化政治を理解するためのキーワード群が解説されており、引用したのはそこでの「心権力 psychopouvoir」についての記述である。

＊6
「ともかく、一七世紀の重商主義者たちにとって人口はもはや、たんに主権者の力の紋章に記されることを可能にする実定的なプラスの特徴としては現れず、国力と主権者の力の力学の内部で（いや内部ではなく、その力学の原則自体において）現れる」（フーコー 二〇〇七：八四）。

＊7
「ところが重農主義者たちとともに――一般的にいえば一八世紀の経済学者たちとともに――、人口

もあてはまる。そこで可能なのは、適切な介入や調整によって遂行される制御のみだ。「人口」としての人間もまた、一種の自然として制御の対象として位置づけられるのだ。

この自然としての「人口」という考え方を説明するに際してフーコーは、一七世紀末のある統計学的発見に言及している。その発見によれば、それぞれの都市における死亡者の数は毎年一定しており、しかもその死因はさまざまであるのに、「その死亡率も一定の割合になっている」というのだ。「同じ割合の人びとが肺結核で死に、同じ割合の人々が熱病で、結石で、痛風で、黄疸で死ぬ」（フーコー 二〇〇七：九〇）。人間個々人にはもちろん自由意志があり、能動的判断があり、それぞれが一回限りの生を生きている。しかしマクロな観点から「人口」として人間をとらえたとき、そうした個人性をまったく無視したところで、ある恒常性を有する一種の自然的所与としての「人口」という対象が浮かびあがってくる。そこで取りだされているのは、生物学的次元に切り下げられた「ヒトという種」（同書：九一）であり、この次元で「人口」としての人間群に介入する権力の体制として位置づけられるのが、生権力である。

生権力という概念を理解するに際して、「人口」とならぶきわめて重要な要素がある。それが、「統計学 statistique」である。というよりも、マクロなプロセスとしての「人口」を対象化することを可能としたのは、人間をマクロなプロセスとして計測し数値化する統計学というテクノロジーであるのだから、この両者は二つで一つの発明であるといえる。両者は、同時に出現した一つの知的配置であるのだ。そしてそれは、国家という主権者の知の新たな配置にほかならない。

統計学とは、語源的には国家の認識のことです。つまり、これこれの時点において国家を特徴づける力や資源に関する認識です。たとえば、人口に関する認識、人口数の計量、死亡率や

は、法権利の主体を集めたものとして現れることをやめるようになると思います。〔…〕人口はあるプロセスの集合と見なされることになります」（同書：八五）。

出生率の計量、国内のさまざまな範疇の諸個人の算定、彼らの富の算定、国家が使える潜在的な富（鉱山や森林など）の算定、生産されている富の算定、流通している富の算定、通商のバランスの算定、税の効果の計量、その他すべての所与が今や、主権者の知の本質的内容を構成することになる。（同書：三三八）

統計学とは、国家が自己の富を計測するためのテクノロジーであり、「人口」はその富の一部として算定される。国家は、その富を最大化するためのさまざまな政策や対応を実行し、その成果を統計によってモニタリングし、それを次のアクションへのフィードバックとする。この循環的回路のなかで、人間＝人口は国家によって、国家の富の一部として制御されていく。このような新たな権力のモデルの出現を、フーコーは生権力という概念で指し示したのだった。

スティグレールはこの生権力の概念を出発点としつつ、その限界を拡張させるかたちで「心権力」という概念を提唱する。その見取り図は明確だ。現代において焦点となっているのは、人々の生＝人口ではなく人々の意識であり、またその制御を試みるのはもはや国家ではなく、営利的動機によって動く企業である。そして国家が「人口」の制御を通して自身の富を最大化させていったように、企業は、人々の意識の制御を通して自身の利益を最大化しようとする。意識をめぐるスティグレールの議論は、このような理解の配置のなかに位置づけられる必要がある。

4　「心権力」と産業的資源としての意識

「人口」という単位が、生権力によって制御可能な対象として認識されるためには、それを捕捉する統計学というテクノロジーが不可欠であった。同様に、意識を制御の対象とする心権力が成立

図2-5　フーコー『安全・領土・人口』

するためには、意識を捕捉するテクノロジーの存在が不可欠である。スティグレールが意識をめぐる議論の出発点に時間対象をおくのは、映画やテレビといったメディアが、意識を捕捉することのできるテクノロジーであるからだ。ただし正確にいえば、そこで捕捉されるのは意識の絶えざる流れである。時間対象は、意識の流れの一瞬一瞬に介入して、その流れを制御することができるのだ。

もちろん、統計学と時間対象を単純に並置することはできない。統計学が、人口という生命のフローを認識可能にするテクノロジーであるのに対し、時間対象は、たえず流れていく意識のフローに介入することのできるテクノロジーであるからだ。この観点でいえば、生権力における統計的数値の、心権力における対応物は、たとえばテレビの視聴率、とくに毎分、毎秒の視聴率の変化になるだろう。テレビ番組という時間対象が人々の意識の流れに働きかけ、視聴率は、その働きかけがどの程度、人々の注意を惹きつけているのかを計測する。そしてその視聴率の情報をもとに、どのような演出がより効率的に視聴者の注意を惹くことができるのかを割りだし、それを番組制作にフィードバックしていくという循環的回路ができあがることになる。

統計学が、人間を自律した個人としてではなく、有意な指標の束としてのみ扱うのと同様に、視聴率もまた人間を、テレビ番組が惹きつけうる意識＝注意《アテンション》の流れの総量としてのみ扱う。視聴率が可視化するのは、その注意の総量のうちのどれだけを個々のテレビ番組が惹きつけているか、というマクロなパーセンテージだけである。もちろんそこには、年代、性別ごとのより精緻化された情報もまた付け加えられるが、そこでもまた個人が問題となっているのではなく、それぞれの属性をもった集団ごとのサンプルデータだけが意味をもつ。ここに姿を現わしているのは、マーケティングの論理である。生権力が人々を、国家の富を表示する指標の束としての「人口」というレベルで扱っていったように、マーケティングは人々を、潜在的な利潤を示す指標の束として扱い、そこへの介入によって利潤をあげることを目指す。

この問題を最初に提起した一人が、ジル・ドゥルーズである。ドゥルーズは管理社会をめぐるエッセイのなかで、「マーケティングが社会コントロールの道具」（ドゥルーズ 二〇〇七：三六四）[*8]となっていると指摘し、そこでは人間が、マーケティングによって管理される数値の束＝「可分存在 dividuel」（同書：三五七）に還元されてしまっていると述べる。企業は、消費者の購買能力や購買傾向、スマホゲームの課金傾向には興味があるが、統合された人格としての「個人＝不可分存在 l'individu」には興味がない。スティグレールは、ドゥルーズが提起したこの議論を心権力の問題としてとらえなおす。

規律社会にコントロール社会が入れ替わったのだとドゥルーズが提起するとき、そこで同時に意味されているのは、行動のコントロールを保証するのはこれからは心権力であるということであり、そこでは、治安や国家の科学は管理やマーケティングに、規律は調整に席を明け渡すことになる。[*9]

心権力は、たえず流れゆくものとしての人々の意識に働きかけ、それを利益に変換しようと試みつづける。いわば、人々の意識を産業的な資源とするのだ。このような新たな権力体制が、時間対象の産業的生産とそれによって可能となった文化産業とともに出現したのだとスティグレールは主張するのだが、この心権力の体制がその潜在能力を十全に発揮するのは、マス・メディアの時代よりさらにあと、ポータブル・デバイスが一般化した現代であることは間違いない。クレーリーが

＊8 なお、Société de contrôle は日本語では慣例的には「管理社会」と訳されるが、サイバネティックス的なフィードバックの回路を含意する「制御」とも訳しうる両義性を残しておくために、ここでは「コントロール」とカタカナ表記にしている。なお、controle / contrôle を「制御」と訳すことの正当性については、北野（二〇一四）を参照。

＊9 Stiegler 2008a：234-235. 翻訳は引用者。

『24／7』で主張したように、現在では人々は、起きている時間のみならず、寝ている時間でもなんらかの端末に接続されているという状況にますます入り込んでいる。心権力は、あらゆる瞬間に人々の意識に働きかけることができるようになっている。

たんに接触の時間が増えただけではない。ユーザーのアクションは逐一ログを取られ、詳細なユーザー・プロファイルが作成される。どのようなインターフェイス、どのような刺激や情報の出し方が、よりユーザーの注意を引きつけつづけることができるのかについての方法論が蓄積されていくことによって、個々のユーザーの嗜好や傾向に即したかたちで、その意識の流れにより効率的に介入することができるようにもなる。心権力は、あらゆるテクノロジーを駆使して人々の意識の流れを捕捉し、広告モデルであれ課金モデルであれ、その捕捉された意識の流れを収益化していく。

スティグレールは二〇一五年に出版した『自動的社会1　仕事の未来』のなかで、クレーリーの問題提起を引き受けたうえで、クレーリーから批判された「同期化 synchronisation」と「非同期化 diachronisation」の問題を、別の角度から位置づけ直している。マス・メディアのモデルで語られたとき、この問題は多くの人々の意識のあいだの「同期化」としてとらえられていた。対して『自動的社会1』では、「同期化／非同期化」は、意識とそれが受容する情報との関係性においてとらえられている。通常、なんらかの情報が受容されるとき、それらはそれぞれの受け手の文脈に応じてさまざまな仕方で解釈される。その際には、時間をかけて情報を咀嚼するという時間的「遅れ」が不可欠である。それぞれが時間をかけてそれぞれの文脈に照らし合わせて情報を受けとめていく結果として、そこに解釈の多様性が生まれていく。スティグレールは「非同期化 diachronisation」、すなわち「異-時間化 dia-chronisation」という言葉で、このような差異化のプロセスを指し示す。しかしクレーリーが描きだしたような、二四時間たえずユーザーを刺激しつづける大量の

図2-6　スティグレール『自動的社会1　仕事の未来』

情報の流入は、このような差異化を生みだす「遅れ」を不可能としてしまう。その結果として生みだされるのは、それぞれの時間をかけた解釈、受け止めというプロセスを省略した、情報に対して意識がひたすら反応していくだけの「同‐時間化 syn-chronisation」である、というのがスティグレールによって新たに提示される見取り図である。

この構造的かつ恒常的な「非同期性 diachronie」の省略は、《リアルタイム》の計算的自動機械によって遂行される。すなわち、個人の行為をアルゴリズムの実行――それは個人の行為をあらかじめ予測し、ある行動標準に順応させ、分割する――に統合する、インタラクティヴ性によって遂行される。個人の行為は、そのアルゴリズムの実行の一機能となるのだ。[*10]

＊10 同書：一二五。翻訳は引用者。

意識は諸端末によって、たえず操作や反応といったインタラクティヴな関与を要請される。現代のわれわれの多くは、ほんの数分スマホなどの情報端末に触れていないだけで不安になる。それは、われわれの日常生活のなかに、いまこの瞬間にメールが届いているかもしれない、ゲームでなにか進展が起こっているかもしれない、新しいニュースが発生しているかもしれない、といった予期が奥深く組み込まれているからだ。人々の日常の一瞬一瞬にこうした予期が埋め込まれていくことは、まさに心権力の現代的動向によって生みだされたものであるといえる。これらの予期は、人々の意識を端末に接続させるよう駆り立てるものであり、そのことによって、心権力が人々の意識により恒常的にアクセスできるようになるからだ。人々がつねに情報端末に接続しつづけ、そして供給される刺激にたえず反応しつづけるという状況は、商業的な関心によって徹底的に後押しされており、またその状況から利益をあげる方法論が日々積みあげられている。このような状況とそこにはらまれる問題を、スティグレールは心権力という概念で描きだそうしているのである。

本章のまとめ

ラジオやテレビなどのマス・メディアの時代と、インターネットやスマホなどのポータブル・デバイスの時代は、しばしば断絶の観点から語られてきた。しかしスティグレールの心権力という概念が浮かびあがらせるのは、むしろその連続性である。人々の意識の流れというものを対象とし、そこから商業的な利益を体系的にあげていこうとする一連の配置がある時点から立ちあがっていった。その立ちあがりの時期を画したのが、時間対象を複製するテクノロジーの出現であり、またそれによって可能となった文化産業の勃興である。映画の時代、テレビの時代、そしてインターネット、スマホの時代は、そこで生まれたある配置における、意識をめぐる権力の戦略とそれを支えるテクノロジーの進化として整理される。この見取り図を提示するところまでが、スティグレールの心権力論に焦点をあてた本章の役割である。

ところで、スティグレールが提起する心権力という概念について駆け足で振り返ってきた本章では、多くの重要な論点を省略せざるをえなかった。たとえば意識をめぐるスティグレールの議論において、記憶の問題、より具体的には、意識の流れを構成する過去把持の問題は枢要な位置を占めている。この過去把持の観点は、心権力が展開している諸戦略をより詳細に検討するためには必須であるし、また、個々の意識が「遅れ」を抹消され氾濫する情報に「同期化」していく、という全体的なプロセスに対抗する可能性を構想する際にも欠かすことはできない。また、注意《アテンション》・経済《エコノミー》をめぐる昨今の議論に対して、スティグレールが提起している注意《アテンション》の両義性の問題もまた、スティグレールの心権力論の立ち位置を明確にするためには押さえておく必要のあるものだ。

本章で扱えなかったこれらの諸点については、また稿を改めて論じていきたい。

引用・参照文献

北野圭介（二〇一四）『制御と社会』人文書院

クレーリー、J（二〇一五）『24／7――眠らない社会』岡田温史監訳、石谷治寛訳、NTT出版

フーコー、M（二〇〇七）『安全・領土・人口』高桑和巳訳、筑摩書房

フッサール、E（一九六七）『内的時間意識の現象学』一部訳、立松弘孝訳、みすず書房

ドゥルーズ、G（二〇〇七）『記号と事件――1972-1990年の対話』宮林寛訳、河出文庫

スティグレール、B（二〇一〇）『技術と時間2　方向喪失』石田英敬監修、西兼志訳、法政大学出版局

――（二〇一三）『技術と時間3　映画の時間と「難‐存在」の問題』石田英敬監修、西兼志訳、法政大学出版局

Stiegler, Bernard（2008a）*Prendre Soin 1. De le Jenesse et des Générations*, Flammarion

――（2008b）*Economie de l'hypermatériel et psychopouvoir. Entretiens avec Philippe Petit et Vincent Bontems*, Mille et une nuits

――（2008c）《Psychopouvoir et guerre métapsychologique : la question du pharmakon》. in *Enfants turbulents : l'enfer est-il pavé de bonnes préventions ?*, Le Collectif pas de 0 de conduite, ERES《Hors collection》

――（2015）*La Société automatique 1. L'avenir du travail*, Fayard

第3章　貨幣の非物質化
――クレジットカードと認知資本主義

山本泰三

【キーワード】
認知資本主義　クレジットカード　ポスト・フォーディズム　システム　レント

【引用1】

ここ三〇年間に起こってきたこと、それは剰余価値そのものを生みだすプロセスの変貌である。変貌を遂げた価値増殖プロセスは、もはや価値の抽出が財・サービス生産という委託地に限定されているとは見なさず、工場の鉄柵を越えて拡大し、資本が流通する領域、すなわち財とサービスが交換される領域に直接入ってゆく。つまり価値を抽出するプロセスが、再生産と分配の領域にまで拡大している。[†1]

【引用2】

新たな不変資本を構成するのは、フォード時代に典型的な（物理的）機械システムではなく、情報・コミュニケーションテクノロジー、そしてなにより労働者をその生活のあらゆる時間にまで追いかけることで、剰余労働を吸い尽くす非物質的組織システムの全体だ。[†2]

†1　クリスティアン・マラッツィ「金融資本主義の暴力」、フマガッリ＋メッザードラ編『金融危機をめぐる10のテーゼ』三二頁。

†2　マラッツィ、同書、三五頁。

【引用3】

金融化とは、剰余価値と集団的貯蓄のなかで非生産的／寄生的な方向に逸脱する部分が増大することではなく、新たな価値生産プロセスと対称をなす資本の蓄積形態である。[†3]

【引用4】

今日の金融経済は浸透的である。〔…〕わたしたちがおかれている歴史的状況では、金融があらゆる財・サービス生産そのものと同質かつ不可分なのである。いまや金融化の糧となる源は、各国経済のなかで生産手段と賃金に再投資されない産業利潤にとどまらず、続々と増えている。[†4]

【引用5】

ポスト・フォーディズム体制では、貸付が〔…〕ますます消費要素に向けられることになる。事実、さまざまなかたちでの消費への貸付（割賦購入、リース契約、小口貸付、あらゆる種類のクレジットカード）によって、企業が将来の需要に基づいては前払いできないような賃金分を前払いすることができる。[†5]

【引用6】

〈赤字財政支出〉の民営化、つまり私的債務（とそれにともなう家計へのリスクの移動）を利用した追加的需要の創出。[†6]

†3　マラッツィ、同書、三二頁。

†4　マラッツィ、同書、二四頁。

†5　マラッツィ『現代経済の大転換』一四一頁。

†6　マラッツィ「金融資本主義の暴力」二七頁。

【引用7】

こうして金融の論理は〈コモン〉（の財＝共有財）を生産しておきながら、あらゆる種類の稀少性――金融手段、流動性、諸権利、欲望、権力――を人為的に創出することによって、〈コモン〉（＝共有地）の住人〉を排除し、〈コモン〉を分割・私有化するのである。このプロセスは、一七世紀の〈囲い込み〉の時代を思いださせる。[†7]

【引用8】

生産に直接かかわる空間の外部で生みだされる価値が捕獲されるようになった結果、利潤（そして賃金そのものの一部）がレント化している。[†8]

†7　マラッツィ、同書、二九頁。

†8　マラッツィ、同書、三六頁。

＊

知識社会、情報化、グローバル化、新自由主義――世界の現在をとらえようとするさまざまな言葉があるが、これらの概念を横断しつつ、クリスティアン・マラッツィは現代社会を「認知資本主義」という枠組みによって分析する。[＊1]それは、商人的資本主義（一六―一八世紀）、産業資本主義（一八―二〇世紀）を経て一九九〇年代に姿を見せ始めた、第三のタイプの資本主義である。「形式上は平和的な手段による、資本の無際限な蓄積という要求」（ボルタンスキー＋シャペロ 二〇一三）として資本主義を定義するならば、知識・イメージ・ネットワークなどの非物質的なものが蓄積において重要となる趨勢として、認知資本主義を特徴づけることができるだろう。大量生産―大量消費にもとづく第二次大戦後の資本主義、いわゆるフォーディズムは「資本主義の黄金時代」とも呼ばれたが、一九七〇年代に行き詰まる。ポスト・フォーディズムの情勢において、知識の意義はイ

＊1　認知資本主義論は、Y・ムーリエ＝ブータン、A・フマガッリ、C・ヴェルチェッローネ、M・ラッツァラート、A・ネグリらによって展開されてきた。ラッツァラートは最近の著作で認知資本主義論から距離をとるようになったが、認知資本主義の理解にとって彼の議論は有益であると考えられるので、以下の叙述ではラッツァラートの著作も引用している。

ノベーションの必要性と関係しているが、近年のイノベーションへの強迫は、市場が飽和し、かつてのような連続的な成長の見通しが失われたことの裏返しである。こうして生産・労働は、コミュニケーションとフレキシビリティを主とするものへと変容していく（非物質的労働）。知識やサービス、情報技術の重要性ゆえに、人間の認知能力がますます動員されるようになる。それは広汎な社会的・文化的資源（＝コモン）[*2]に依拠し、かつコモンを産出する活動である。労働は狭義の経済領域をはみだし、認知資本主義における蓄積は、いわば資本の「外部」に依拠するものとなっていく。他方で、測定が困難な無形の価値を評価するための枠組みを構築する動き、非物質的なものの規格化がさまざまな分野で進行する。

また、生産そのものを指揮することよりも、何らかの資源・技術・権利などの占有にもとづき、遠隔的に支配を及ぼし、利益を得ようとする傾向が見いだされる。すなわち利潤はしだいにレント（これは古典的には「地代」であった）と不分明になっていく。このレント化[*3]という傾向は、知的所有権の問題に典型的に現われているが、いわゆる金融化の問題にもつながっている。金融化は、金融のグローバル化、証券市場の比重の増大、家計貯蓄の投資へのシフトといった特徴から説明されることが多いが、冒頭で引用したようにマラッツィは消費者クレジットをも射程に収めて議論を展開している。それは、最終消費での支払いにおいても金融化が着実に進行している、という指摘である（そして消費は、人間の生のかなり大きな部分を占めている）。金融化は「新たな価値生産プロセスと対称をなす資本の蓄積形態」であって、たんに実体経済からの逸脱や暴走として理解するだけでは十分ではない。金融は非物質的・認知的な産業部門の典型であり、金融の巨大化はそれ自体が認知資本主義という趨勢の一部をなしている。そして金融的な評価の一般化は、翻って、生権力[*4]としての金融、金融による統治という次元へと進んでいく。それはコーポレート・ガバナンス[*5]

＊2
コモン、あるいは〈共〉とは、言語や知識、慣習のような、共有された社会的資源や関係性をさす。くわしくはネグリ＋ハート（二〇〇五）を参照。

＊3
産業資本主義では、企業の利潤は生産活動によって生まれる。一方、認知資本主義では、知的財産にもとづく収入や金融取引による収益の比重が大きくなる傾向がある。これを利潤のレント化と呼ぶ。

＊4
五三頁などを参照。

＊5
株主など、企業の利害関係者（ステイクホルダー）が企業を監視・統制すること、その仕組み。企業統治。

やさまざまな装置（年金、奨学金など）をつうじた、「人的資本」という概念にもとづく労働─人間の統治である。

本章では、この認知資本主義論を背景に据えて、クレジットカードというものについて考えてみたい。現代の世界における消費は、クレジットカード、いいかえれば決済システムの高度化を抜きにはありえない。二〇一三年時点で、アップル社のｉＴｕｎｅｓストアには、クレジットカードに連携された口座が全世界ですでに一億以上あるといわれている（本田 二〇一三）。とはいえ、クレジットカードをメディアとしてあつかうことについては少々説明が必要であろう。

1 クレジット

物であれサービスであれ、お店で何かを買おうとする際、クレジットカードを提示すれば、現金を出す必要はない。通常、商品を入手するためには、貨幣を支払わなければならない。その貨幣を入手するためには、多くの場合、けっきょく何らかの商品を（たとえば、自分自身を労働力として）販売しなければならないだろう。つまり貨幣は、商品と商品の交換を媒介する。複数の事物を仲立ちする何ものかがメディアと呼ばれるのだとすれば、貨幣をメディアとみなしてよいはずである。いうまでもないことだが、クレジットカードは、その貨幣を代替する。

クレジットとは「信用、信頼」を意味するとともに、「掛け売り」すなわち代金を後で受け取る約束で品物を売ること、および金品の「信用貸し」（金銭を貸し付けることは、与信──信用を与える──と表現される）、さらには「預金」をも意味する。これらは貨幣そのものに関するやり取り、お金の融通、要するに金融である。社会に存在するお金の割合としては、現金通貨よりも預金通貨のほうがはるかに大きい。また、貨幣が不足しているため借入／貸付が行なわれる、というケースは決して珍しい状況ではない[*6]。つまりここで、貨幣の貸し借りを「媒介」すること、いわゆる金融なるものを、貨幣というメディアを延長するメディアとしてとらえてみようというわけだ。金融システムは極めて高度に発達した制度的アレンジメントである。クレジットカードはその一部を構成しているが、それ自体が込み入った仕組みによって成り立つ、売り手と買い手を媒介するメディアなのである。

貨幣のはじまりにおいては貝殻や動物の歯、そして穀類や布織物、農具、武具などが、貨幣としてもちいられてきた。それがやがて金、銀、銅といった金属、それらを鋳造した硬貨となり、さらに紙や羊皮紙などに価値を記載した為替や通帳、印刷された紙幣へ、その延長線上に現代のクレジットカード、電子マネー、ビットコイン、……と列挙していくことができるように思われる。こうしてみると、物としての貨幣の材質は何でもよいと考えられるのだが、現実には文字通りの「何でもあり」とはやや異なっている。本章では、クレジットカードの普及を、貨幣が非物質化されていく趨勢として理解する。西部（二〇一四）の枠組みを借りて整理すれば、貨幣の非物質化は、①情報化、および②信用貨幣化という二面の複合として進行している。この規定によって、以下に続く散漫な叙述をあらかじめ要約してしまったことになるのだが。

2　抽象と機械

クレジットカードを眺めてみる。薄い、長方形の、プラスチック板。有機物でも金属でもない素材感、特徴のなさを幾何学的特徴とするかのような外観。この物体は、考えうるもっとも抽象的な形姿を具現している存在物のように見えてくる――色や図柄は多様であるけれども。だが、表面の多様なデザインは、冷徹な均一さを土台としているのではないだろうか。その抽象性は、万物を媒

＊6　資金調達ぬきに企業の活動を考えることは、そもそも不可能であると言ってよい。

介する尺度たる貨幣の代理人にふさわしい。[*7]

現代の世界に溢れ返る、人びとの財布を埋め尽くさんばかりの「カード」群の形態のめやすとなっているのは、クレジットカードのそのサイズである。圧倒的な標準化。日々の消費行動、立ち居振舞いはこの「カード」の規格に適合する必要がある。いずれかの「カード」を使うとき、わたしたちは「反省的意識やその表象あるいは「自己」といったようなもの」、ひとことでいえば「主体性」を、その都度「呼びだすわけではない」（ラッツァラート 二〇一二）。そんなものとは「無関係」に、条件反射的にスムースな所作が完了するのでなければ、こまごました手続きが自動化されていることの利便性が台無しになってしまう。もともと、クレジットカードの主要な機能は身元確認であった。カードは、その携帯者が銀行口座を持っており、クレジット・ライン（融資限度額）を満たしている者であることを確認するためのものだった。いまや、クレジットカードでの支払いに対応するお店の従業員も、本人確認やカードの真贋のチェックに時間をかけることはほぼなくなった。クレジットカード業界が世界レベルで強力に推し進めてきたICカード化は、この「前‐個人的」な処理をいっそう容易にする。言い方を変えるならば、わたしたちに求められているのは（おそらく、意識下の認知のレベルで）「機械の要請に対応すること」だけである。「そうしないとシステムから排除される恐れがある」（同書）。まさしくカードは「システムへのアクセスキー」（本田 二〇一三）なのである。

このシステムは巨大だ。クレジットカードのデザインの規格は、地球規模で展開する決済サービスのスキームを取り仕切る、VISAやマスターカードといった国際ブランドが定めたルールにしたがうものである。カードという形態の抽象性は、この標準規格をグローバルに通用させている国際ブランドの力に由来している、とみなすことさえできるかもしれない。クレジットカードには多

＊7 「〔貨幣によって〕あらゆるものが抽象量に還元されるならば、世界はいわば抽象空間と化す。インターネットをつうじた小売りの発達は、とりわけその印象を強めているかもしれない。世界は、PCのディスプレイに表示される価格のリストになってしまったかのようだ。空間の現実性は、CPUの速度に比例してどんどん抽象化してゆく。消費者が具体的に関わる物質性は、せいぜいディスプレイの前から玄関まで商品を受け取りに行く程度の身体運動、そして商品／サービス自体の享受だけにまで縮減される……」。「もちろんこれは幻想である。ネットショッピングもふくめて、貨幣経済のスムースな進行は、きわめて多様な技術的・社会的諸条件の組み合わせによってはじめて可能になっている」（山本 二〇一三）。クレジットカードがまさにそれである。

くのタイプがあり、クレジットカードやその周辺から派生してきた決済サービスも多様化している。[*8] とはいえ、ひとまずクレジットカードの国際ブランドがどこから生まれてきたかを確認してみよう。

3　国際ネットワークの起こり

消費者クレジットなのかどうかは別にして、貨幣が用いられるところで金融がつねに存在してきたことは確かである（それどころか、貨幣が用いられる以前からクレジットは広範に行なわれてきた、と経済史は語る。来期に収穫する穀物で支払うという約束で種子を前借りする、といったやりかたで）。紀元前一七五〇年頃に制定された「ハムラビ法典」の第七一条は、高利貸しの管理として知られる最初の律法であり、農民の債務の救済に関する条項などもみられる（ラブリュイエール＋ヘルピ 一九九七）。一方、前近代のヨーロッパ社会では、キリスト教、カソリックの強い影響から、公的には金貸しは悪とみなされていた。K・ポランニー（一九七五）にしたがえば、貨幣の商品化のたがが外れたのは近代の市場経済によってだといえる。

しかし注意しなければならない。アダム・スミスやベンジャミン・フランクリンといった新時代を開いた論者の見解では、クレジット（信用貸し）は広く受け入れられるのだが、それは「富」を生みだす目的に限定されていた（ラブリュイエール＋ヘルピ 一九九七）。つまり、消費のためのクレジットは、産業資本主義の初期段階においては社会的浪費とみなされ、推奨されなかった。消費者クレジットが発展するのは、一九世紀以降のアメリカ合衆国においてである。一九二〇年代におけるクレジットの普及が、自動車の割賦（分割払い）販売の一般化によるものであることに留意すべきであろう。「クレジット会社は、製造会社の「専属」といわれた」（同書）。第二次大戦後の資

＊8　アメリカの電子決済法は、各種年金や社会保障など行政からの交付金を、すべてプリペイドカードなどの電子決済に移行する法律である。これによって行政コスト削減をはかるものだが、プリペイドカード化で一日の利用額や、購入できる店舗や商品がコントロールされる（麻薬や銃器の問題）。フードスタンプ（低所得者向けの食料切符）もプリペイドカード化される。州によってはATM出金なども管理する。カードの仕様や番号体系は、ビザやマスターカードなどの国際ネットワークブランドに依拠している（本田 二〇一三）。多様な電子マネーの発達も興味深いのだが、本章で論じることはできない。

本主義を指す「フォーディズム」という呼び名は、自動車の大量生産に成功したフォード社に由来する。戦後資本主義の繁栄は大量生産‐大量消費の循環に依拠するものであり、消費者クレジットはまず産業社会、消費社会を支えるメカニズムとして発達したのである。

二〇世紀初頭のアメリカで、掛け売り客の本人確認および顧客の購買履歴を取るための方法としてクレジットカードを発行しはじめるのは、少数のホテルや石油会社、百貨店などである（マンデル 二〇〇〇）。小売業は従来の割賦方式の延長としてクレジット業に参入していく。一九二八年には、金属製のカードである「チャルガ・プレート」が発行される。これは商品名だったが、その後「チャージ・プレート」という一般名称で呼ばれるようになる。陸軍の認識票《ドッグ・タグ》に似ていたその外見は現在のクレジットカードの原型といえるもので、文字や番号が刻まれており、このカードをカーボン紙とローラーのついた機械に差し込むと印字される。現在でも、文字の視認と伝票上への圧着印字に適したコンベックス（楕円、浮き）文字がプラスチックのカードにエンボス加工されている。一九五二年にはスタンダード石油がチャージ・プレートを発行するのだが、そのサイズが現在のプラスチック製のカードに引き継がれている。プラスチック製のカードは、日本ダイナースクラブが一九六一年に発行したものが世界で最初である。

さて、初期のクレジットカードのほとんどは現在でいうハウスカード、すなわち商品やサービスの売り手が自ら発行、運営するタイプのカードであり、個々の業界内でしか利用できない。全国のさまざまな施設で使える、売り手でも買い手でもない第三者《サードパーティ》による汎用カードの大々的な展開は、一九四九年のダイナースクラブの設立によって始まる。＊9 それは「純粋に金融ビジネスそのもの」であり、「物販のための手段というよりは、それ自体を目的としていた」（同書）。初期のダイナースクラブのクレジットカードは、実際にはカードではなく「冊子」である。カード所有者にカードを

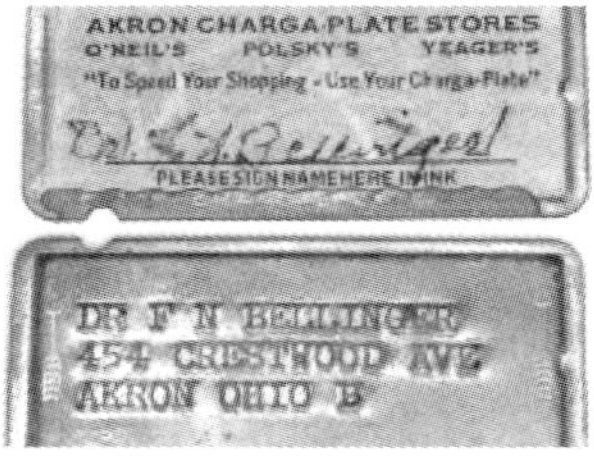

図3‐1 クレジットカードの原型（チャージ・プレート）

＊9 厳密にいえば、最初の汎用カード・プランは一九四七年のチャーグ・イットであるが、適用地域はごく限定されたものだった（マンデル 二〇〇〇）。

使える店がわかるよう、紙製のクレジットカードとともにサイン入り表紙と加盟店リストのついた小冊子が送られた。

一九五八年には旅行小切手《トラベラーズチェック》の大手であったアメリカン・エキスプレス、さらに全米第一位の銀行であったバンク・オブ・アメリカなどが、クレジットカード事業に参入してくる。バンク・オブ・アメリカはカリフォルニア州全体に張りめぐらされた支店網を有しており、これがカード所有者と加盟店の開拓に大きな役割を果たすことになる。一九六六年にバンク・オブ・アメリカはバンカメリカードの事業を全米にライセンス販売することを決定し、この出来事が、その他の大銀行の提携によるインターバンク・カード協会の結成を引き起こす。バンカメリカードの全国ネットワークは、インターチェンジ[*10]と呼ばれる仕組みにもとづいている。一九五〇年代から、伝票などの事務処理はコンピュータ処理へと移行しつつあった。バンク・オブ・アメリカが銀行業務の効率化を目的として注力していた情報処理技術によってこの大規模なシステムが構築され、大きなネットワークが利用可能になったことで、カードは顧客にとっても加盟店にとっても著しく魅力を増した。どこの店でもカードが使えること、どの消費者もカードを所有していること、これは鶏と卵の関係だが、多数の加盟店と多数のカード会員によって成り立つネットワーク外部性が、産業としての、メディアとしてのクレジットカードを可能にする（【引用7】）。地理的限界に制約されないこのネットワークを実現するための技術的条件が、ここで整いはじめる。

一九六〇年代後半からバンカメリカードとインターバンクは、積極的にヨーロッパとアジアでカード市場を開拓していった。バンカメリカードは国際的イメージを獲得するため、一九七六年に名称をビザ（ＶＩＳＡ）に変える。インターバンクのカードであるマスター・チャージは、一九八〇年に名称をマスターカードに変えている。こうして国際ブランドが出現し、認知資本主義のグ

＊10
クレジットをあつかう加盟店側の銀行からカード所有者側の銀行に、売上代金回収のために売上伝票の移動を可能にするものであり、銀行間のクレジットの支払いを相殺する仕組み。

ローバルな展開を準備することになる。[*11]

4　システムとレント

現在、国際ブランドとされるクレジットカードには、ビザ（ワールドワイド、ヨーロッパ）、マスターカード、ＪＣＢ、アメリカン・エキスプレス、ダイナースクラブ、銀聯（UnionPay）[*12]がある。ビザとマスターカードは、決済ネットワークの管理運営、ブランド規約の策定などいわゆる国際ブランド業務に専念し、自らはクレジットカードの発行や加盟店獲得などのカード業務をおこなっていない。国際ブランドの組織は地域制をとっており、本部（国際ブランドの発祥でもあるアメリカ）が国際ブランドをまとめ、それが地域、そして国をしたがえるかたちになっている。ただし二〇〇六年以降、ビザ、マスターカードのブランド運営組織の株式会社化によってこの構造は崩れつつある。このような国際ブランドのグローバルなネットワークとヒエラルキーを概観するためには、クレジットカードの仕組みを理解する必要がある。[*13]

クレジットカードを介さず現金で売買がなされる場合、そこで登場するのは買い手と売り手のみであり、両者の間で現金と物品・サービスが交換される。もちろん、商品の受け渡しと支払いのあいだに時間的なズレが挟まることはありうる。標準的な経済学においては、経済取引は需要サイドと供給サイドという二者間の関係に圧縮されて取り扱かわれることが多い。しかしカード決済に関しては、三者からなる構造としてとらえなければ、その特徴を取り逃がすことになる。この三者あるいはそれ以上のあいだで成り立つ取引という形態は、認知資本主義的なビジネスモデルを考えるうえで、一つの手がかりになるように思われる。

クレジットカードをもちいる購買は、次のようなプロセスとなっている（図３‐２）。まずカー

＊11　消費者クレジットならびにアメリカのクレジットカード産業の歴史について、より詳しくはラブリュイエール＋ヘルピ（一九九七）、マンデル（二〇〇〇）を参照されたい。

＊12　二〇〇二年に中国で設立。全世界で三五億枚以上を発行。アジアでの利用額はビザを抜いて一位となっている（本田二〇一四）。

＊13　この節での説明は、主として山本正行（二〇一二）、本田（二〇一三、二〇一四）、水上（二〇〇七、二〇一三）に依拠している。国によってクレジットカードやカード業界のあり方は異なるが、本章ではふれていない。

ドの利用希望者がカード会社と契約し、カード会員となる。カード会員は物品やサービスを購入するために、そのカードを利用できる加盟店でカードを提示する。そこでオーソリゼーション（信用照会、信用承認、取引承認）が行なわれると、加盟店は商品・サービスをカード会員に提供する。加盟店はカード会社に対して売上処理を行ない、その後カード会社がカード会員に代わって加盟店に代金を支払う。ここで加盟店が受け取るのは、手数料を差し引かれた金額である。そして月末に、銀行口座からの引き落としというかたちでカード会員からカード会社に代金が支払われる（アメリカで多いデビットカードの場合は、月末ではなく取引のたびに決済する）。この関係を基本として、いろいろなヴァリエーションを考えることができる。カード会社と加盟店が同一の場合は、この取引は二者間の関係になる（流通小売企業などが自ら発行し、自社店舗のみで利用可能なカードがハウスカードである）。

国際ブランドのカードでは、カード発行や会員管理などの業務と、加盟店契約や決済代金の立替えなどの業務が分離している（図3－3）。前者の事業者をイシュアー、後者をアクワイアラーと呼ぶ。この場合、さきのカード会社に相当する構成者が二つに分かれ、さらに国際ブランドが両者の上に立っているため、カード決済は五者間の関係で成り立っているということになる。また、債権回収会社であるサービサー、決済ネットワークや各種のシステム運用を専門に請負うプロセッサーが独立している場合もあり、さらに多くのステイクホルダーが絡む複雑なシステムとして描くこともできる。カード会員は口座を保有しているから、銀行も関係者である。

国際ブランドの持つ最大の資産は、クレジットカードなどの決済に必要な決済ネットワークである。決済ネットワークは、主に国や地域をまたぐ取引で用いられるもので、オーソリゼー

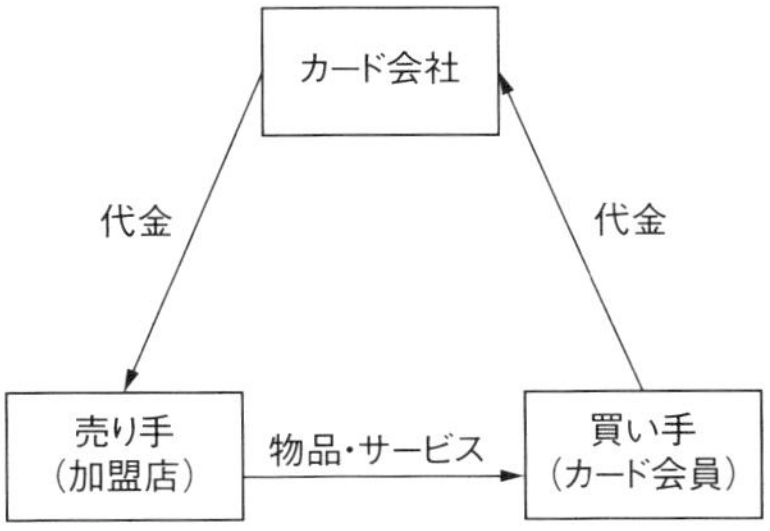

図3-2　クレジットカードによる決済

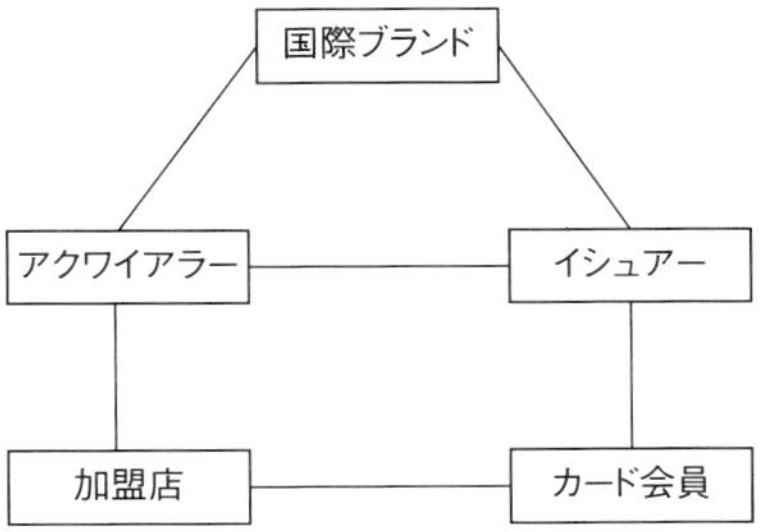

図3-3　国際ブランドの場合

ション、クリアリング（加盟店での売上げの精算、売上処理）、セツルメント（加盟店への支払い、清算）などのための電文を、取引発生国からカード発行国に送り届ける。国や地域によっては、地域に閉じた独自の決済ネットワークがある。

ビザやマスターカードと直接メンバー契約を締結した企業は「メンバー」と呼ばれる。メンバー相互間では、日々のカード決済をインターチェンジ・システムによって相殺決算《セツルメント》している。国際ブランドのメンバーは、ビザやマスターカードのブランドロゴをもちいてカード発行《イシュイング》業務、加盟店業務《アクワイアリング》を、すべてあるいは選択的に実施することができる。しかしその業務は国際ブランドが定める厳格なルールにしたがうことが求められる。

イシュアーの収入としては、消費者からは、年会費、分割払い・リボ払いの金利手数料、キャッシング（出金や融資）の手数料がある。アクワイアラーからは、自社が発行したカードが加盟店で利用された場合、その加盟店との契約アクワイアラーから手数料《イシュア・フィー》が得られる。アクワイアラーの収入は、加盟店手数料からイシュア・フィーを引いたものになる。国際ブランドのメンバー（イシュアーとアクワイアラー）は、メンバー契約にもとづき国際ブランドに所定の会費（ネットワーク・フィー、プレミアカード・フィーなどのブランドフィー）や、カード決済の取引量にもとづく従量制課金（ボリューム・サービス・フィー）を国際ブランド管理会社に支払う。つまり、いずれの収入も、ネットワーク／決済システムを貸し出し使用させる対価としてのレント的な性格が濃く、なおかつ国際ブランドの本部が元締めとしてそれらを吸い上げているのである（【引用8】）。

5　情報とコントロール

世界中に張りめぐらされた決済ネットワーク、加盟店におかれた決済端末、カード会社のホストコンピュータなどから構成されるシステムは、前節でみた手順——オーソリゼーション、クリアリング、セツルメンツなど——を、正確、安全、かつ高速に処理できなければならない。また、不正使用などの犯罪を防ぐという目的も大きな意味をもち、そこでは個人の特定が肝要である。あらゆる金融ビジネスは「装置産業」といわれる。現在のクレジットカードは、幾多の技術的イノベーションの結晶であり、それが情報の恐るべき集積と管理を可能にしている。ここで、カード自体に組み込まれている、情報の読み書きをおこなう媒体に焦点をあててみよう。

現在までクレジットカードの形態を特徴づけているのは、IBMが一九六〇年代に開発した磁気ストライプであろう。ビザは一九七九年に、ビザカードのすべてに磁気ストライプをつけることを表明する。しかし、クレジットカードの磁気コード化は大がかりな詐欺には非常に脆弱であることも早くから明らかになっていた（マンデル 二〇〇〇）。不正使用対策の一環として、二〇〇〇年からICチップを埋め込んだICカードの普及促進が世界規模で実施されてきた。とりわけ大きなインパクトを与えると考えられるのが、非接触ICの登場である。非接触ICの基本的なシステムは、ミサイル誘導時の誤爆を防ぐための敵味方判別から派生したとされており、国内では比較的早期に原子力設備の放射線被曝歴の管理などに採用されてきた（本田 二〇一三）。これは携帯電話によるコンタクトレス・コマースを可能にし、スマートフォンであればGPS（全地球測位システム）による位置情報も決済に使用できることになる。

コンピュータは、通信回線で送られてきた取引データを常に監視している。換金性の高い商品をあつかう店舗でくり返し購入、短期間に高額の利用のくり返し、距離の離れた店舗同士で短時間に購入……など、不自然な取引を、磁気カードやPOS[*14]から送られてくる各種のデータをもとに、過去の分析結果からコンピュータが判定する。もっとあからさまにいえば、誰が、いつ、どこで、

＊14 販売と同時に商品の売上情報を収集・管理するシステム。

どんな方法で、何を、何と、いくらで、次には何を買ったのか、など、次々と変化する消費行動がカード利用データで捕捉されているのである（【引用2】）。ここにGPSを組み合わせると、たとえば店舗の半径数キロ圏内にいる消費者だけに広告を通知することも可能になる（本多二〇一三）。フォーディズムの少品種大量生産が限界に達し、従来のマスマーケティングから、顧客個々の情報を集積・分析・活用するワンツーワン・マーケティングあるいはダイレクト・マーケティングへとシフトしている。認知資本主義論においても参照される、ジル・ドゥルーズがスケッチした管理社会のイメージ（ドゥルーズ 二〇〇七）は、「ディストピアSFのようだ」と評されることもあった。ところが現在では、その描写はとりたてて大げさなものには見えなくなったといってよい。ただし、一つの点について註釈が必要だろう。ドゥルーズ[*15]は、分割できないものとしての個人（individus）は可分性（dividuels）となり、群れはデータバンクになる、と述べていた。私たちがここまでみてきたとおり、この変化は同時に、データの捕捉による個人の特定と追跡の甚だしい高度化をともなうのである。

アメリカでは、過去のクレジット履歴から一人ひとりの「クレジットスコア」が算出される（本田二〇一三）。その点数によって、個人の資産、経済力、返済能力などが判断され、スーパープライム層・プライム層・ニアプライム層・ノンプライム層・サブプライム層という五つのランク（与信層）のいずれかに分類される。クレジットスコアは、住宅ローンの金利から就職、結婚、転居といった日常的な生活にまで大きな影響を及ぼすといわれている。国際ブランドカードの発行対象はプライム層以上だが、ハウスカードやデビットカードは比較的広範囲の層に発行される。認知資本主義において、個人は、自己への投資行動によって人的資本を蓄積していく主体——内部に金融的関係を畳み込んだ主体、賢明な投資家かつ有望な企業家という、二重の自己——として扱われる。

*15 一五八頁参照。

このようにして「金融」が社会を、人間を統治する。

本章のまとめ

「こうして新しい生活の概念が確立した。伝統的社会では、貯金をしてから使うのが好ましいことだった。アメリカはこのモデルを逆転させた。最初に買い、その後に毎月返済するという形式の貯蓄である」[*16]（ラブリュイエール＋ヘルピ 一九九七）。「〈赤字財政支出〉の民営化」（マラッツィ 二〇一〇）（【引用6】）。クレジットカードが体現する決済システムは、認知資本主義が「顧客を捕獲し、忠犬に仕立てあげる」（ラッツァラート 二〇〇八）ための手段である。

金融業における現金と伝票の取扱いはおびただしい量の事務作業であり、到底無視しえないコストにつながるため、金銭的価値はいったん電子データにおきかえられ、コンピュータと通信ネットワークによって処理される。金額が膨大になるにつれ、現金の物理的な量は大きな問題となる。早い時期から、カード技術の将来性に明るい一部の金融関係者たちは、クレジットカードというものを電子資金移動システムへの過渡的形態とみていた。ATMが普及しはじめた頃、すでに「完全なペーパーレス銀行」が展望されていたのだ（マンデル 二〇〇〇）。たしかに、決済がシステム上で実行されるということは、価値保蔵および交換手段としての貨幣が、データに置き換わっていることを意味するだろう。カード番号のみを用いるネット通販、そして非接触ICの応用によるスマートフォン決済は、クレジットカードの機能がクレジットカードという形態のメディアなしで果たされうることを意味している。貨幣の非物質化とは、物的メディアを、インターフェイスの向こう側に隠れているシステムに置き換えることだ。生体認証が全面化する段階にいたれば、決済システムと消費者を媒介する物的メディアはまったく不要になるのかもしれない。このとき、私たちは「貨

＊16
「消費者の借金が指数的に増加していたにもかかわらず、ほとんどのアメリカ人はこの事実を認めようとしなかったことを、これまでの調査結果は示してきた。いかにしても、アメリカ人のこの事実を認めようとしない姿勢が、カード利用を続けさせてきたのである」（マンデル 二〇〇〇）。

幣とは何か」と問うことができるのだろうか。

認知資本主義論は、現代の政治経済を批判的に分析しうるアプローチであるが、理論的にも実証的にも、彫塑すべき余地はかなり大きい。とくに本章の課題にとっては、既存のさまざまなメディア論と認知資本主義論の比較、接合可能性の検討がなされるべきだろう。認知資本主義の枠組みとしては、「非物質的なもの」という概念をあらためて考えなおす必要があろう。

引用・参照文献

ヴェルチェッローネ、C(二〇一〇)「価値法則と利潤のレント化」、A・フマガッリ+S・メッザードラ編『金融危機をめぐる10のテーゼ』朝比奈佳尉+長谷川若枝訳、以文社

ドゥルーズ、G(二〇〇七)「追伸――管理社会について」『記号と事件』宮林寛訳、河出書房新社

西部忠(二〇一四)『貨幣という謎』NHK出版

ネグリ、A+M・ハート(二〇〇五)『マルチチュード』(上・下)幾島幸子訳、日本放送出版協会

ポランニー、K(一九七五)『大転換』吉沢英成ほか訳、東洋経済新報社

ボルタンスキー、L+E・シャペロ(二〇一三)『資本主義の新たな精神』(上・下)三浦直希+海老塚明+川野英二+白鳥義彦+須田文明+立見淳哉訳、ナカニシヤ出版

本田元(二〇一三)『新技術で決済が変わる! 図解カードビジネスの仕組み』中央経済社

――(二〇一四)『決済の世界はこう動く! 図解カードビジネスの戦略 第2版』中央経済社

マイヤー=ショーンベルガー、V+K・クキエ(二〇一三)『ビッグデータの正体』斎藤栄一郎訳、講談社

マラッツィ、C(二〇〇九)『現代経済の大転換』多賀健太郎訳 青土社

――(二〇一〇a)『資本と言語』柱本元彦訳、人文書院

――(二〇一〇b)「金融資本主義の暴力」、A・フマガッリ+S・メッザードラ編『金融危機をめぐる10のテーゼ』朝比奈佳尉+長谷川若枝訳、以文社

マンデル、L（二〇〇〇）『アメリカクレジット産業の歴史』根本忠明＋荒川隆訳、日本経済評論社

水上宏明（二〇〇七）『クレジットカードの知識 第3版』日本経済新聞出版社

――（二〇一三）『クレジットの基本』日本経済新聞出版社

山本泰三（二〇一三）「貨幣というメディア」、遠藤英樹＋松本健太郎＋江藤茂博編著『メディア文化論』、ナカニシヤ出版

山本泰三編（二〇一六）『認知資本主義――21世紀のポリティカル・エコノミー』ナカニシヤ出版

山本正行編著（二〇一二）『カード決済業務のすべて――ペイメントサービスの仕組みとルール』金融財政事情研究会

ラッツァラート、M（二〇〇八）『出来事のポリティクス』村澤真保呂＋中倉智徳訳、洛北出版

――（二〇一二）『借金人間製造工場』杉村昌昭訳、作品社

ラブリュイエール、F・J＋R・M・ヘルピ（一九九七）『消費者クレジットの世界史』木下恭輔監修、アコムプロジェクトチーム訳、金融財政事情研究会

Moulier-Boutang Y. Cognitive Capitalism, translated by E. Emery, Polity Press : Cambridge, 2011.

第4章　メディアの媒介性と、その透明性を考える
——ヴィレム・フルッサーの「テクノ画像」概念を起点として

松本健太郎

【キーワード】

写真　透明性　テクノ画像　デジタル　テクノロジー　タッチパネル

【引用1】

ここで〈記号《シンボル》〉とは、何らかの了解によって別の現象を指すものとされている現象のことである（どんな現象でもよい）。これに対して〈コード〉とは、記号の操作を整序するシステムのことである（どんなシステムでもよい）。こうした定義が二つの概念に与える意味は、普通の意味と違うところがある。たとえば、右の定義によれば、〈記号〉は人間がコミュニケーションに役立てるために意図的につくった道具であり、動物の行動とは無関係だということになる。同様に、〈遺伝子コード〉も、右の定義の埒外にある。この定義によれば、コードとは人間が意味を求めてつくり出したシステムであるからだ。要するに、ここでの立場とそれに基づく定義は、人間のコミュニケーションを他のすべてのコミュニケーションから明確に区別する（人間のコミュニケーションとは自由の現象だとする）決定に立脚するものだ。†1

†1　ヴィレム・フルッサー『テクノコードの誕生——コミュニケーション学序説』八七頁

【引用2】

人間の〈起源〉には、人間と世界の間の深淵［断絶］がある。記号とは、この深い断絶を架橋する道具であり、和解なのだ。[†2]

†2 フルッサー、同書、八九頁

【引用3】

一九世紀の中葉は、コード化された世界の有効性に対する信仰が失われはじめたばかりでなく、その世界を解読することがとくに困難になりはじめた時期であった。物語と説明、われわれを取り巻くテクストの解説と解明は、これ以降ますます困難になってゆく。そうしたテクスト、とくに科学のテクストを使ってわれわれが生きている世界の像を描き出すことは、ますます困難になる。テクストを正確に深く読めば読むほど、一つの〈世界観〉を得るなどということはできなくなる。むろん、これは、アルファベットにとって致命的な事態に他ならない。〔…〕いまやコミュニケーションコードとしてのアルファベットは破産したとさえ言えよう。[†3]

†3 フルッサー、同書、一一一―一一二頁

【引用4】

テクストの世界が奇態なもの、無意味なものになりはじめたのと時期を同じくして〈むろん、それは偶然ではない〉、テクストから何かを思い描けるようにする画像が発明された。写真と映画である。これこそが、今日われわれをますます強力にプログラミングするようになっているテクノ画像の一族の始祖なのだ。真の意味で〈革命的〉なこの発明によって生み出されたテクノ画像が、系譜的にも機能的にもアルファベット前の画像と全然無関係の存在論的地位をもつことを、確認しておくことが重要である。アルファベット前の画像は、系譜的には、そ

もそも人間が人間になるために世界から退いたさいの〈原初の〉一歩から生まれたものと見られる。それは、世界から疎外された人間がその世界についての像をもとうとする試みであった。これに対して、テクノ画像は、系譜的にはテクストから退きテクストの外に出る一歩、とくに光学的・化学的意味でのテクストの外に出る一歩から生まれたものだと言える。それは、科学的進歩の成果なのだ。一見しただけではそうであることが判らないとしても、それは、世界についての像をもとうとする写真家の試みではなく、写真家が画像についてもった概念についての像をもとうとする試みなのだ。アルファベット前の画像が世界に意味を与えるものだったのに対して、テクノ画像は、世界に意味を与える画像に意味を与えるテクストに意味を与えるものなのだ。[†4]

＊

1　映画『トゥルーマン・ショー』から考えるメディアの透明性

本章ではまず、ピーター・ウィアー監督、アンドリュー・ニコル脚本による『トゥルーマン・ショー』（一九九八）をとりあげるところから議論を切りだしたい。この「リアリティ番組」[＊1]をモチーフにした作品では、同名の「トゥルーマン・ショー」と題された「劇中劇」（より正確にいえば、映画のなかの番組）の主人公、トゥルーマンの特殊な人生を軸として物語が進展していくことになる。

なぜその人生が特殊かというと、保険会社のセールスマンとして働くトゥルーマンは、「シーヘブン」と呼ばれる人工的な街で生まれ育ち、現在まで順風満帆な生活を送ってきたとされる。しかし同時に、その彼の日常的な生活／人生は、数千台はあるとされる隠しカメラを経由して、巨大ス

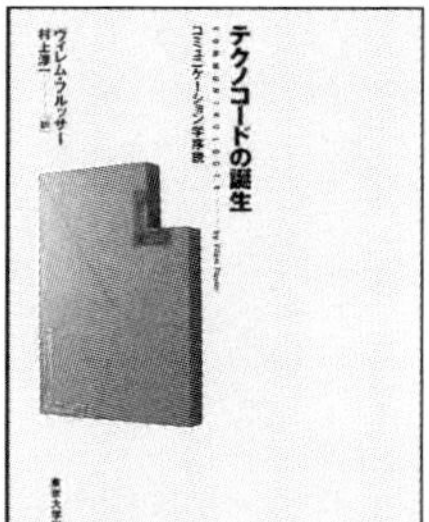

図4-1　フルッサー『テクノコードの誕生』

†4　フルッサー、同書、一二四頁

＊1　台本や演出のない、素人出演者が現実に直面する状況をドラマやドキュメンタリーのように楽しませることを目指して作られたテレビ番組の一ジャンル。

タジオであるシーヘブンの壁の外、全世界の視聴者に対して、「リアルなドラマ」として配信され続けてきた、という経緯があるのである。本作品では、この映画／番組の主人公であるトゥルーマンが彼のまわりの世界の人工性に気づき、そのシーヘブンと呼ばれる巨大ドームの設計者であり、番組の監督でもあるクリストフ（彼はその「Christof」の綴りにキリスト／Christが含まれているように、シーヘブンの神として君臨する存在として描写されている）たちの監視を逃れて、その人工的なメディア世界から脱出するまでのプロセスが描かれている。

当初、自らのおかれた環境の人工性に無自覚であったトゥルーマンは、シリウスと書かれたライトが青空から落下する、あるいは、エレベーターに乗り込もうと思ったらその扉の向こうが楽屋である等々、不可解な出来事が続発したことにより、次第に周囲の異変に対して疑いの目を向けるようになっていく。そして物語の中盤において（まわりの役者たちによって演じられ、その演出を自然なものとして受け止めていた）トゥルーマンの立ち位置が決定的に転換する瞬間がある――それは彼が鏡越しに一人芝居を演じてみせるシーンである。

トゥルーマンはある朝、洗面台の鏡にうつる自分をみつめながら、あたかも独り言をいうかのように、ある奇妙なパフォーマンス、「トゥルーマニア星からの生中継」を唐突に演じてみせる。重要なのは、そのとき彼が鏡（＝マジックミラー）の向こう側に仕込まれたカメラの存在、すなわち番組をみる視聴者の視線に気づいているという点である。トゥルーマンは視聴者のまなざしを想定して、自らが着る宇宙服、およびその横にたてられた旗を、洗面所にある石鹸を使って鏡のうえに落書きしてみせる。そしてそのうえで、銀河系に浮かぶ惑星からの生中継を演じてみせ、その直後に、石鹸で描かれた鏡の落書きをふき取って、番組視聴者に対して別れの言葉を発するのである。

ともかくこれ以降、トゥルーマンは自らをとりまく人工的なメディア世界の構造を把握し、カメ

図4-2　映画『トゥルーマン・ショー』

ラの視線を逃れてシーヘブンから脱出しようと試みる（その姿は、映画『カプリコン1』において地球上のスタジオから「火星からの生中継」を強制的に演じさせられ、のちにNASAが捏造したリアリティからの脱出を試みる宇宙飛行士たちのそれとも通底するところがある）。そしてトゥルーマンは、周囲の人物・カメラによって欺かれながらシーヘブンに生きる観客としての存在から、周囲の人物・カメラを欺いてシーヘブンからの脱出劇を演じる役者としての存在へと、自らを転換していくのである。

もうひとつ、本作品のクライマックスにおいて注目すべき場面があらわれる。それは、まさに脱出を達成しようとするトゥルーマンが漕ぐ船がシーヘブンの果て、青空と雲が描かれた壁と衝突する瞬間である。その当の瞬間まで、トゥルーマンも映画の観客たちもその壁を自然の空や雲だと思わされているわけだが、突き刺さった船首によって、それまで透明に見えていた景色が人為的に表象された絵であることを悟ることになる。これは、それまで受け手の認識の水準において透明化＝不可視化していた媒介物が突如として意識の俎上に立ちあらわれる、いわば彼が自らをとりまくメディア世界の組成について〝リテラシー〟を獲得した瞬間として理解することもできよう。ところで上記の瞬間であるが、それはデイヴィッド・ボルターとダイアン・グロマラが『メディアは透明になるべきか』（原題 *Windows and Mirrors*）において言及する、あるエピソードを思い起こさせる。

二人の偉大な画家がいた。パラシオスとゼウクシスのどちらがより本物に近い絵を描くことができるか、競うことになった。ゼウクシスが劇場の壁にブドウの絵を描いたところ、鳥たちが騙されて、ついばもうと降りてきた。パラシオスは同じ壁に、リネンのカーテンを描いた。

ゼウクシスはそれを見て本当のカーテンだと思い、自分の描いたブドウの絵が隠れてしまうからどけてくれ、と勝ち誇って叫んだ。自分の過ちに気づいたゼウクシスは、勝利をパラシオスに譲った。ゼウクシスは鳥を騙すことができたが、パラシオスは同業の画家であるゼウクシスを騙すことに成功したからである。（ボルター＋グロマラ 二〇〇七：四九‐五〇）

ローマ時代の作家、大プリニウスが紀元一世紀に書いたこの逸話を紹介したあとに、ボルターとグロマラは次のようにそれを評価している。

この逸話でゼウクシスが偉大なのは、自分の技巧を消すことに成功したからだ。ブドウが彼が壁に描いたものだとは気づかれなかったからである。技巧が〝透明〟になり、観客は絵ではなくブドウそのものを見た。ここで「観客」とは鳥たちであったから、ゼウクシスは自然それ自体をも騙せたことになる。しかし彼のライバルのパラシオスはさらに上手で、ゼウクシスをも騙せるほどに、描いたカーテンを透明にすることができた。（同書：五〇）

このように語りながら、ボルターとグロマラは「ギリシア・ローマ時代の、芸術に対する普遍的態度」は「今日の情報デザイナーにもあてはまる」と指摘する。つまり今日のデザイナーは「メディアは消えるべきだ」、「理想的なインターフェイスは、データ世界への透明な窓だと確信している」というのである。ちなみに映画『トゥルーマン・ショー』に登場するクリストフも、その〝透明性〟を実現する各種の技巧／技術によって、番組の視聴者たちに、そしてトゥルーマン本人に偽装された「自然な世界」を信じ込ませ、彼らをそのなかに没入させてきたといえる。この映画、そしてボルターとグロマラのエピソードが提示する〝透明性の錯視が瓦解する瞬間〟とは、記号とメディアの現代的な関係性を把捉するうえで、どのような考察の拡がりを可能にするといえるだろうか。

「メディアは媒介性が意識されなくなったときに、その作用を十全に発揮することができる。見方をかえれば、人がストレスなくメディアに接続される（もしくは、そのシステムに取り込まれる）とき、その媒介は意識されなくなる（もしくは意識化された媒介をめぐる記号活動は低減する）。つまり当初の段階では、人間とメディアの接合のために記号活動というインターフェイスが必要となるわけであるが、操作の馴化によってその必要性は次第に後退していく」（松本 二〇一三：八五）──以前、筆者はコンピュータゲームを題材にした論文のなかで以上のように主張したが、それはゲームだけではなく、大部分のメディア接触の体験において該当するメカニズムではないだろうか。

写真をみる際に、その透明な表象そのものは通常は意識の俎上にのぼることはない。人々が実際にみているのは写真そのものではなく、写真にうつりこんだ被写体の形象だからである。また読書をする際に、ページを捲るという身体と物質との接触体験は通常は意識の俎上にのぼることはない。人々が読書によって作品世界に没入するときには、書物による媒介意識は忘れ去られているからである。これらのメディア接触の体験は、コンピュータゲームをプレイする際にコントローラの処理が自動化されるという体験に通底するものがある、といえるのではないだろうか。（同書：八四－八五）

他方でボルターとグロマラも、「例えば映画を見るとき、物語に完全に没入して、映画を見ているということさえも忘れてしまうことがある。そのとき、その映画というインターフェイスは透明になっている」(ボルター＋グロマラ 二〇〇七：四〇)と語る。何らかのメディアとの接触に馴化していくことで、メディアそのものの存在が意識の俎上から消失していくプロセス、すなわち上記の引用でいう「媒介意識の後退」を、われわれはどのように考えるべきなのだろうか。本章ではヴィレム・フルッサーの「テクノ画像」を出発点としながら、さらにはそれとの比較という観点から、「透明性」についての考察に資する複数の論者の言説を援用しながら、写真以降の映像テクノロジーがもたらしたものを検討する。

2　写真の透明性がもたらしたもの

ロジャー・シルバーストーンによれば、われわれ人間は「生産者として、あるいは消費者として行為し、相互行為し、世界、メディアのなかの世界、メディアに媒介された世界、そして媒介作用のなかの世界を意味あるものにしようとしつこく求めている」のだが、「しかし同時に、私たちはメディアの諸々の意味を、世界を避けるために、世界から距離をとるために〔…〕使いもする」という(シルバーストーン 二〇〇三：四七)。そして、そのようにして語られる「媒介作用」とは、おそらくは人間にとっての宿命なのである。なぜならば人間という存在は、常に何らかのメディア——言語的なもの、装置的なものを含む——の仲立ちによって、その補助によって、あくまでも間接的に外部環境と接触するものと考えられるからである。人間を他の動物たちと決定的に相違させるのは、まさに媒介的なコミュニケーションの有無であり、また、その複雑さと多様さの程度である、といえるのだ。狭義の動物たちについて考えるならば、彼らは高度に発達したシンボル体系を行使することもないし、また機械的・装置的なメディアを考案することもない。彼らが自然との関係を生きるうえで依拠するのは遺伝的なコードであるわけだが、これに対して人間は言語コードや、それ以外のさまざまな媒介形式を可能にするテクノコードに依拠して、自らのあり方を、さらには自らと外部環境との関係性を再構成していくものなのである。そしてそのことは、【引用1】が示唆するように、フルッサーにとっても意識されていた問題といえる。

さて、チェコスロバキア生まれの哲学者であるフルッサーは〝写真の哲学〟を構想するなかで、写真こそが最初の「テクノ画像」――すなわち彼の定義によれば、何らかの装置によって作成された画像――であると主張し、その歴史的な意義を強調している。一八三九年、フランスでルイ＝ジャック＝マンデ・ダゲールが、そしてイギリスでウィリアム・ヘンリー・フォックス・タルボットがそれぞれの発明を公けにしたことによって、写真は外界の物理的なイメージを精確かつ機械的に模写しうる画期的な光学装置として誕生したわけだが、フルッサーはそれを「テクノ画像」の嚆矢として、のちに映画やテレビへと連なる映像テクノロジーの筆頭に位置づけるのである。

フルッサーによれば、カメラなどの装置とは「特定の思考プロセスをシミュレーションするために作り出されたもの」として規定されている（フルッサー 一九九九：三九）。この定義に準拠するなら、伝統的な画像に取って代わるものとしての写真とは、視覚的な表象化のために不可欠であったはずの「思考プロセス」を、カメラという装置によって模倣的に代替するものであると考えることができよう。フルッサーは、カメラのような装置を「ブラックボックス」に喩えているが、「そのブラックボックスのなかでは、それに対して将来人間がどんどん支配能力を失い、どんどん装置まかせになっていかざるをえないほどに、こうした意味での思考は機械化されてしまいます。それは科学的なブラックボックスであり、この種の思考を人間よりもずっと優れた形で遂行するのです」とも語るのである（同書：四一）。フルッサーの考える〈装置〉とは、あくまでも人間の思考を代替する外部的なテクノロジーであり、その影響は将来的にますます強くなるであろうと予測されているのだ。

それではフルッサーは、われわれの生きる現代について、どのような認識を提示しているのだろうか。フルッサーは彼独特の歴史観をモデル化するなかで、人間と世界との根本的な断絶を架橋するための手段として、各時代における幾つかの媒介形式――〔伝統的〕画像／テクスト／テクノ画像――をあげ、それぞれの機能を記述している（フルッサー 一九九七：一三〇）。

図4-3では、人間と環境とを仲介する主要な媒介手段が三段階――「①〔伝統的〕画像の時代」「②テクストの時代」「③テクノ画像の時代」――にわたって時代的に変容し、その都度われわれ人間が原初的な〈世界〉から疎外されていくありさまが描写されている（異境化の1~3は、その段階的な進展を図示している）。なお、フルッサーの見解に依拠するならば、伝統的な画像を介して「世界」を認識していた先史以来、すでに人間は世界との直接的・無媒介的《イミディエイト》な関係を喪失していたことになる。だからこそ、彼は「人間が世界のなかに在ることを知るや否や、人間はもはや〈無媒介に〉世界のなかに在るのではなく、世界を引用符のなかに入れる（世界を括弧に入れる、または括り出す）」と主張するのである（同書：一三一）――つまり人間は何かしらの媒介行為によって世界を対象化し、その世界を〝引用符〟で括る知的営為によって、もはや世界との無媒介的な関係を生きることのできない存在と化しているのだ（【引用2】）。

フルッサー独特の時代区分を参照するならば、人間は各時代において優勢な媒介形式によって世界把握のための視点を与えられてきた、といえる。まず「〔伝統的な〕画像」が生みだしてきた呪術的な視点は、およそ紀元前一五〇〇年頃までは覇権的な地位を堅持してきた。これに続いて「〔文

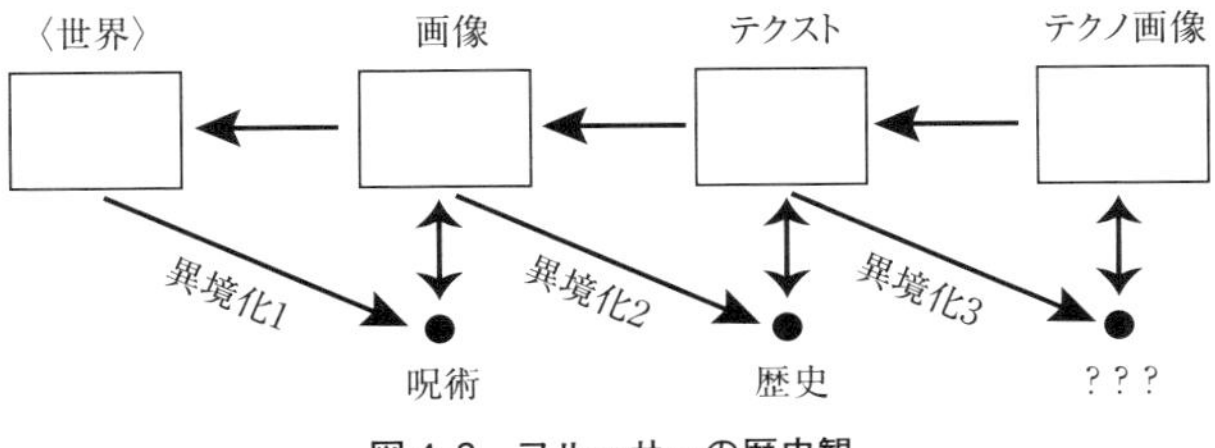

図4-3　フルッサーの歴史観
（ヴィレム・フルッサー『テクノコードの誕生――コミュニケーション学序説』より）

字〕テクスト」が生みだしてきた歴史的な視点は、紀元前一五〇〇年頃から紀元後一九〇〇年頃まで覇権的な地位にあった。そして、それ以降はといえば、人類は写真という史上初の「テクノ画像」——すなわちカメラなどのような何らかの装置によって産出された画像——を発明することで、フルッサーが「ポストヒストリー」と呼ぶ時代へと突入し、「〔旧時代的な〕テクスト崇拝に対する闘争」を開始するための視点を獲得したと解説されている（フルッサー 一九九九：一九）。なお、これらの段階的な移行プロセスの契機となってきたのは、先行する表象形式にそなわっていたはずの媒介能力が失効するといった危機的な事態である。要するに新たな表象形式が創出する新たな視点は、もはや既存の表象形式が人間と世界とを仲立ちできなくなったことを契機として要請されてくるのである——つまり文字テクストの時代は、伝統的な画像による世界把握の行き詰まりを原因とし、またテクノ画像の時代は、文字テクストによる世界把握の行き詰まりを原因とするのだ。

　フルッサーは以上のようなメディア史観に論及するなかで、テクスト時代の末期に到来した閉塞状況を「不透明性」のイメージをもって次のように記述する。

> 〔伝統的〕画像の媒介機能が弱まると、人間は画像の世界を去って（異境化2）、自分と画像の世界との断絶をテクストによって架橋しようと試みる。いまや成り立つようになった実存とテクストの間のフィードバックによって、人間は新たな視点を獲得する（歴史意識）。だがその結果、テクストは次第に不透明なもの、〈思い描くのに役立たない〉ものになる。そこで、人間はこれを棄てはじめる（異境化3）。底なしの視点喪失に陥った人間は、いまやテクノ画像によってテクストとの断絶を架橋しようとしているのだ。（フルッサー 一九九七：一三〇 - 一三一）

一九世紀の前半に至るまで、人々にとっての支配的なメディアは印刷物であった。長らくテクストは世界認識のための重要な媒体であり続けてきたわけだが、活字情報が社会に氾濫して飽和状態に達し、もはやそれによって人々が一定の世界像を入手できなくなった時代が一九世紀であるとされる（【引用3】）。そしてフルッサーの見地に依拠するならば、文字や活字がもたらした意味世界の混沌、無秩序、あるいは不透明性を打開するために要請されたのが、透明性をそなえ、また「客観的」（同書：一七一）という装いをもつテクノ画像だったわけである（【引用4】）。

写真は被写体のありのままの姿を透視させる〝透明な窓〟のごとき機能を果たす。つまり、それは撮影時にレンズの前にたしかに存在していたはずの光景を、そのまま透かし見ることのできる技術なのである。それだけではない。誰が見ても即座に理解可能でイメージの共有に適した写真・映画・テレビなどの装置的画像、すなわち「テクノ画像」は、それ以後、人々の世界認識のための〝透明な窓〟として重要性を獲得していくことになるのである。

以上のようにフルッサーの言説において、透明性を特徴とするテクノ画像は、テクストの時代の行き詰まり、それが生成するビジョンの不透明化に呼応して要請されたと理解されている。ちなみに彼は「言語」と「映像」の歴史上の闘争を弁証法的とも表現するが、それまでの言語優位の時代に対抗するかたちで一九世紀に台頭した「テクノ画像」の究極的な産物が『トゥルーマン・ショー』のなかで描出されるスペクタクル社会なのかもしれない。[*2]

3 〝無媒介性の錯視〟を生成するデジタル・テクノロジー

フルッサーが「テクノ画像」概念によって想定していたのは写真・映画・テレビなどであり、「客観性」がその条件として指定されていることから、カメラによって撮影された映像が念頭に

＊2　これに関連してボルターらは、「われわれは依然、テレビ的リアリティの時代に生きており、このことはワールド・トレード・センタービルの破壊（何百万人もの人が生中継で見た）でも露わになった。『トゥルーマン・ショー』（一九九八）や『エドTV』（一九九九）といった映画も、皮肉な形でテレビ的リアリティを表現している」と指摘している（ボルター＋グロマラ 二〇〇七：六〇）。

あったと思われる。彼は透明性・即物性という創造原理をもつ写真（および、それ以降の映像テクノロジー）こそが、文字・活字の時代における情報世界の閉塞を打破する原動力になったと把捉するのである。

ともあれ、フルッサーが上記のような写真観を提起したのは二〇世紀の末であるが、これに対して、われわれは現在、デジタル・イメージが氾濫する状況のなかを生きている。たとえばコンピュータグラフィックス（CG）は、近年ますますそのリアリティの精度を高めつつあるが、他方では、それは写真のように〝光の痕跡〟ではなく、また、被写体の現実との因果関係によって形成されたものでもない。というのもCGとは、「現実の反映」というよりは、むしろそれを描いた人間の「想像の反映」だからである。[*3]

さて、本節でとりあげてみたいのは、別の視角から「透明性」のメカニズムに言及している論者、冒頭でも手短にとりあげたデイヴィッド・ボルターとダイアン・グロマラである。彼らの言説に特徴的なのは、遠近法から写真へと受け継がれた「透明性」を、現代におけるデジタル映像技術——コンピュータグラフィックス（CG）、ヴァーチャルリアリティ（VR）、グラフィカル・ユーザーインターフェース（GUI）——へと接続して語っている点である。以下、この歴史的な経緯に関する記述を含む文章を引用しておこう。

> 透明性への欲求は、古代ギリシア・ローマ時代にも強かったが、ルネッサンス以降はさらに強まった。この欲求が線遠近法技術の発展を促した。遠近法は、一五世紀の画家ブルネレスキが最初に使ったとされるが、一九世紀にまでいたる絵画の伝統となってゆく。絵画は、デジタル・アプリケーションと同じように、〝経験〟を提供する。遠近法絵画は、近年のヴァーチャ

＊3
椹木野衣はCGと写真との差異、およびCGと絵画との親近性について次のように言及している——「CGなどの人工画像に代表される電子装置群は、それがデジタルな信号の集積によって構成されるということにおいては、写真における被写体のような対象を有しておらず、このことは写真とCGとの差異を明確にするのみならず、むしろ絵画とCGとの親近性を際だたせるものである。モニター上のピクセルの諸配置によって事実上いかなる形象も再現可能であるCGにあっては、絵画における出発点同様に、とりあえずは自らが好きなものを再現することから始めることになる」（椹木 二〇〇一：二一六）。

ルリアリティのように、「そこにいる」という経験を提供するのである。（ボルター＋グロマラ二〇〇七：五一）

この引用でボルターとグロマラが語るのは、人間の「透明性への欲求」が古代ギリシア・ローマ時代にはすでに意識されており、それがルネッサンス期には遠近法の発展をうながし、さらに一九世紀における写真の発明だけではなく、現代のVRの発達へとむすびついていく、という歴史的な経緯である。つまり遠近法、写真、VRは「透明な窓」として、ともに「「そこにいる」という経験」を提供する技術、換言すれば〝透明性の錯視〟にもとづいて自然らしいイメージを供給する技術としてとらえられているのである。

さて、ボルターとグロマラによる議論の特徴は、透明性の帰結としてうみだされる「自然さ」が極めて柔軟な基準をもって想像されている点である。

「自然」と考えられるものは変化する。なぜヘッドセットをかぶって仮想世界を航行することが自然と呼ばれるのか？　キーボードでタイプを打つことや読書や（古代エジプト、ギリシア、ローマでなされたように）パピルスに書くことよりも自然なのか？　自然という言葉を、初心者にわかりやすいとか、熟練者に効率的という意味で使う人がいる。だがこの定義によっても、〝自然〟という言葉は一定ではない。効率的とか容易ということも、インターフェイスの目的に依存しているからである。〔…ＧＵＩは〕ブルネレスキが絵画で約六〇〇年前に達成しようとしたことを、ピクセルを使って行なおうとしているのだ。透明性は新しいテクノロジーによって定義し直されるので、この追求には終わりがない。（同書：七八‐七九）

ここでボルターとグロマラは、人類がこれまで発明してきたさまざまなメディアをとりあげながら、それらが「透明性の神話」――すなわち〝テクノロジーは完全に消えることができ、ユーザーや観客は現実と直接触れ合える〟というもの――の実現を指向して発展してきたと理解している。そして、その都度どのようなものが「自然」としてみなされるか、という点に関しては、彼はそれを「インターフェイスの目的に依存している」と主張するのである。

ボルターとグロマラはインターフェイスが歴史をつうじて段階的に透明化していく過程の存在を認めながらも、他方では、その透明性から派生する危険性を以下のように示唆してもいる。

もし完全な透明性が達成可能だとしても、これは危険なものだ。誤りと言っていい。窓というメタファーを考えよう。もし窓が完全に透明だったら、ガラスが完全に透き通っていたら、鳥が突っこんだり、人が腕をぶつけたりするだろう。画家ゼウクシスの物語では、ブドウを獲ろうとしてカラスが嘴を傷めてももちろん誰も気に留めなかったが、透明なインターフェイスのために人間が危険にさらされるような場合については、考えておかなくてはならない。(同書：八〇)

ボルターとグロマラによる以上のような指摘と重ね合わせるならば、映画『トゥルーマン・ショー』において、人工的なメディア世界からの脱出を試みる主人公が、透明化したメディアの壁面に船首を激突させるクライマックスの場面は、上記のような危険性をわれわれに再考させる契機になりうるともいえよう。

ともあれフルッサーが示唆したように、何らかのメディアを介して「世界」を認識していた先史以来、すでに人間は世界との直接的・無媒介的《イミディエイト》な関係を喪失していたことになる。しかし他方では、視覚的な透明性をもたらす遠近法や写真、あるいは（それらとは異なるかたちで）操作的な透明性をもたらすCGやVRやGUIなどによって〝現実と直接触れ合える〟という幻想、あるいは〝無媒介性の錯視〟はたえず合成されてきたともいえる。それでは現代のデジタル環境下において、トゥルーマンが衝突したテクノ画像的なリアリティは、いったい何に置き換わりつつあるのだろうか。これを考察する端緒として、次節では今日における「視覚」と「触覚」の関係性に着眼しながら議論をすすめてみたい。

4　視覚に紐づけられた触覚

人間の五感のなかで、視覚とは「距離」を前提とする感官である。（油絵の）キャンバス、（写真の）印画紙、（映画の）スクリーン、（パソコンの）モニター、（スマートフォンの）タッチパネル——どのような形式であれ何かしらの映像表象を眼差すとき、対象との距離がゼロでは当然それを認識することはできない。もちろん、われわれは何かを視認しようと欲するとき、しばしば「もっと、近づいて見たい」と感じることがある。あるいは「もっと近づいて、はっきりと見たい」と感じることもある。視覚が「距離を前提とする感覚」であるにもかかわらず、まなざしの対象を手許に引き寄せたい、それとの距離を埋めたい、さらにはそれを管理したい、という欲望に駆り立てられることは決して珍しいことではないだろう。そう考えてみたときに、近年普及しつつあるタッチパネル式のインターフェイスが視覚的な「画面」であると同時に触覚的な「コントローラ」であるという点は興味ぶかく感じられる。たとえばスマートフォンのうえで駆動するゲームアプリを例にとった場合、それを構成しているデジタル・イメージのリアリティを、われわれは画面を触知することで確かめているかのようにさえみえる。

われわれは「画面＝コントローラ」と化したタッチパネルによって、自らの意のままに記号世界／情報世界を操作しようとする（たとえば無料通話・メールアプリ「ＬＩＮＥ」を使って、友人とのコミュニケーションを制御しようとしたり、あるいは、デジタル・ワークスペース「Evernote」を使って、自らの仕事に関する雑多な情報を制御しようとしたりする）。周知のとおり、タッチパネルとは液晶パネルのような映像表示装置と、タッチパッドのような位置入力装置を複合させることで成立する入力装置のことであり、その操作のプロセスにおいては、視覚記号と連動して触覚的な操作が求められることになる。換言するならば、ここでは「視覚に従属する触覚」という構図が浮上するのである。もちろんタッチパネルだけが問題なのではない。昨今では、たとえばコンピュータゲームが代表するように、各種のコントローラ、あるいは各種のインターフェイスによって、人間の身体と映像メディアとが連結される事例はあらゆるところで散見される（そこでも視覚的な認知と、触覚的な制御とが連動することになる）。しかも発達を遂げたデジタル・テクノロジーによって、映像空間に対する没入の錯視が至るところで合成されようとしている。

デジタル映像テクノロジーが急速な進化を遂げつつある現在、われわれは「視覚」と「触覚」の関係性がもつ意味を改めて再考する必要に迫られているのかもしれない。フルッサーの「テクノ画像」概念、すなわち写真を嚆矢とする装置的な画像が一九世紀以降に普及し、人々の記号世界を覆い尽くすようになってから久しい。写真もそうだが、それに続いて発明された映画やテレビなども含めて、（とくに、ここではアニメーション映像などは除外して考える必要があるが）カメラによって撮影された映像は、被写体のあるがままの現実を客観的に反映するものであり、だからこそ、それは〝光の痕跡〟としてのリアリティを確固たるものとしてそなえていた、といえる。

しかし近年、テレビゲームを構成する人工的な画像群もそうだが、ＣＧなどのデジタル・イメージがひろく流通をはじめたことによって、人々の映像認識、あるいはリアリティ認識は大きく揺らぎつつあるのかもしれない（写真もデジタル、そしてソーシャルの時代にはいって、誰しもがデータを簡単に加工・編集・交換することができるようになり、その画像の客観性という神話は、過去の遺物と化してしまった感がある。そのことは、おそらくプリクラなどのデジタル写真をめぐる写実性の有無を考えれば簡単に理解されよう）。現代とは、写真が切りひらいた時代の、その次の段階に位置しており、そのデジタル・イメージの氾濫する今は、しばしば「ポスト写真時代」として論及されるわけである。さて、われわれはこのような時代において、本節でとりあげた「視覚に紐づけられた触覚」をどのように考察しうるのだろうか。ここで、ダニエル・ブーニューの言説を援用しながら、そこに、ある種の糸口を見いだしてみたい。

　ブーニューは『コミュニケーション学講義――メディオロジーから情報社会へ』と題された著作のなかで、アメリカ系の記号論の創始者とされるチャールズ・サンダース・パースの記号類型――すなわち指標、類像、象徴という記号の三形態――を独自のかたちで再解釈し、その成果として「記号のピラミッド」（図４‐４）なる図式を案出している（ブーニュー 二〇一〇：六〇）。

　この図式化に際して、ブーニューは「記号のピラミッド」の下層に指標的次元を、中層には類像的次元を、上層には象徴的次元をそれぞれ配置し、これら「三つの記号を、この順番で時間的かつ論理的に並んでいる」と規定している（同書：五六）。

　ブーニューは記号の抽象度を根拠として、これらの三つの記号形態をピラミッドとして組みあげているわけであるが、このうち、もっとも抽象度が低く基礎的な下層部分、すなわち「指標的次元」については、「初めに指標ありきと考えることは、記号圏の基礎には、感性的痕跡あるいは現

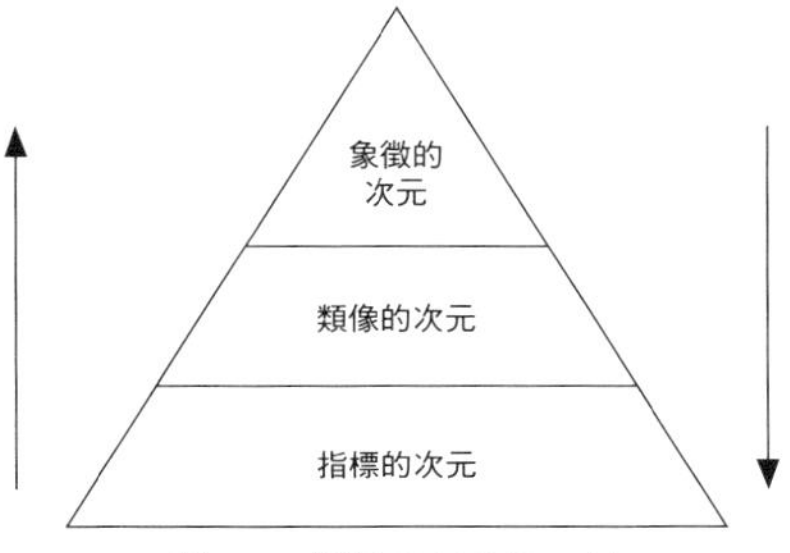

図 4-4　記号のピラミッド

象のサンプルがあるとすることです。パースは指標を「対象からひき裂かれた断片」と定義し、「モノによって直接触発されるもの」と付け加えました」と指摘し、さらに、指標における「それらの関係は直接的で、コード、意図の介在、精神作用、表象の距離、記号論的切断などを知りません」と語っている（同書：五六 - 五七）。そしてまた、この指標的次元の説明を踏まえたうえで、ブーニューは次なる記号の段階、すなわち中層に相当する「類像的次元」に関して、次のように語るのである。

類像――イメージ一般――の獲得とともに、人々はこの記号の幼年時代（すなわち指標的次元）を卒業し、対象との最初の断絶を経験します。イメージとそれが表象するものの関係は、類似性、あるいは広い意味でのアナログな連続性によって担保されていますが、接触は断ち切られます。指標が世界から切り出されて来るのに対して、類像的人工物は世界に付け加えられます。この記号論的断絶は、広い意味での人間学的＝人類学的断絶に対応しています。飼い慣らされていても動物は、指標には反応しますが、絵画や写真、あるいは鏡に映る自分の姿には、興味すら示しません。この単純な事実によって、一見したところ慣れ親しんだものでありながら、実のところ、きわめて構築されたものであり、また複雑な類似という観念に対して、鋭利な問いをさしむけることができるでしょう。たとえば、自分の証明写真を見て確かに自分に似ていると思うにしても、実際この断片は（よくみれば）私の顔より、どんなものであれ四角の紙片にずっと似ています。生きた、温かい、三次元の肉体と、冷たく平面の数センチ四方の紙片が等価なものだと認めるには、どれほどの学習が必要でしょう！（同書：五七 - 五八）

注目してみたいのは、ここでブーニューが記号のリアリティの問題に分析の眼を向けていることである。彼は、今しがた簡単に説明した「指標」および「類像」のうち、前者について次のように言及しているのだ。

記号圏のホットな極あるいは「関係づける」極である指標は、リアルな現われとして姿を表し、表現され、作用します。それは、モノや現象を別のかたちで表象するのではなく、直接、そのままに提示します。（同書：五七）

ここでは、指標こそが直接性を根拠にリアルなものとあわせて語られている。指標的記号は、リアリティを保証する何かとしてイメージされているのだ。

写真は、指標性と類像性をあわせもつ表象形式である、といわれる。すなわち、それは〝光の痕跡〟であるがゆえに、現実をあるがままに映像化し、強力なリアリティをもちうるわけである。だが、それと同時に、写真は画像・映像でもあり、パースの記号類型論でいえば「類像」でもあるのだ。それが現在、映像メディアはデジタル化の時代にはいり、すでに写真からはその本来の指標性が後退しつつある。そう考えてみると、デジタル・イメージから脱落したリアリティを保証するために、われわれは別の水準での指標性、すなわち「触る」という直接的行為を必要としつつある、そのように解釈しうるのではないだろうか。ブーニューは既出の引用文で、類像によって「接触は断ち切られます」と示唆したが、失われた接触を補完する要素が、写真の場合には「光の痕跡」としてのその性格であり、ゲームの場合には「手の使用」というその前提なのではないか。現代のデジタル・イメージは、写真などの撮影画像とは別の指標性と紐づけられながら、新たな「記号の幼年時代」を生きつつあるのかもしれない。

現代では、写真（をはじめとする撮影された映像）の痕跡性、あるいは、その指標性が衰退しつつある。だとすると、デジタル時代における「視覚」と「触覚」をめぐる関係性の複雑化は、新たなリアリティの形態に対する人々の欲望を反映している、とみることもできよう。精緻さを増してますますリアルになりつつも、結局のところ虚構的産物でしかないデジタル・イメージと向かい合いながら、人々がそれを触覚的に制御し、管理し、リアルなものとして引き寄せようとするのは、まさに今日において、新種の記号的リアリティが出現しつつあることの証左なのかもしれない。

本章のまとめ

本章では、まず映画『トゥルーマン・ショー』におけるテレビ的なリアリティとそれが瓦解する瞬間をとりあげながら、「メディアの透明性」あるいは「媒介意識の後退」について検討することの意義を提起した。さらにそのうえで、フルッサーのメディア史観に依拠しながら、（写真・映画・テレビなど）客観性を特徴とするテクノ画像が台頭したことの歴史的な意義に目をむけた。さらにボルターとグロマラの言説を援用しながら、現代ではその透明性の錯視が遠近法や写真のみならず、CG、VR、GUIなどのデジタル映像テクノロジーによっても惹起されることを明らかにした。そして本章では最終的に、映像をめぐるリアリティの変容を明らかにするために、「さわる画面」としてのタッチパネルをとりあげ、そこに見いだされる「視覚」と「触覚」のアクチュアルな関係性を分析した。

ボルターとグロマラが示唆するように、「自然」とみなされるものの基準は、各時代の技術的な条件によっても変化する。そして技術的に構成された擬似自然のなかで、人間と他者との、あるいは人間と世界との関係を媒介していたはずのメディアは透明化し、不可視化してしまう。その見えなくなった媒体のインターフェイス（そこには遠近法、写真、テレビ、タッチパネルなどのそれが包含されうる）を改めてまなざし、意識の俎上に載せることの意味を、『トゥルーマン・ショー』という映画は教えてくれるようにも思われる。

引用・参照文献

椹木野衣（二〇〇一）『増補　シミュレーショニズム』筑摩書房

シルバーストーン、R（二〇〇三）『なぜメディア研究か――経験・テクスト・他者』吉見俊哉ほか訳、せりか書房

ブーニュー、D（二〇一〇）『コミュニケーション学講義――メディオロジーから情報社会へ』水島久光監訳、西兼志訳、書籍工房早山

フルッサー、V（一九九七）『テクノコードの誕生――コミュニケーション学序説』村上淳一訳、東京大学出版会

――（一九九九）『写真の哲学のために――テクノロジーとヴィジュアルカルチャー』深川雅文訳、勁草書房

ボルター、D＋D・グロマラ（二〇〇七）『メディアは透明になるべきか』田畑暁生訳、NTT出版

松本健太郎（二〇一三）「スポーツゲームの組成――それは現実の何を模倣して成立するのか」、日本記号学会編『ゲーム化する世界――コンピュータゲームの記号論』新曜社

第Ⅱ部

表象から「今」を読む

第5章　マッド・サイエンティストとトポス概念
――『バック・トゥ・ザ・フューチャー』とメディア考古学

太田純貴

【キーワード】
メディア考古学　エルキ・フータモ　トポス　マッド・サイエンティスト
『バック・トゥ・ザ・フューチャー』

【引用1】

　フータモのトポス概念を用いた〔メディア考古学的〕アプローチは、批評と流行の両方に関わる「新しいものごと」――非常にしばしばメディア文化の言説の焦点となる――を避けている。そのかわり、クリシェ、ありふれたものごと、そして（『ワイアード』誌の言葉を借りれば）「飽き飽きしたもの」を強調するのだ。メディア文化の既知のものごとへのすがり方を見極めることは、それが今までに見たことのないものごとをどのように具現化し促進するのかを画定することと同じくらい、必要不可欠である。実際のところ、これら二つの側面は相互に関連し合っている。新しいものごとが何百年も昔からある決まり文句で「着飾る」一方で、古いものごとは文化の刷新と新たな方向づけのために「鋳型」を提供するだろう。

　フータモのアプローチはトポスを同定するだけでなく、それらの軌跡を追跡し、再出現する状況を探究することにまで及んでいる。それはまたトポスが定期的に文化の動作主体《エージェント》により呼び起こされるさまを実証することを意図している。こうした文化の動作主体とは、スポークスパーソン、販売代理店／人そして政治家から、作家、ジャーナリスト、展覧会キュレーター、そしてそれらに劣らず重要なメディアアーティストたちにまで至る。こうした人々は、トポスをさまざまな目的のためにもちいており、その範囲はセールストークとイデオロギー的信条からメディア文化と歴史についての美的反省にまで及んでいる。こうしたことに力点をおいているため、フータモのアプローチは文化批評的性格を帯びる。文化の動作主体たち自身はつねには認めないかもしれないが、メディアとコミュニケーションによってひっきりなしに攻め立てられている現代の思考態度には、メディア考古学的次元は必要不可欠な要素である。メディアの過去（たち）が今現在も息づいており、人々の日常生活における姿勢を左右し、その性格を形作っていることを論証することによって、トポスをもちいたアプローチは目新しさ、新奇な事物、そしてメディア文化の断絶をも探知することを助けてくれるのだ。†1

【引用2】

1 トポスは特定の歴史的状況で作動する文化的諸要因によって創られ、伝達され、修正される。つまり、トポスは文化を〈超えて〉存在する不変の元型や原イメージではない。

2 トポスは文学的伝統に限定されるものではない。視覚的なそれを含む数多くの種類のトポスが存在する。そして、トポスそれ自体は、機械やユーザー・インターフェースのようなデザインとして表現される可能性もある。

3 トポスは形状と意図の両方に影響する変質を被る。一つのトポスがあるメディウム（ヴィー

†1 エルキ・フータモ『メディア考古学——過去・現在・未来の対話のために』二六頁

クル）から別のそれへと転じる可能性がある。

4 トポスは、その伝統の内側で内的に分析するだけでなく、それらが現れる文化的コンテクストとの関係を通して外的にも分析すべきである。

5 トポスのすべてが古代に起源を持つわけではない。なかには近年に登場し、姿を現してまだ間もないものの可能性もある。

6 トポスは文化的連続と断絶、両方の徴候として研究すべきである。†2

＊

1 エルキ・フータモのトポス概念とメディア文化におけるマッド・サイエンティスト

一九八〇年代頃から、〈メディア考古学〉という手法がメディア研究やメディアアートの制作に応用されつつある。メディア考古学とは「日々、加速・増殖するメディア・テクノロジーについての情報により、メディア文化やその経験に関わるも埋もれてしまった言説を掘り起こすアプローチ」と定義はできる。だがそれは最大公約数的であり、メディア考古学を実践するための概念的ツールやアプローチの対象は、研究者によって異なっている。本章では、そのなかでもメディア考古学の草分けで、〈トポス概念〉を軸とするエルキ・フータモの議論を取り扱う。

メディア（文化）を論じる際、「最新」のメディア・テクノロジーがもたらす「新しい」体験がしばしば目玉となる。UCLAのデザイン｜メディアアーツ学科およびフィルム・テレビジョン・デジタルメディア学科で教授職を兼任する、フィンランド出身のメディア文化研究者のフータモはこの点に疑問を差し挟む。「最新」という物言いが伝統を覆い隠すレトリックとして機能していることを指摘しつつ、フータモは先例を検討して現代の事象とつきあわせ、メディア文化の（非）連

†2 フータモ、同書、四一―四二頁

図5-1 フータモ『メディア考古学』

続性を見いだしていく。換言すれば、進歩や発展という発想とむすびついた直線的な時間感覚ではなく、ループ的な時間感覚でフータモはメディア文化を把握しようとするのである。

フータモの議論の要になるのが、「繰り返し登場するイメージ／言説」としての〈トポス概念〉である。もともとトポスは「決まり文句」などと訳される言葉で、フータモはこの概念を文学研究者エルンスト・ローベルト・クルティウス[*1]から受け継いだ。だが、クルティウスが基本的には文学における以外のトポスを認めなかったのに対し、フータモは美術史家アビ・ヴァールブルク[*2]らの発想を援用し、「こびと」などの実例を提示しつつ、トポス概念を視覚文化やメディア（文化）研究へと拡張した。本章ではフータモのトポス概念を援用し、メディア文化と深く関わる「マッド・サイエンティスト」というトポスの分析を試みる。

英文学者ロズリン・D・ヘインズは、イギリスの科学哲学者ウィリアム・ヒューウェルの一八三四年の書評を契機として scientist という言葉が使用されるようになるといった、science と scientist の来歴を簡潔に押さえたうえで、文学作品における科学者を六つのタイプに分類している（Haynes, 1994）。こうして分類される科学者たちのなかでも、メアリー・シェリーの小説『フランケンシュタイン』（一八一八）におけるヴィクター・フランケンシュタイン博士をヘインズはとりわけ重要視している。ヘインズのさらなる主張によれば、フランケンシュタイン博士は二〇世紀以降の文学や映画における科学者のステレオタイプ／ひな形となったのである。

『フランケンシュタイン』関連作品を議論の核に、二〇世紀以降のマッド・サイエンティスト像を分析しているのが、大衆文化史家デイヴィッド・J・スカルである。だが、スカルはマッド・サイエンティストに明確な定義を与えていない。というのも、スカル自身も暗に認めているように、マッド・サイエンティストと呼ばれる人物はテレビドラマや映画などの大衆メディア文化に大量に

＊1
クルティウス（一八八六―一九五六）ドイツの文学研究者。代表作として文献学的手法を駆使した『ヨーロッパ文学とラテン中世』（南大路振一ほか訳、みすず書房、一九七一年）。

＊2
ヴァールブルク（一八六六―一九二九）ドイツの美術史家。美術史のみならず、視覚文化論やイメージ論の見地からも注目されている。

登場しタイプもさまざまであり、一元的で厳密な定義がきわめて困難であるためである。そこで本章では、ヘインズやスカルの議論を土台として「周囲の思惑や善悪にかかわらず、自らの興味関心を追求する科学者」とマッド・サイエンティストを広くとらえ、議論を開始したい。そのうえで、今回は『バック・トゥ・ザ・フューチャー』[*3]のブラウン博士を取りあげる。

『バック・トゥ・ザ・フューチャー』は、高校生マーティと、彼をサポートしタイムトラヴェルを可能にした親友の科学者エメット・ブラウン博士、通称ドクの活躍を描いたハリウッドのＳＦ映画三部作である。『マッド・サイエンティストの夢』に添えられた「ハリウッド映画のマッド・サイエンティスト名鑑」のなかで、スカルはドクの名をあげている（スカル 二〇〇〇：四三九）。なお、ヘインズは文学作品とそれに関連する内容を主たる対象としているため、ドクについては言及していない。

本章では、フータモのトポス概念という見地からマッド・サイエンティストとしてのドクを分析する。そのために以下のような手続きで議論を進める。すなわち2節では、二〇世紀のマッド・サイエンティストのひな形となったゴシック小説『フランケンシュタイン』、および、関連作品におけるマッド・サイエンティストとドクとの接点を明らかにする。3節では、『フランケンシュタイン』におけるフランケンシュタイン博士とドクとの繋がりを強化すると同時に切断するポイントを探る。4節では、『バック・トゥ・ザ・フューチャー』と同時代の文脈を重ね合わせて、3節で明らかにした切れ目をより深いものとする。そして、マッド・サイエンティストの近傍に成立する新たなトポスの可能性や、それが新たなマッド・サイエンティストのイメージの母型となる可能性を指摘する。なお、本章では『バック・トゥ・ザ・フューチャーＰａｒｔ１』（一九八五）に限定して議論を進める（本作品については以後『Ｐａｒｔ１』と略記する）。

＊3
一九八五年に公開されたロバート・ゼメキス監督によるＳＦ映画。今回の議論では『BACK TO THE FUTURE：THE COMPLETE TRILOGY』（Universal Studio, 2002）を使用した。なお、議論の都合上、収録されている台詞の邦訳とは異なる訳語や訳文を用いる場合がある。

2 『バック・トゥ・ザ・フューチャー』におけるマッド・サイエンティスト

『Ｐａｒｔ１』におけるドクは、スカルも取り上げているように、通俗的なマッド・サイエンティストとして描きだされている。それを示す具体的な要素としては、ドクはマーティ以外と社会的交流をもっている様子はない、身代をもち崩すほど（奇妙な）発明に没頭する、自らの好奇心や理論のためならばためらわずに愛犬をも実験台にする、会話では一方的にまくしたてマーティの言い分には耳を貸さないなどがあげられる。これらの点をふまえたうえで、まずはヘインズとスカルにならい、ドクと『フランケンシュタイン』におけるフランケンシュタイン博士との距離感を測定しておこう。ヘインズの指摘どおり、ドクもシェリーの『フランケンシュタイン』を起点とするマッド・サイエンティストの文脈に連なっているが、その繋がりはとりわけ電気による生命の創造という点で浮上してくる。

小説『フランケンシュタイン』で、大嵐のさなかに樹木を引き裂く稲妻を目撃し、ヴィクター・フランケンシュタイン博士は電気による生命の創造を着想する。この着想の下敷きとなったのが、一七五二年六月にベンジャミン・フランクリンが嵐のなかで凧を使って行なった誘雷実験である。第三版（一八三一）からは削除されてしまった、初版（一八一八）の文章ではそれがはっきりわかる。

　このオークの木が被った大惨事に、私はたいそう驚かされました。なので、私は父に雷鳴と稲妻の性質と原因を教えてくれるよう、熱心にせがみました。すると父は「電気だよ」と答えると、他にもその力が及ぼすさまざまな作用を教えてくれたのです。父は電気で動くちょっとした機械を組み立てて、二、三の実験をしてみせてくれました。また、針金と糸で凧を作り、雲の合間からその流体を引き寄せてみせてもくれました。(Shelly 1818)[*4]

＊4　Project Gutenbergより引用。拙訳。

科学史的には、フランクリンは魔術や錬金術とは対極に位置するだろう。フランクリンは雷や放電現象を科学的現象としてあつかい、神学や魔術から切り離した研究者・発明家なのだから。[*5] しかし芸術の領域では、フランクリンによる凧を使った雷電気の捕獲実験は、電気と生命の交差を表わす一種の錬金術や魔術として登場する。実際、『Ｐａｒｔ１』ではフランクリンの電気実験を下敷きとしている場面がある。それが、一九五五年から一九八五年へとマーティを送り返すためにドクが時間移動の準備をするシーンである。その様子を警官に見咎められると、ドクは「気象実験」の準備と返答し、タイムマシンを「新しい特製の天候感知装置」と警官に伝えてその場を取り繕う。また、『Ｐａｒｔ１』におけるタイムトラヴェルは（再）生という問題に直結するが、（再）生を可能にするのは電気である。[*6] この点は3節で取りあげることにして、もう少し『フランケンシュタイン』を起点とするマッド・サイエンティストとドクの関係を明らかにしておきたい。この両者の連続性は『フランケンシュタイン』を原作とした二つの映画、すなわち『フランケンシュタイン』（一九三一、ジェイムズ・ホエール監督）と『フランケンシュタインの花嫁』（一九三五、ジェイムズ・ホエール監督）を経由することで、より明確になる。

シェイルとストートによれば、一九五五年の世界でマーティに連れられてスーパーカーのデロリアンを改造したタイムマシン――正確にはその内部に設置されたフラックス・キャパシター――を目の当たりにした瞬間、「〔自分が発明した〕タイムマシンがきちんと作動することを知り、背後では風が吹き荒ぶなか、夢中になって「動いている！」と叫ぶドクは、映画『フランケンシュタイン』（ジェームズ・ホエール監督、一九三一）でコリン・クライヴ演じるヘンリー・フランケンシュタイン博士が[*7]「生きている！」と叫ぶ姿と共鳴」（Shail & Stoate 2010：29）する。ここでドクが『フランケンシュタイン』を起点とするマッド・サイエンティストたちに連なっていることが分か

＊5
たとえば、鬼塚史朗『電気の歴史』東京図書出版会、二〇〇九年。

＊6
『Ｐａｒｔ１』ではタイムトラヴェル用の電力を確保するのに原子力が使用されるが、紙幅の都合上、今回この点にはふれない。

＊7
映画版『フランケンシュタイン』では、主人公フランケンシュタイン博士の名前は、小説版『フランケンシュタイン』のヴィクターからヘンリーへと変更されている。

る。また、「〔小説〕『フランケンシュタイン』とのつながりも、〔『Ｐａｒｔ１』の〕最後のシーンで二重に仄めかされる。嵐の最中にドクは稲妻を捉えようとして、〔タウンホールの〕ゴシック風の屋上部分からぶら下がる（このタウンホールのデザインは古典風であるが、ゴシック風の彫像もこれ見よがしに据え付けられているのである）」（同書：29）。

映画『フランケンシュタイン』の続編『フランケンシュタインの花嫁』では、フランクリンの実験が生命の創造とはっきりむすびつけられている。『フランケンシュタインの花嫁』では怪物のつがいが創造されるのだが、この時、雷から電気を誘導する凧が使用される。凧が呼び寄せた稲妻すなわち電気が手術台に横たわるつがいに流れ込むと、生命が吹き込まれることになる。

以上より、『フランケンシュタイン』を起点とするマッド・サイエンティストとドクは、フランクリンの実験を媒介として電気による生命創造という点で重なりあう。だがそれを主張するには、『Ｐａｒｔ１』で気象実験／天候感知装置として偽装されるタイムトラヴェル／タイムマシンと生命創造の関係を一層明確にする必要がある。次節ではこの点を明らかにするとともに、『Ｐａｒｔ１』における生命―電気―マッド・サイエンティスト（ドク）の三者がさらに緊密にむすびつくことを論じる。以上の手がかりとなるのが、『Ｐａｒｔ１』で肖像写真／画に登場する、ドクの「先達者」（同書：85）として位置づけられている科学者や発明家たち――とくにエジソン――である。

3　連続するマッド・サイエンティスト

『Ｐａｒｔ１』における科学者や発明家の肖像写真／画は、冒頭と物語の中盤で登場する。冒頭では、一九八五年の無人のドクの作業場におかれたフランクリン、エジソン、そしてアインシュタインの肖像写真／画が映しだされる。物語の中盤では一九五五年から一九八五年へと帰還する方法をドクとマーティが模索するシーンにおいて、上述の三名とニュートンの肖像画がドクの屋敷の暖炉のうえに飾られている。一九八五年でニュートンの肖像画が省かれている点は非常に興味深いが、今回は両時代に共通して登場する三名を対象とする。本節のポイントは次の三点である。すなわち、①フランクリンの場合と同じく、電気による生命の創造という点でエジソンとドクも重なりあい、②フランクリンに加えエジソンの系譜にも位置づけられることで、ドクはフランケンシュタインを起点とするマッド・サイエンティストと電気による生命創造という点においてより強くむすびつくが、③アインシュタインはそうしたマッド・サイエンティストとのむすびつきに切れ目をいれる存在となっている。

ではまず、エジソンについて取りあげてみたい。世界最大の発明家の一人トーマス・エジソン(一八四七—一九三一)は、研究所があったメンロー・パークをもじって「メンロー・パークの魔術師」と呼ばれた。エジソンの発明品のなかで最も重要なものの一つとされるのが白熱電球であり、[*8] 電信技師としてのキャリア、エジソン電灯会社の設立、発電所などの電気事業への参入などを考慮すれば、エジソンは電気と密接にかかわる発明家で魔術師と見なされていたと思われる。[*9] 事実、エジソンと同時代人であるフランスの小説家ヴィリエ・ド・リラダン(一八三八—一八八九)はエジソンをそのようにとらえていた。リラダンは『未来のイヴ』(一八八六)で、電気を操り「エレクトロ・にんげん」すなわち「人造人間」を創造・発明する「電氣學者エジソン」を登場させているのである(リラダン 一九九六)。

こうした電気の発明家兼魔術師としてのエジソン像が、ドクに引き込まれている。それを如実に示すのが、タイムトラヴェルを可能にするドクの発明品「フラックス・キャパシター」の形状である。次元転移装置とも訳されるフラックス・キャパシターに膨大な電気が流れ込むとタイムトラ

*8
エジソン以前に近代的な電球の研究は開始されていた(リチャード・モラン『処刑電流』岩館葉子訳、みすず書房、二〇〇四年、六三頁)。または、ヴォルフガング・シヴェルブシュ『闇をひらく光』小川さくえ訳、法政大学出版局、一九八八年、六二—六三頁。

*9
たとえば以下を参照。モラン、前掲書、六八、七六頁。

ヴェルが起こるのだが、その形状は膣と卵管という出生を担保する女性器を模している。

ここで『Ｐａｒｔ１』のストーリーを思いだしてみよう。タイムトラヴェル前の一九八五年では、ライバルのビフになぶられる貧相な父親にアルコール中毒寸前の母親などが示すように、マーティの家庭環境は社会的に成功しているとはいいがたかった。しかし、一九五五年から帰還すると、自信に満ちあふれてビフを支配下におき作家として成功を目前にした父親にスマートな母親など、精神的・物質的に充実した家庭へと環境は一変している。両親の出会いを誘導・演出するために奔走したことで、結果的に、マーティは自らの出生を保証すると同時に自身の家庭を「再生」する。つまり、電気とフラックス・キャパシターという発明（品）が可能にするタイムトラヴェルは、マーティの出生とその家族の再生と同義なのである。

２節と３節の内容をふまえれば、明らかにドクは通俗的なマッド・サイエンティストとして、そしてヘインズの指摘どおり『フランケンシュタイン』関連作品を土台としたマッド・サイエンティストとして描かれている。だが、ドクはそれとは異なる側面も同時に備えている。マーティを知的な面でサポートするという擬似的な父としてや、子どもじみた発言や振舞いをみせる憎めない師匠《メンター》としてもドクは描きだされているのである。ジャンルやストーリーといった観点から、ドクと『フランケンシュタイン』的マッド・サイエンティストとの違いや、ドクの両義的性格を論じることはもちろん可能であろう。だが、ここではドクの容貌という視覚イメージに注目してみたい。ここでアインシュタインがポイントになってくる。

相対性理論を唱えた科学者アルバート・アインシュタイン（一八七九―一九五五）の存在もしくはドクとのつながりは、『Ｐａｒｔ１』では飼い犬の名前や肖像写真によりアピールされるが、容貌という視覚的なレベルでもドクとアインシュタインのつながりは強調される。生え際が後退して目立つ額にぼさぼさの白髪というドクの容貌は、肖像写真でも確認できるように、口ひげこそないものの、秀でた額と左右後方に広がる白髪というアインシュタインのそれをまさに受け継いでいる。[*10]

マッド・サイエンティストの文脈においてアインシュタインの容貌が備えている意味あいについて、スカルは次のように述べる――「アインシュタインの髪には文句なしに聖人像《イコン》のような持久力があるため、他のどんな視覚的な手がかりよりも、頭がおかしくなった博士たちのイメージに影響を与えてきた」（スカル 二〇〇〇：一六）。また、スカルは「子供っぽくもあり古臭くもある顔」をもったマッド・サイエンティストとしてもアインシュタインにふれている（スカル 同書）[*11]。すなわち、マッド・サイエンティストとしてのドクの両義性は、アインシュタインの両義的な視覚イメージによっても担保されているのである。

ここまでの内容をもとにすれば、ドクについては次のように言及できるだろう。すなわち、ドクは（再）生をもたらすタイムトラヴェルを司る魔術師的な科学者／発明家であり、それは、電気を紐帯として結合したフランクリンとエジソンのイメージを土台として構築され、アインシュタイン風の外見に押し込められている。また、ドクは一九世紀に端を発するフランケンシュタイン的マッド・サイエンティストの流れを汲みながらも、小説『フランケンシュタイン』関連作品における悲壮な雰囲気の科学者ではなく、シリアスさと明るさをかね備えた二〇世紀のアインシュタインの視覚イメージで縁取られている。それはすなわち、ドクと『フランケンシュタイン』を起点とするマッド・サイエンティストのあいだの文化的連続性には切れ込みが入っているということである。

たしかに、電気による生命の創造という点で、『フランケンシュタイン』に連なるマッド・サイエンティストとしてのドクという見方はさらに強化される。だが、議論を先取りすれば、アイン

＊10
石岡 二〇一四：六七。

＊11
ここでスカルは、クルティウスが述べるところの「少年と老人のトポス」を、うっかり呼び出してしまっているかのようである（クルティウス 一九七一：一三七―一四一）。この点は『バック・トゥ・ザ・フューチャー』シリーズにおけるタイムマシン／タイムトラヴェル概念とより深く関与してくるように思われるため、4節で述べるトポスとしてのガレージの問題と合わせて、機会を改めて論じることにしたい。

シュタインとの関係性において確認したドクとそうしたマッド・サイエンティストとの連続性における切れ目は、フランクリンとエジソンのイメージをドクの土台とすることで逆説的にもいっそう深いものになる。それは、フータモが重要視するトポスの文化的・歴史的文脈という観点からドクを考察することで明らかになるだろう。次節ではこの点を論じるとともに、それを通してドクがマッド・サイエンティストとして導入される必然性を照らしだすことにする。また、フランケンシュタイン的なマッド・サイエンティストの系譜とドクのあいだに切れ込みを入れる、さらなる要素を前景化させることを試みる。

4　マッド・サイエンティストの／と裂け目

『Ｐａｒｔ１』とその文化的・歴史的文脈とのつながりに関しては、スーザン・ジェフォーズの議論などでもみられるように、ロナルド・レーガン政権（一九八一―一九八九）の影響がしばしば取りあげられてきた（Jeffords 1994）。レーガン政権の特徴を簡潔にいえば、「強いアメリカの復権」である。その代名詞となったのが、軍事衛星からのレーザー照射により宇宙空間でミサイルを撃墜するという戦略防衛構想（ＳＤＩ）である。スターウォーズ計画とも揶揄されたＳＤＩの構想の裏にあるのは、ソビエト連邦共和国の脅威であった。ソ連を脅威とみなすことは、冷戦構造および戦後の米ソ間の宇宙開発競争と地続きである。

　こうした歴史的文脈をふまえて、ドクによるタイムマシンの開発のあり方と、ソ連という中央集権的な共産主義国家（もしくは国家規模）による宇宙開発ひいては新たなテクノロジーの開発のあり方が、『Ｐａｒｔ１』では対照的な関係として描かれていることが指摘されている（Shail & Stoate 2010：64-65）。この関係には個人対国家という図式が透けて見える。もちろん、ここでの「個」に相当するのはドクであるが、フランクリンとエジソンの交差点としてドクが描かれていることが、対国家としての個人という図式において効いてくる。

科学史のみならず、アメリカ独立宣言を起草するなどアメリカの外交・政治の歴史においても大きな足跡を残し、アメリカ建国の父の一人とされるフランクリン。そして発明王と呼ばれるにまで至ったエジソン。両者に共通するのは、環境に恵まれなかったのにもかかわらず、個人の努力により不可能を可能にしたり立身出世したりするという、アメリカン・スピリッツやアメリカン・ドリームの体現者、もしくはそのような存在として語られる点である。

フランクリンとエジソン、この二人はまさにアメリカを象徴する存在、すなわち「アメリカ性」の表象である。[*12] そして、ここまでの議論で確認したように、ドクはこの両者の系譜に連なっている。まさにこの「アメリカ性」が刻印された存在としてドクが描かれることで、『Ｐａｒｔ１』で個人対国家という図面を引くことが可能になるのである。

以上を押さえれば、「マッド」な科学者としてドクが導入されなければならなかった理由も説明できる。たとえば研究所や大学に所属する「常識的な」科学者であれば、その背後に何らかの社会的ネットワークが存在することを連想させ、個としての性格は後退してしまう。ストーリー的に必要最小限であるマーティとのつながりを除けば、社会的交流からは切り離された「マッド」な科学者として描きだされてはじめて、ドクの「個」としての科学者という性格は『Ｐａｒｔ１』において前景化し、個人対国家という図式はより強く浮上することになる。

ここまでは、二〇世紀以降の大衆／メディア文化におけるマッド・サイエンティストの基準となった『フランケンシュタイン』（関連作品）におけるマッド・サイエンティストと、マッド・サイエンティストとしてのドクの（非）連続性を分析してきた。その論点は、ドクの容貌や身ぶり・

＊12　たとえば以下を参照。モラン、前掲書、一一〇—一一二頁。

行為といった身体に関わるといえる。では、マッド・サイエンティストとしてのドクの身体に関与する要素を「図」としよう。フータモのトポスという発想をふまえたことで、こうした「図」に焦点を合わせることが可能になる一方、それに焦点を合わせることで「図」の背後の「地」に相当する要素も顕在化してくるように思われる。それが作業場すなわち〈ガレージ〉という要素である。

『フランケンシュタイン』の系譜に連なるマッド・サイエンティストは生命を創造／発明する科学者／発明家であり、フランケンシュタイン博士が生命を創造／発明する場所は実験室や古城であった。それに対し、ドクがタイムマシンを発明・整備する場所は〈ガレージ〉である。そこにおかれた試験管やフラスコが示すように、ドクのガレージは伝統的・通俗的なマッド・サイエンティストの実験室の一種として描写されている。その一方で、『Ｐａｒｔ１』ではタイムマシンがクルマ型であること、そして自動車がアメリカを象徴する産業であることを思い起こせば、実験室のかわりにガレージがもちいられていることは、先述したアメリカ性に繋げて考えることもできる。実際、シェイル&ストートは、「ガレージの発明家」というアメリカ的伝統にドクを位置づけている(Shail & Stoate 2010 : 56)。しかし、ここで指摘しておきたいのは、ガレージが新たなタイプのマッド・サイエンティストの母型《マトリックス》やトポスとなる可能性である。

ドクは〈(再)生=タイムトラヴェル〉を可能にするフラックス・キャパシターの発明家というだけではない。フラックス・キャパシターに加え、デロリアンというスーパーカーがタイムマシンとして使用されたために、それを「整備する」というエンジニア(技術者)／メカニック(engineer/mechanic)としての性格もドクにはつきまとう。タイムマシンがクルマ型ということと、クルマと意味的に隣接関係にあるガレージが実験室のかわりにもちいられて、クルマ型タイムマシンを発明・整備する空間として導入されることで、そうした性格はよりはっきりとドクに追加されていくように思われる。[*13] つまり、ガレージはマッド・サイエンティストにエンジニア／メカニックという側面を付与する「場」になっているのではないか、ということなのである。

先述したように、シェイル&ストートはガレージの存在に気づいている。しかし、ヘインズやスカルと同じく、彼らはあくまで発明家というドク自身もしくは人間的要素にのみ重心をおいており、ガレージ自体の重要性やマッド・サイエンティストのイメージをより複雑に形成する場（の変化）としてのガレージの性格／可能性を見落としている。『Ｐａｒｔ１』やドクを通して、このような場としてガレージをとらえることは、そしてマッド・サイエンティストとガレージの関係性を理解することは、ヒューレッド・パッカードやアップルのような企業がガレージで創業したという「ガレージ神話」――もしかしたら新たなトポスかもしれない言説――が、どこか奇跡めいたニュアンスを付与されて事実以上に語られることや、マッド・サイエンティストとＩＴエンジニアがアナロジー的にむすびつけられることの理由についても、一つの見通しを与えてくれるように思われるのだ。

本章のまとめ

本章では、フータモのトポス概念に注目して小説『フランケンシュタイン』を起点とするマッド・サイエンティストとの距離感を測定しながら、マッド・サイエンティストとしてのドクのイメージがどのようにアレンジされているのか、もしくはそのイメージ編成のダイナミクスを解明することを試みた。[*14]

フータモのトポス概念を端緒とすれば、直線的な観点からだけでなく円環的な観点からもメディア文化を理解する視座をもつことができる。また、トポスへの目配りは、しばしばメディア文化

＊13　もちろん、ここにはエンジニア（技師）としてのエジソンの影を見ることもできるだろう。

＊14　フータモ（のトポス概念）とイメージ論については、石岡良治（二〇一五：六四）を参照。

（研究）の賭け金とされる「新しさ」を鵜呑みにすることへの防止策となる。それは同時に、反復される際にトポスに蓄積していく微細なズレを明らかにすることでもあるため、新しさを批判的に把握する視座の獲得へと繋がっていく。フータモ流メディア考古学の眼目とその可能性は、分岐と合流を繰り返すメディア文化や、それに関わるイメージのダイナミクスや経路を解明する／しうることにもある。

フータモの議論に関する問題点としては、トポスを駆動する要因が明確ではないという点が指摘できる。メディア考古学全体の課題としては、メディア考古学のアプローチと、従来のカルチュラル・スタディーズや視覚文化論、芸術学的なそれとの偏差をより明確にしていくことがあげられるだろう。また、直線的な進歩概念に則ったメディア（文化）研究を批判するため、メディア考古学の議論は直線的時間vs円環的時間というありふれた図式に収束しかねない。この点についてもさらなる考察が必要である。何よりも、メディア考古学という理論のポテンシャルやメディア考古学をもちいたメディア研究の可能性を見極めていくことは、今後の私たち自身の課題である。

引用・参照文献

石岡良治（二〇一四）『視覚文化「超」講義』フィルムアート社
――（二〇一五）「イメージ論を経巡る1　フータモと機械のトポス」『ちくま』五三〇号
鬼塚史朗（二〇〇九）『電気の歴史』東京図書出版会
クルティウス、E・R（一九七一）『ヨーロッパ文学とラテン中世』南大路振一ほか訳、みすず書房
スカル、D（二〇〇〇）『マッド・サイエンティストの夢』松浦俊輔訳、青土社
フータモ、E（二〇一五）『メディア考古学――過去・現在・未来の対話のために』太田純貴編訳、NTT出版

モラン、R（二〇〇四）『処刑電流』岩舘葉子訳、みすず書房
リラダン、V（一九九六）『未来のイヴ』齋藤磯雄、東京創元社
Haynes, Roslynn D.（1994）*From Faust to Strangelove*, The Johns Hopkins University Press
Jeffords, S.（1994）*Hard Bodies*, Rutger University Press
Shail, A. & Robin Stoate（2010）*Back to the Future*, BFI
Shelly, M.（1818）*Frankenstein or, The Modern Prometheus*（http://www.gutenberg.org/files/41445/41445-h/41445-h.htm）（二〇一五年七月二九日閲覧）

第6章　唯物論的時間とエージェンシー
——視覚文化批判

柿田秀樹

【キーワード】
唯物論的時間　視覚文化　モノ　エージェンシー　コミュニケーション　内的相互作用　ポスト人間

【引用1】

　中世後期に異端として非難されたような、対象に魂を入れること（animation）は、奴隷貿易とそれと同時代にあった啓蒙主義という文脈において、異なる価値をもつようになった。理性の時代は、信仰の時代に代わって、それ自体の形而上学的課題をもつようになった。物質的価値以上の価値を対象に与えることへの投企は異端信仰に代わってフェティシズムと見なされるようになった。それは無知な非キリスト教徒で啓蒙されていない人々の実践であり、そのことが彼らを前もって奴隷として定め、それを完全に正当化したのである。†1

【引用2】

　別の人間、あるいは別の「モノ」との遭遇は、他者の性質を理解するため、主体が彼あるいは

†1　Keith Moxey, "Material Time." Dokkyo International Forum, "Questioning the Sight—Art, Image, and Text." Dokkyo University, Saitama, Japan. 11 Dec. 2015. Keynote address. 翻訳はすべて筆者による

彼女自身の考えを「他者」に投企する過程である。不断の知覚的投影は、止揚《アウフヘーベン》や内面化《イントロジェクション》によって主体のうちに戻り、主体それ自体が不可避に変容させられるのである。それゆえに、主体と対象の絶対的区別があるのではなく、共有される主観性と客観性という揺れ動く領域があるのだ。[†2]

†2 Moxey, "Material Time."

【引用3】

ハイデッガーは、「モノ」のような、存在の現前（現われ出ること）は、人間の注意がそれに関心を注ぎ込む時にのみ生じえると推測した。[†3]

†3 Moxey, "Material Time."

【引用4】

私の関心は、芸術が創出されるにあたって物質が果たす役割、そしていかに芸術家が物質の挑発に応答するかと同様に、物質が芸術の創作にもたらすエージェンシーの諸形式を記述することにある。芸術家と物質の邂逅というのは時間的なものだ。芸術家と物質はそれぞれ異なる形態の時間を供するが、それが融合して芸術作品になるわけである。この講演は、とりわけ唯物論的時間に着目した、イメージの時間についての講演である。[†4]

†4 Moxey, "Material Time."

【引用5】

対象と主体の関係は双方向であり、エージェンシーが見出されるその場所を見分けることは不可能である。もう一度いうと、言語の役割は記述することであると同時に創造することである。「言説が効果をもつのは、それが「現実を重層的に決定するから」ではなく、「言説」と

「現実」が存在論的にそもそも見分けられないからである。すなわち、概念と物はまさに同じモノであるため、概念はモノをもたらすことができる。（…）」[†5]

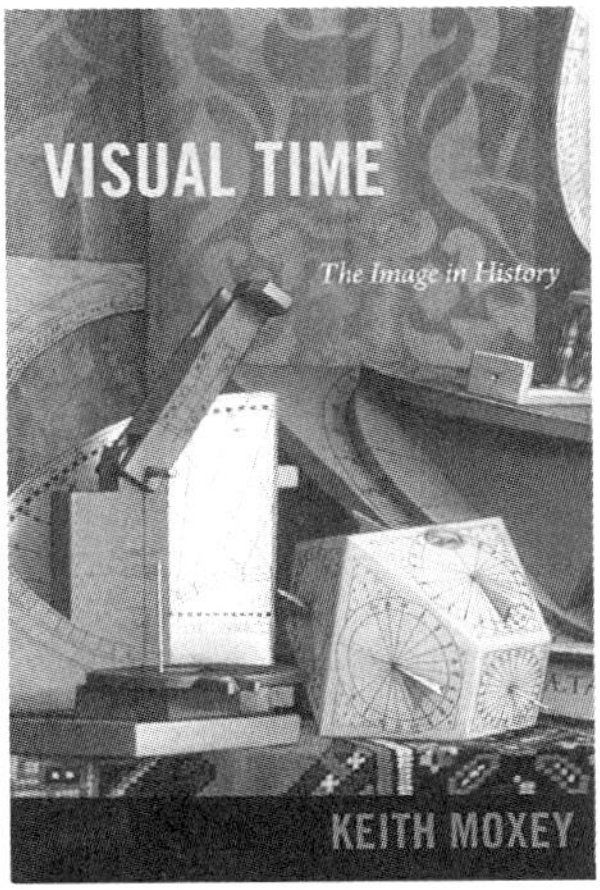

図 6-1　Keith Moxy, *Visual Time.*

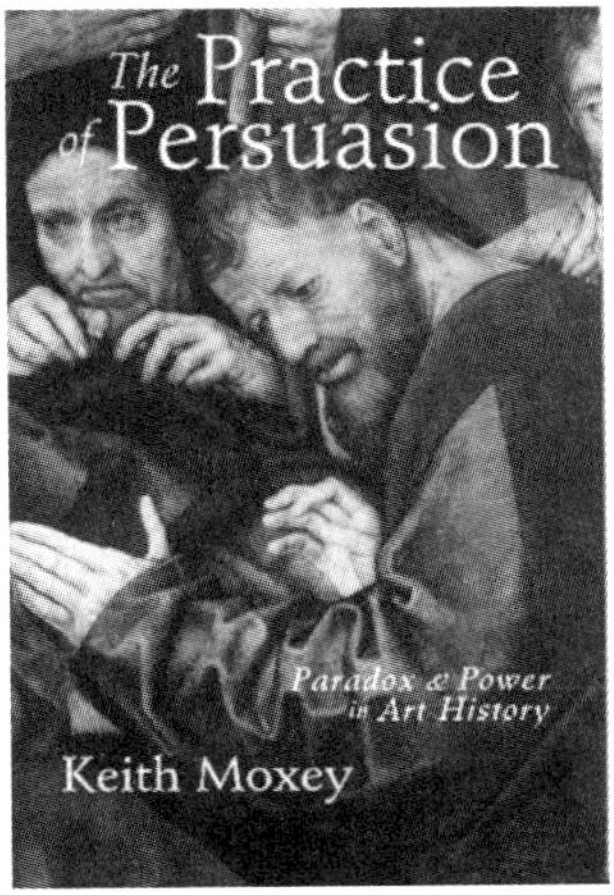

図 6-2　Keith Moxy, *The Practice of Persuasion.*

†5　Keith Moxey, *Visual Time: The Image in History*, p.57

＊

1　新しい唯物論にむけて

アメリカの美術史家キース・モクシーは視覚研究一般を関心領域とする美術史家である。批評理論にも精通し、視覚と文化の関係性をめぐって精力的な議論を展開している。美術史のなかでも一六世紀の北方ルネサンス絵画芸術を専門としつつ、多様な視覚イメージの研究に従事し、理論と実践の両面において、美術史の無意識を批評し脱構築し続けている。自明化された視覚文化を批判する際にモクシーが着目するのは、物質の時間性である。

　われわれが生きる世界には物が溢れ、われわれは物質的にも文化的にも恵まれた日々を生きている。身近に手に取る商品は記号でパッケージ化され、そのイメージに浸りながら日々生活している状況である。人間は物質と交わり、新たな関係を打ち立てる。たとえば、ワインの広告イメージにパーティの様子が写っている。ある人がそのワインを購入するが、実際には写真に見るイメージどおりのパーティが開かれることはなく、その楽しさを自動的に手に入れるわけではない。

広告のなかのワインは、表象された記号＝代理物にすぎないからだ。しかし人がそのワインを実際に手に取りたいと欲するとき、ワインは「モノ」（matter）として立ち現われる。人が手に取るワインは、物理的な物質であると同時に、パーティの楽しさという文化的意味を与えられたモノでもある。

このように物質が文化的意味をもって人を巻き込んで立ち表われるとき、それを「モノ」と呼ぶ。このモノは、共振する物の世界のリズムと人の世界のリズムとの内的相互作用（intra-action）のなかで、たえず変容する、動的なものである。それは物質というよりはその変容自体が人と物を含み込んだ世界のリズムや構成を編制しなおしていく動きであって、その動きから「エージェンシー」が生成されるのだ。[*1]

ワインの話に戻って考えてみよう。パーティの楽しさを欲し、ワインというモノを買いたいとき、「ワイン・スカウター」というアプリが使える。[*2] ソムリエと大学の味覚研究者が共同開発したアプリだが、このアプリを使うと、特定のワインが自分の好みにあっているかどうか、科学的根拠にもとづいて相性を診断してくれる。ワインの好みを検索し味わいを評価すればするほど、数値化された好みの指向性によって、細分化された自らの味覚に合っているかどうかがより詳細に分別されていく。数値化された指向性にもとづいてワインを選べば選ぶほど、その選択によって味覚が設定されていく。ワイン・スカウターという装置のなかに〈私〉とワインというモノが組み込まれ、その内的相互作用のなかで、私の味覚も数値によって標準化され、ワインの購買方法も変わる。私

＊1
エージェンシーと内的相互作用については、Karen Barad（2003：822）を参照。エージェンシーとは、主体を想定しないところで、状況を変え得る潜勢力や影響力を生じさせる可能性としてとりあえず定義しておき、5節で詳述したい。

＊2
ワイン・スカウターについては、以下のサイトを参照。http://isommelier.net/scouter.html

＊3
「唯物論的時間」（Material Time）は、二〇一五年一二月に獨協大学で開催された国際フォーラム「〈見える〉を問い直す――アート、イメージ、テクスト」で発表された基調講演である。翻訳はすべて筆者による。

自身の味覚、私とモノとの関係はこの装置のなかでたえず変容する。この変容から私とモノの既存の関係をずらし込み編制しなおしていくようなエージェンシーが生成されるのだ。たとえば、味覚が標準化されるという点では、まさにアプリによって私たちの味覚が制御されることでもあるのだが、同時に、アプリを使用する前だったら決して選ばなかったようなワインを選ぶ可能性が生まれてくる。この可能性を「エージェンシー」と呼ぶことができる。

　私たちのモノとの関係はこのようにさまざまなレベルでの内的相互作用のなかにある。そのなかで私たちの存在は制御されているのだが、同時にその内的相互作用を通して新たな存在のあり方に変容する可能性を秘めている。このような変容の可能性の条件となるのが唯物性（materiality）の次元なのである。このように人間とモノとの出会いを主体と対象の内的相互作用としてのコミュニケーションと理解してもよい。そしてこのようなたえず変容する私とモノとの内的相互作用に着目するとき、時間の概念が重要になってくる。

　本章では、モクシーの議論における視覚と時間をとりまく唯物性の問題に焦点をあてる。おもに「唯物論的時間」（Material Time）[*3]と題された講演、および著書『視覚的時間』（Visual Time）を議論の組上に取りあげつつ、彼自身が展開する唯物論と唯物論的転回（material turn）[*4]のなかで、「唯物性」を通した視覚への批判的介入の様相を概観し、その視覚レトリック理論の可能性を論じてみたい。[*5]モクシーが提示するのは、ポスト構造主義以降の理論的地平に「物質的なもの」をどう組み込むかという「新しい唯物論」（New Materialism）の取組みと絵画における唯物性の問題である。芸術作品がもつメディア性を紐解き、視覚のなかに唯物性がどう関与してくるのかを考察してみたい。その際、エージェンシーはどこにどのように確保されえるのか、その可能性を射程にとらえるモクシーの唯物論的時間のあり方を抽出してみたいと思う。

＊4　唯物論的転回については、Diana Cole and Samantha Frost が編集した *New Materialisms: Ontology, Agency, and Politics*（2010）、John Frow の“Matter and Materialism: A Brief Pre-history of the Present”（2010）、および「新しい唯物論」の特集を組んだ『現代思想』（二〇一五年一〇月号）などを参照。とりわけ、エージェンシー概念を中心とした新たな唯物論として、カレン・バラッドの「エージェンシー現実主義」（agential realism）が参考になる。バラッドの *Meeting the Universe Halfway*（2007）および“Posthumanist Performativity”（2003）を参照。

＊5　ブルース・グロンベックは、自明なものとされる視覚が実はレトリカルに構築されると指摘し、その視覚構築のプロセスを批判することが視覚レトリック論の中心的課題であると論じた。視覚レトリック論については、Bruce Gronbeck（2008）を参照。

2　唯物論的転回と視覚文化の批判

「唯物論的時間」で、モクシーは物質がわれわれの時間を挑発することを認識せよと論じている。その際に、対象の時間に出会うことによって、われわれは自らの時間のなかでの不確実な位置を認識するのである。対象の時間の「他者性」が、「われわれ自身の時間のなかでの弱く不確かな位置」を暴くのだとモクシーは述べるが[*6]、そのようなわれわれ自身の不確かな位置は、啓蒙と植民地主義、そして視覚文化との関わりについての議論でより先鋭化される。

物体やイメージは意識にどのように入り込んでいくのか。主体と対象、私と彼らという恣意的に設けられつつ自明となった区別を、あえてここで曖昧にしなければならない。モクシーは、われわれと物との関係を、主体でも対象でもない連続体として見るという思考実験に取り組んでいる。

しかし、主体と対象が邂逅する時、物質の語りが時として失われてしまうことがあるとモクシーは指摘している。（ポストモダンな）唯物論的転回においては、物質はつねに語るものであり独自の時間をもつが、その物質の語りを透明にしてしまう視覚的な制度があった[*7]ことをモクシーは問題とする。その制度、すなわち啓蒙主義の時代における視覚の様態とミメーシスの制度が奴隷をたんなるモノとして見ることを可能とさせる条件となったというのである。西洋の言葉がつうじず、信じる宗教もなく、進んだ文明が産みだした機器をもたない野蛮な生活を過ごす植民地の〈原住民〉は、人間ではない単なるモノと化す。原住民はそのような西洋の基準をあてはめる限りにおいて主体としての人間とはいえず、基準から漏れた彼らは人間として扱う必要のない単なるモノとして見られることが正当化されている。

ここで重要なことは、西洋が植民地で奴隷とされた人間を理解できなかったということではない。むしろ、西洋人にとっては、西洋の基準のなかで彼らの普段の行為が蛮行に見える、その原因

＊6　原文は以下のとおり――「The 'otherness' of the object's time dramatizes our own tenuous and uncertain location within it.」。

＊7　ミメーシスはギリシャ語で「模倣」を意味する単語で、プラトンやアリストテレス以来の概念である。『詩学』で演劇は現実を反映すると考えたアリストテレスにとって、模倣はフィクションでも空想でもなく、対象の本質と結びついていると考えられた。現実は言葉で模倣され、言葉に宿る魂が本質を実体化すると考えたのである。アリストテレス以降、ミメーシスの意味も様々に変容し、元来、模倣にあった本質との関係は後退した。一般的には、現実または現実の一部をコピー・複製した芸術作品をミメティック（模倣的）芸術と呼ぶ。しかし現実を切り取る視

を対象自らに帰して記述（ascribe）し、人をモノに還元することが可能となっていることこそが問題なのである。その際、文明／非文明の基準（西洋の言葉、キリスト教、技術的機器など）は西洋人にとっては明確であり、それを準拠枠として、西洋人は奴隷となる原住民が〈野蛮である〉ことをこのうえなくよく分かっている（つもりになっている）のである。このモクシーの議論が明らかにするのは、特定の視覚文化によって植民地主義が可能となったこと、すなわち植民地主義は啓蒙主義を引き継いだ視覚文化の構造的帰結であり、ポストモダンの時代はポスト啓蒙主義の時代であるということである。*8 植民地のなかの対象が物象化され、西洋のなかでエキゾチックな「物・商品」として循環し始める。奴隷は商品としての価値をもち、物と同様に交換されることになる。視覚文化は啓蒙主義以降の資本主義のなかに包含される、人や対象の「物質」化を下支えもするのである。

　このような人間の物質化は、啓蒙主義的視覚制度のみならず、一つの時間の制度によっても支えられている。一八八四年に決められたグリニッジ標準時は欧米の大国によって決められた世界時間の制度である。モクシーは、グローバルに産業資本主義が進んだ時代に、世界を切り分ける時間の制度《クロノロジー》が支配するようになったことを指摘する（Moxey 2015）。標準化された時間は資本主義的な手法を拡大し、産業化を進めていった。近代は世界的に政治経済を牛耳る共通の時間体系が力をもち、資本主義がグローバルに拡大し植民地主義的支配へとつながった歴史的時代でもある。

　一九世紀終盤にこの標準時が決まる以前には、世界にはさまざまな時間の流れがあった。時間といっても実はクロノスではない時間に所属している時間の存在が示唆される。われわれには特定の作品の身近さや個人的に感じる魅力を考える瞬間がある。世界的に幅をきかせるヘゲモニーをもつ共通の時間体系以外にも、多くの形態がある。われわれは実は異なる形態の時間に囲まれ、せめぎ

覚は文化的な制度のなかで構成されているものである。ところがこのような模倣的芸術は、現実をありのままに複製しているように感じさせることによって、現実を構成する文化的制度を隠蔽してしまう。モクシーが「ミメーシス」を批判的意味で使用するのは、模倣的芸術にある、このような文化的制度を隠蔽する側面を問題視するからである。

*8 現代でも形を変えた同様の問題が継続していることをモクシーは指摘する。例えば、一九世紀パリでも活躍したアフリカの芸術家、セコトの展覧会で、彼を紹介する文章における彼の位置づけを見てみると、彼が同時代に交流のあった印象派から分離され、美術史では二流の扱いを受けていることが分かる。ルネサンスを美術史の基準として、西洋以外を差別する無意識の配置は展覧会の解説でも明らかであり、西洋の他文化からの優越性を自明なものとして正当化している。Moxey（2013）の第一章を参照。

あうさまざまな時間性によって構成されているのである。

　そしてこのような複数の時間との出会いを考察することによって、この人間と物の同一化と均一化、そして物の透明化を問題として提示しうるのである。だからこそ、「唯物論的時間」を理論化することが必要であるとモクシーは主張しているのだ。しかし、それは決して人間と物質あるいは主体と対象を差異化することではなく、物質が可能とさせる人間と物質の固有の相互干渉のあり方を複数の時間性をとおして見る必要があるのだと。グローバリゼーションの過程が加速化する現在こそ、この視覚文化における物と時間の問題を問いなおすことが必要なのである。

3　ポストモダン芸術と唯物性——表象不可能な視覚性

　現代アメリカの芸術家、スペンサー・フィンチ（一九六二—）は、モクシーが時間の唯物性を論じる際、ポストモダン芸術の事例として言及される。フィンチが制作するようなポストモダンの作品は視覚制度の隠蔽の歴史を暴き、物質の時間を改めて経験させてくれるというのである。

　フィンチは科学的な手法と詩的な感性を彼の作品のなかで組み合わせ、われわれと世界の邂逅の瞬間をさまざまなメディアを使って描きだす気鋭の芸術家である。[*9] 油彩や水彩画とともに写真やビデオ、彫刻だけでなく、蛍光灯や見えないインクなど、予想外の素材を使って、風や熱、そして太陽光などの直接可視化できないために容易には理解しにくい主題をわれわれの目前に提示する。そうすることで、フィンチは、われわれに物質の時間性を改めて経験させ、われわれがもつ視覚の限界を探求している（Goodbody 2007）。

　『空室のなかの太陽の光（エミリー・ディキンソンのための通りすぎる雲、二〇〇四年八月二八日、マサチューセッツ州、アムハーストにて）』[*10] は、一〇〇個の蛍光灯やカラーフィルター、そし

図6-3　スペンサー・フィンチ『空室の中の太陽の光（エミリー・ディキンソンのための通りすぎる雲、2004年8月28日、マサチューセッツ州、アムハーストにて）』

＊9
芸術家としてのスペンサー・フィンチについては、"Spencer Finch's Art Makes Light Speak Volumes" を参照。

＊10
作品の原題は「Sunlight in an Empty Room (Passing Cloud for

て洗濯バサミなどを素材にしてフィンチが二〇〇四年に制作したインスタレーションである。天井から吊るされたオブジェの内側には蛍光灯が組み込まれており、その周りを覆うフィルターをつうじてその外側に光が放たれている。三種類の蛍光灯が昼間の光をシミュレートし、雲を模したフィルターは通過した光の色を変え、太陽光の強度と雲によって注がれた影が同時に再現されている。[*11] 青や薄紫、そしてグレーなど色とりどりのフィルターがさまざまなかたちに織り込まれて襞状となり、ランダムに変化する雲をイメージさせる。しかし、同時にそのフィルターの内部には、あちらこちらに無造作に洗濯バサミが埋め込まれていて、半透明のフィルターからそれが確認できる。この作品でフィンチは、八月の夏の午後にエミリー・ディキンソン[*12]の家の裏庭を通過した雲の効果を生みだしている。

この作品はディキンソンの自宅をフィンチが訪問した際にいだいた感覚を空間化したものであり、彼女による詩的言語の唯物的空間への翻訳でもある。[*13] これは二〇〇四年八月二八日という特定の時間にアムハーストのディキンソンの家の裏庭という特定の場所で、フィンチ自身が経験した光と色を再現しようと試みた作品である。興味深いのは、訪問の際に、フィンチが色の濃度を測定し記録する測色計を使用し、その科学技術の測定結果をもとにインスタレーションを作成したという点である（Goodbody 2007）。すなわち、このオブジェは視覚的構成要素である実際の色と光を再現しており、視覚が経験の条件であるならば、その視覚経験を物質的に追体験できるように再現されているのである。フィンチは測色計という装置を使って、光を鑑賞者が物質的に体験できるようにしたのである。

しかし同時に、視覚的には再現されたはずの物質的な経験は、視覚の再現だけでは感じることができないのは明らかである。インスタレーションから放たれる光は冷たく、そこには実際にあった

Emily Dickinson Amherst MA August 28 2004)」。

＊11 フィンチは、太陽光という主題が達成不可能であると同時に究極的なゴールであることを証言している。"Spencer Finch : What Time is it on the Sun?"

＊12 エミリー・ディキンソン（一八三〇―一八八六）は一九世紀アメリカの詩人。一七〇〇篇以上の作品を残す。彼女の詩はバラードと賛美歌の韻律を踏み、ダッシュの多用や型にはまらない大文字の使用、風変わりな語彙と比喩的描写などを用いる点で、一九世紀の定型的詩を越えた独特の詩風が高く評価されている。フィンチをはじめ、二〇世紀以降の芸術家に多くのインスピレーションを与えている。

＊13 ディキンソンは光や雲に興味を持ち、詩を残していた。モクシーはディキンソンが一八六二年に書いた詩（「斜めに射し込む光があります」）に言及している。

はずの風や動物、虫の鳴き声などの聴覚、草の匂いという嗅覚、そして皮膚で感じる光の温もりや草や土の触覚など、あって然るべき他の感覚が当然のことながら欠落している。ここで、鑑賞者は視覚単独では経験が成立しないことを強烈に感じざるをえない（同書）。むしろ、この作品におけるフィンチの主眼は、経験によって重要な五感のむすびつきを示し、科学や技術によって発見・再現された視覚の限界を示すことにあったのである。

作品に組み込まれた視覚の限界と同時に、この作品はディキンソンが光と影を時間のメタファーとして綴った詩へのフィンチの反応でもある、とモクシーは論じる。ディキンソンの詩が再現されたという解釈の枠組みは、自明のように見えながら、実はそうではない。そこにはハイデッガーが喝破したような、投企[*14]の構造がある。冒頭に引用したように、モクシーはハイデッガーについて次のように述べている。「ハイデッガーは、「モノ」のような、存在の現前（現われ出ること）は、人間の注意がそれに関心を注ぎ込む時にのみ生じえると推測した」（Moxey 2015）。すなわち、ハイデッガーは主体が客体を理解したと思うときには、タイトルに仕掛けられた思い込み（心的投資）があるのだと指摘しているのである。

一見するとディキンソンの部屋の光を模倣する作品のように見えながら、ありふれた洗濯バサミなど、作品の人工性と物質性は隠されず、むしろ鑑賞者がその日常性にあえて気づくように配置され、作品が制作されている点に、モクシーは注目する。フィンチが経験した時間は、特定の時間と場所で唯一生起しえた時間であり、彼の生活に密着した時間である。日常的な時間は既存の詩的言語によって理解しえる雲のような（自明化された）対象に回収しきれない、それとは異なる生活時間に備わる物質的な物の経験として現前していると考えられる。鑑賞者はその物質性をも合わせて経験するのである。

＊14
「投企」は、マルティン・ハイデッガーの術語で、「存在投企」、すなわち「存在」という視点を設定することを意味する。我々人間という存在は、世界の内に生み落とされるのであり、その環境の中で漫然と生きている（「世界内存在」）。ハイデッガーによると、その自明な環境を超越できるのが、〈今・ここ〉を意識的に生きる人間という存在なのである。自らの可能性を究極的な未来に向けて開くのは、〈今・ここ〉という現在を超越する未来への投企（ハイデッガーにとっては、究極の可能性である「死」の瞬間に向けて自らを投げ出すこと）であり、人は自ら

再現された雲が表象可能な対象であるならば、その対象からこぼれ落ちる表象不可能な物は作品に違和感を醸しだす。この物の前景化によって可能となる表象不可能な経験は、再現された雲が実際に訪問当日に存在した雲と一致しないことを鑑賞者に気づかせる。もし仮に再現された雲が本物と同じものと認識されるのであれば、それは鑑賞者自身の関与によって想定できる当日の状況が付加され、想像された雲に過ぎないことを、人工的で日常的な物である洗濯バサミは気づかせるのである。

実際、フィンチを有名にしたのは、この作品のように、自然光を透過し変換させたり、合成光の効果を造りだしたりする彫刻インスタレーションの制作である。そこでは、目を錯覚させる構築物がむきだしにされたままに見える素材を作品にあえて残すことで、彼が感じた自然現象や風景の印象を提示するのである。鑑賞者がディキンソンの世界を見ようとする欲望は自分の心に映るものを見たいという欲望でもある。それは煎じ詰めれば自分を見たいという欲望なのだ。フィンチはそのような欲望をとらえて、こう言っている――「見ている自分を見たいという不可能な欲望が視覚にはつねに内在的な逆説としてある。私の多くの作品は緊張を見極めている。見たい、でも見えない、という緊張である」*15。見るという行為は欲望の投企なのだ。見ることの投企にはつねに自らを見たいという主体の側の暴力がある。だからこそ、主体が見えていることが自明であることに問題があるのだが、その自明性の批判を主体の問題に還元することも有効ではない。そこでは、主体と対象の間の関係性をとらえなおす必要がある。それによって、主体の欲望を一時的に宙づりにすることができるからである。自明となった表象からこぼれ落ちる、むきだしの物質をあえて見せることは、見えるという経験の明証性を批判的に問いなおすことである。フィンチの作品は視覚の認識を物質的に遮ることで、表象不可能な次元が物にあることを提示し、見えることへの問いを前景化

を外に投げ出すというこの投企を行えるとき、はじめて「存在」としてたち現われるのである。しかしモクシーはこの「投企」(projection)を精神分析的な意味に近づけて使っている。精神分析においては「投射」とも訳されるが、その文脈では無意識の防御本能として、認められない自らの欠点を他者に見出すことで他者を攻撃する「投影」という意味になる。

*15 原文は「There is always a paradox inherent in vision an impossible desire to see yourself seeing. A lot of my work probes this tension: to want to see but not being able to」("Spencer Finch: What Time is it on the Sun?")。

するのである。

4　唯物論的時間とコミュニカティヴなエージェンシー

「映像的物質に固有の特質（nature）」に注目し、それがどのようにわれわれの認識を遮る（disrupt）のかを分析するとモクシーがいうとき、その思考の中心にあるのは、このような表象不可能性、すなわち表象の自明性や完結性に亀裂をいれる物質の役割である。そのためモクシーは、芸術作品やモニュメント、そして自然物などの「物質＝対象」と鑑賞者や読者、そして作者などの「人間＝主体」が出会う瞬間、その「出来事」に沿って立ち現われる「唯物論的時間」の「諸形式」を考察する。唯物論的時間は作家や鑑賞者の時間と交わる複数の様態である。この出会いの瞬間は主体が世界とコミュニケートする瞬間といえる。「時間や出来事は、人間の意識とその周囲の世界との相互関係の特質を形作る」のであり、「対象や芸術作品の現前へのわれわれの気づきの礎を形成し、変化し続ける異なるやり方でわれわれがそれらに応答することを可能とさせる」とモクシーは述べている（Moxey 2015）。なぜなら、そのようなことが可能となるのは、表象が不可能である所に――自明性が破れたところに――エージェンシーが生ずるからである。

芸術家が素材と出会うとき、作家と素材、そして鑑賞者それぞれに流れる異なった時間の形式が交差して作品となる。そこにはコミュニケーションの空間が成立している。複数の時間の様態がこのようにコミュニカティヴに流れる作品の一つとして、たとえば、レンブラントのエッチング、『エジプトへの逃避』（一六五一）には六つの異なるヴァージョンが存在することをモクシーは指摘する。同じ銅版を使いながらも酸や紙、インクなどの異なる物質の使い方によって作品に現われる光の具合を調整することで、太陽光が未だ届いている夕方のヴァージョンもあれば、ランタンの光だけが輝く闇に恐怖やおののきが読み取れる夜のバージョンも作品として存在する。彼の複数回の印刷と具体的印刷技法の調節によって生じる効果は、いずれも読もうとする読者にとってはそれぞれの物質的側面が記号として働く。これは芸術家が自分の時間を作品中に書き込み、それが鑑賞者の解釈と時間に介入する例であるが、同時に見る者の選択的視覚を問題化させる。鑑賞者は複数の層があるにもかかわらず、ある一つの意味を選択する。それは鑑賞者による唯物論的次元への積極的介入があることを証言し、その選択的思考と介入の様態を暴くのである。読者による選択的読み取りで何が読み取られるかがレンブラントのエージェンシーを偶有的に構成する。

主体と対象の出会いの瞬間は、内的相互作用が生じているという意味で、優れてコミュニカティヴな時間といえる。いうまでもないが、コミュニケーションという概念は、主体間の象徴言語のやり取りが想定される象徴的相互行為論のように、独立した主体間の相互行為には還元されない。通常、コミュニケーションでは、主体と客体が経験を完全に一致させることもないし(一致したと誤解することはしばしばあるにせよ)、実態として主体同士が分かりあうこともない。同時に、主体と対象が独立して自由気ままに存在し、無関係のままの状態でないことも当然である。むしろ、つねに主体と対象の間には冒頭のワインの例のような内的相互作用があり、相互の関係性や配置がたえず変更されている。つねに変容過程にある配置を一定の所に保持しようと主体が試みるとき、ハイデッガーが指摘したような心的投資がそこにはある。

植民地での「原住民」と西洋の主体の関係の構造を再度想起してみよう。主体(西洋人)が対象(原住民)の理解を試みたとしても、主体は対象ではない限り、そこには必ず理解できない・理解しきれない残余があるはずである。完全に透明(自明)と思われる理解が成立していると見えるときにも、そこには主体が対象を思い込みによって捕捉しようとする投企が働いているのだ。しかし、唯物論的時間は（主体と対象のどちらかではなく）主体と対象の間にありえる。重要なことに、モクシーは物理的に存在する物や物質を「唯物（マテリアル）」と呼んでいるのではなく、主体と対象の相互作用の次元に視覚的時間の唯物性を現実的に想定している。われわれの注意を引きつける芸術作品の客観的な素材＝物質性や物としての対象やイメージの特質だけでなく、出会いのあり方や主体と対象の間にむすばれる関係性によって、どのようなエージェンシーが産出されるかが決まる。カレン・バラッドがいうように、「エージェンシーは属性ではなく、世界の継続的な再配置である」（Barad 2007 : 141）。世界がたえず再配置されることで、エージェンシーが生成するのである。唯物論的な時間が価値をもちえるかどうかは、主体と対象がコミュニカティヴに出会えたか否か、その邂逅が主体と対象の関係性を変えるようなエージェンシーを生成しえるか否かに左右されるのである。

そのような唯物論的時間は異種混交的な時間（heterochronic）であり、個人が個別に経験する時間の複数化というよりは複数の時間の混成物であり、万華鏡のようにつねに移り変わる時間のコラージュということなのかもしれない。複数の時間性が私（主体）と物（対象）との関係をどう構成するか、そしてそこに物や私のエージェンシーがどう作りだされるのかが問題なのである。

5　主体の後に出現するエージェンシー

そもそも、エージェンシーとは何であろうか。なぜこのような概念が取りあげられるのだろうか。主体ではなく、主体と客体の関係性が問題となるのはなぜか。これらの問いが唯物論的時間を考察する際に重要となるのは、ポスト構造主義を乗り越えようと試みる唯物論的転回においては、伝統的な主体概念とは異なる主体と対象のコミュニケーションが思考・考察の起点となるからである。

異種混交的な時間を分析する際に、客体としての対象をモノとするのではなく表象の絶えざる再配置を唯物論的なエージェンシーの可能性としてとらえることが分析のスタートとなることを前節までで論じた。これは、主体と客体のコミュニケーションにおいて、客体となる対象と物質世界の側面を中心に描きだした唯物論的時間の解釈である。他方、コミュニケーションの主体を分析する時のスタートは、人間（の行為）ではなく、モノとしての「ポスト人間」（post-human）ということになる。[*16] 主体と客体が混在するにつれ、人間と機械の境界線は曖昧になり、動物と非動物の区別も疑わしくなっている。ポスト人間が提示する主体概念は、「物」化した人間である。たとえばサイボーグのように、（技術が人間化するのではなく）技術化した人間概念であり、人間が技術化することで見えてくる新たな視点がわれわれに提供されうる。

唯物論的転回での課題として、物との境界線が曖昧となったポスト人間概念の提示は、物が見る世界はどのようなものかという問いにつながっている。「物」化した人間にもたらされる視点は文化的にも歴史的にも規定されるだけでなく、技術的にも条件づけられている。主体である人間の世界観と対象が混成し相互干渉する様態を理論化することは、「物」化した人間による対象世界への視覚を知ることに寄与する。これにより、伝統的な主体や作者概念の範疇を超えた新たな主体性を考えだす必要が生じ、そこで注目されたのがエージェンシーという考え方である。ここでは、世界に働きかけ、変革していく能力を既に保持する、行為の中心としての主体を維持することは困難である。かわりに、主体と対象、人間と物質の関係性のなかに、人に成り代わって状況を変容させる潜在的な力を発揮する主体性としてのエージェンシーの可能性を見いだす思考が生まれてきたのである。

＊16　ポスト人間概念とエージェンシーについては、スティーヴン・B・クロフツとキャサリン・ヘイルズの対話（Hayles 2012）を参照。とりわけ、なぜ唯物論的転回ではエージェンシー概念が重要となるかは、二二頁以降を参照のこと。

新たな主体性としてのエージェンシーを問う際に重要となるのは、それが歴史的に特定のものであると同時にメディア的な側面をもち合わせている点である。エージェンシーは「特定の行為から現われる多様な文脈に対応して配置された性質」(Hayles 2012：25) として、日常のありとあらゆる場所と時間において個別的に多様な形態で顕現しえる。「(エージェンシーを生起させる主体の意識と作品との)出会いは中立的な場所では起こらず、対象に内在的な時間と主体を構成する時間の両方に不可避に色づけされた場所でこそ起こる」(Moxey 2015)。この非中立的な出会いの場所は、個別具体的にしか記述しえないコミュニカティヴな時空間である。エージェンシーは主体と対象の間の内的相互作用のなかで構成されうる変化の可能性であり、構成される関係は反復され、配置はたえず変化していく。その継続的な時空間での主体とイメージや芸術作品との出会いは優れてコミュニカティヴなものである。出会いを可能とさせる投企の先入見は、本来変容するはずの主体と客体の配置を固定する試みである限り、出会いの失敗を予め定めているといえる。もし主体が対象を自明なものとして透明にするならば、そこには理解しえない何かが認識を切り裂く物として残る。この物はそれ自体が意識をもつのではない。しかし、主体との内的相互作用のなかにおかれた物はモノとなり、その都度配置し直される関係が、モノの新たな認識を産みだす可能性を秘めてもいる。

では、視覚の世界でエージェンシーを考えるとどうなるのであろうか。モクシーは、芸術家自身の技術化を歴史的事例として挙げている。つまり、画家が自らを絵画のなかに作風として書き込み、自らをエージェンシーとして創造した、一六世紀ドイツの画家、アルブレヒト・アルトドルファーの『死んだピュラモス』(一五一〇頃) を実例として取りあげる。

アルトドルファーの『死んだピュラモス』には、ギリシアおよびローマ神話の一つであるピュラモスとティズベーの物語が描かれている。バビロンの街に住む恋人、美青年ピュラモスと美女ティズベーの両親はお互いに折りあいが悪く、彼らの恋愛に反対していた。二人は、親にこの恋が許されないのなら、駆け落ちしようと決意する。そこでひとまず、バビロンの街はずれにあるニノスの墓所で落ち合う約束をする。約束の晩、ティズベーは家から抜けだし、待ち合わせ場所に向かったが、着いてみるとピュラモスはまだ来ていなかった。そこでしばらく待っていると、突然、闇のなかから猛獣のうなり声が聞こえてくる。ティズベーは慌ててその場から逃げだすが、その際に頭にかぶっていたベールを落としてしまう。姿を現わしたのは、口元を血で染めた一頭のライオン。そしてライオンは落ちていた布切れを見つけてしばらくじゃれついた後、そこから立ち去って行く。その後、ピュラモスが遅れて待ち合わせ場所にやって来ると、そこにティズベーの姿はなく、あるのはライオンの足跡と血で汚れ引き裂かれたベールであった。彼は恋人がライオンに食べられたものと勘違いし、絶望のあまり携えていた短剣で喉元を突き、自殺してしまう。その直後、もう大丈夫だろうと思って元の場所に戻って来たティズベーは、自分のベールを握りしめて息絶えているピュラモスの変わり果てた姿を見つけ、悲しみのあまり、後を追ってピュラモスと同じ刀で自殺する。

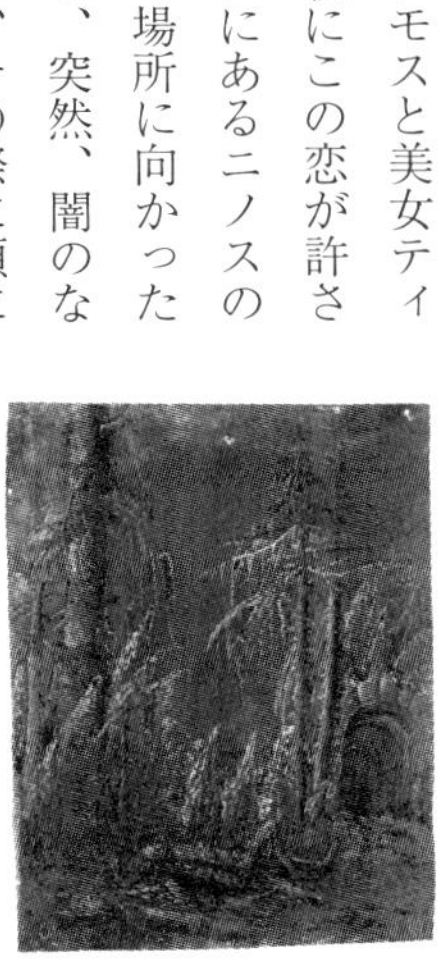
図6-4　アルトドルファー『死んだピュラモス』

この物語にそって、作品にはティズベーが死んだと思い込み自殺したピュラモスの身体のみが描かれている。作品を物語の主題として描いたものと考えるのならば、主人公の一人がイメージとして描かれ、物語が表象されていることになる。この主題の表象は一六世紀の芸術活動としては慣習的でもあり、アルトドルファーはそれにしたがっている。

だが同時に、アルトドルファーはこの西洋芸術文化の伝統における物語の次元を裏切るのである。たしかに、作品には物語のクライマックスが描かれている。しかし、それは物語の一部であり、あまりに不完全な印象を与える。さらには、全体に青みがかった作品の表面に描かれた白い描線は植物に似せているはずなのだが、この白い線の生命力が違和感を醸しだす。ここでモクシーは、「物語が静止し、巻きつき絡みついた白線のインクをつうじて、鑑賞者は背景を埋める木や低木を想像するに違いない」と主張する（Moxey 2015）。物語の内容が作品に書き込まれた白い線の形態に置き換わる。これは画家自身が誇示する華々しい画法を顕在化させてもいるのである。この植物に似ているはずなのにどこか違う気になる白線のインクという物質が、作品のなかで画家自身が書き込んだ自らのスキルとして突出している。

この作品が証言するのは、画家自身の絵画への書き込みの痕跡であり、エージェンシーとしての作者の時間の出現である。アルトドルファーが書き込んだ描線の唯物性は鑑賞者の解釈のスピードを遅らせ、鑑賞者による物語の解釈を宙づりにする。このアーティストの時間は、たんなる画家のスキルの出現ではない。目立つ白い線の生命力が鑑賞者と作品との出会いの時間を遅延させる。インクという物の現前が物語の認識を遮る。画家が自己を顕示したスキルの解釈が必要となり、鑑賞者が物語を経験する時間が延期されるのである。このスキルを鑑賞者が読み取る瞬間に、そこには唯物性としての不在の作者が現前するのである。自らを技術に変容した画家が、画家自身の不在にもかかわらず、画法という技術に変容して作品に組み込まれている。この技術化した画家がエージェンシーの一形態である。[*17] 画法に技術化されたエージェンシーとしての作者（＝画家）は、物語の認識という状況を変えうる力や影響力を、不在の現前として生じさせるコミュニカティヴなモノなのである。

本章のまとめ

＊17
モクシーは、エージェンシーとしての作者を「「作者の死」の死後」の作者理論として、著書『説得の実践』（*Practice of Persuasion*）の第六章で論じている。ロラン・バルトが宣言した「作者の死」が単なる読者の受容理論となったこと、それに準じて主体の不安定性を指摘するのでは不十分であることをふまえて、死んだ作者の理論化の必要性を主張する。そこには、作者の無意識を含んだ自伝をテクストとして、死んだ作者をエージェンシーとして理論化する道筋が論じられている。
　死んだ作者を理論化する「「作者の死」の死後」では、作家が作品に現前しえる可能性をモクシーは思弁的に論じている。死んだ作者の理論化は、作者がいないとこ本章では、モクシーの唯物論的時間がもつ射程を測定しつつ、グローバリゼーションが進むポストモダンと呼ばれる現代で、啓蒙主義とそれを下支えする視覚性を批判することの重要性を提示した。同時に、物と人のコミュニカティヴな関係から導かれる、エージェンシーの重要性を提示することを試みた。モクシーの唯物論的時間が示唆するエージェンシーの視座は、自明となった視覚の問い直しを可能とさせるモノの次元をとらえている。それは、見える経験が主体の関与による臆見のうちにあり、その自明性を批判する契機が視覚を切り裂く唯物性にあることを例示している。見える経験のなかに繰り込まれた違和感や緊張によって自らの位置をずらし、自明な経験を問いなおすことを可能にさせるのは、物との出会いとずれである。唯物論的転回以後の視覚レトリック理論は、人間と物質との一致しないコミュニカティヴな関係性を問いなおす契機を与えてくれるのである。

われわれが生きるポストモダンの時代は、物質に刻まれた時間の複数化や交雑、そしてまばたきのようなものを取り扱っている。灯台の光の点滅を見る際に生じる光と光の間のような、この奇妙な時間との出会いこそが、われわれ鑑賞者の経験や認知をどこか別の所に導いてくれる。鑑賞者は、絵画やインスタレーションを見る際、この別種の時間性を経験することになり、それによって物質としての自分を経験したり、見ている物質の表面に流れる複数の時間を経験したりすることができる。この唯物論的時間への注視は、人間の「物」化とそれを支える視覚文化の様態を暴き、主体／客体（対象）や動物／非動物の境界を越えて、唯物的存在であるわれわれ自身を変容させるのである。

ろで力を発揮する。作者の不在がいかに作品に現前しえるのかという問題設定である。ポスト構造主義のなかでしばしば誤解されている「作者の死」に対して、モクシーは作者の唯物性のなかで応答しようと試みていると言える。唯物論的な作者は、現前するエージェンシーとして生起するのである。

　作者の存在を抹消する受容理論には作者を論じる余地はない。同様に、作者を主体位置に還元し作者の代理とする言説の理論でも、作者は固定された位置におかれた代理にすぎない。主体位置に現われる作者は、作者の代理に過ぎず、多様な位置はテクストの読みの多様性に還元される。モクシーにとって、作者は不可知な作者の意図でも主体位置でもない、よりダイナミックでコミュニカティヴな主体が想定されている。そこにエージェンシーという形態がある。作者の意図にも受容の主体位置にも還元できない、双方のダイナミックな関係を想定しようと試みるときに、主体と客体を媒介する唯物性とそこからエージェンシーという問題設定と理論的視点が現われ出てくる。

引用・参照文献

Barad, K.（2003）“Posthumanist Performativity：Toward an Understanding of How Matter Comes to Matter,” *Signs：Journal of Women in Culture and Society* 28. 3, pp.801-831

———（2007）*Meeting the Universe Halfway：Quantum Physics and the Entanglement of Matter and Meaning*, Durham：Duke UP

Coole, D. H. and Samantha Frost, eds.（2010）*New Materialisms：Ontology, Agency, and Politics*, Durham：Duke UP

Frow, J.（2010）“Matter and Materialism：A Brief Pre-history of the Present,” Tony Bennett and Patrick Joyce, eds., *Material Powers：Cultural Studies, History and the Material Turn*, London; New York：Routledge, pp.25-37

Goodbody, B. L.（2007）“Trying to Capture a Trick of Light, a Tug of Memory,” *The New York Times*, 18 June 2007, http://www.nytimes.com/2007/06/19/arts/design/19moca.html（二〇一六年一月一〇日閲覧）

Gronbeck, B. E.（2008）“Foreword, Visual Rhetorical Studies: Traces through Time and Space,” Lester C. Olson, Cara A. Finnegan and Piana S. Hope eds., *Visual Rhetoric: A Reader in Communication and American Culture*, Los Angeles; London; New Delh; Sigapore：Sage, pp. xxi-xxvi

Hayles, K.（2012）“Media, Materiality, and the Human：A Conversation with N. Katherine Hayles,” Interview by Stephen B. Crofts, Jeremy Packer and Stephen B. Crofts. ed., *Communication Matters：Materialist Approaches to Media, Mobility and Networks*, London; New York：Routledge, pp.17-34

Moxey, K.（2001）*The Practice of Persuasion：Paradox and Power in Art History*, Ithaca：Cornell UP

———（2013）*Visual Time：The Image in History*, Durham：Duke UP

———（2015）“Material Time,” Dokkyo International Forum, “Questioning the Sight — Art, Image, and Text”, Dokkyo University, Saitama, Japan, 11 Dec. Keynote address

“Spencer Finch：What Time is it on the Sun?” *MASS MoCA*. N.p., n.d., http://www.massmoca.org/event_det

ails.php?id=28（二〇一六年一月一〇日閲覧）

"Spencer Finch's Art Makes Light Speak Volumes," *ARTnews.* N.p., n.d., http://www.artnews.com/2014/06/18/spencer-finch-art-makes-light-speak-volumes/（二〇一六年一月一〇日閲覧）

「特集　新しい唯物論」『現代思想』第四三巻一〇号、青土社、二〇一五

＊本研究はＪＳＰＳ科研費２６３７０１６８の助成を受けたものである。本稿を執筆するにあたり、ミネソタ大学・大学院の菅野遼氏に助言とコメントを頂戴した。この場を借りて感謝を申しあげる。

第7章　ビデオゲームにみる現実とフィクション
——イェスパー・ユール『ハーフ・リアル』を読む

河田　学

【キーワード】
ビデオゲーム　フィクション　表象　ごっこ遊び

【引用1】

タイトルの「ハーフ・リアル」という語は、ビデオゲームは同時にふたつの異なるものであるという事実をいったものだ。ビデオゲームは、プレイヤーが実際にかかわりをもつ現実のルールから成りたっているという意味において、また勝ったり負けたりという出来事は現実のものであるという意味においてリアルである。しかしドラゴンを倒してゲームに勝った、という場合のドラゴンは、現実のドラゴンではなくフィクション上のドラコンである。ということはつまり、ビデオゲームをプレイするということは、フィクション世界を想像しながら現実のルールとかかわりあうということであり、ビデオゲームは、ルールの集合であると同時にフィクション世界なのである。

図7－1に示した『ゼルダの伝説 風のタクト』（任天堂、二〇〇二）は、そのグラフィックの表現力、豊かな世界観、ディテイルまで行きとどいたストーリーラインが評価された。図の

図7－1　『ゼルダの伝説 風のタクト』（Juul, 2005：2より）

なかでは、プレイヤー・キャラクターが、近ごろさらわれた妹を追って遠い祖国からやってきたところである。ゲームのフィクション世界にくわえて、さまざまなスクリーン上の表示がプレイヤーにたくさんの情報を与えているが、花畑にいる少女の頭上では不思議な矢印がバウンスしている。この矢印は、私たちがルールと努力するべき目標をもったゲームをプレイしていることを示すものだ。この矢印は、私たちがこの少女とインタラクトできること、彼女が私たちのゲームの進行を導いてくれるかもしれないということを示している。この矢印はまた、グラフィックが丹念にフィクション世界を描きだしていようとも、実際にゲームのルールに実装されているのはその世界の一部分にすぎないということをも示している。この矢印は、ゲームのフィクションのうちルールにも盛りこまれているのはどの部分であるかを示すものでもあるのだ。このように『ゼルダの伝説 風のタクト』は、フィクション世界を指し示すとともに、ゲームのルールをも指し示しているのである。これら二つの要素、すなわち現実のルールとフィクション世界こそ、ビデオゲームを構成している要素である。

　フィクション世界をもっているという点で、ビデオゲームの大部分は抽象的《アブストラクト》な、古典的な非電子ゲームとは異なっている。これはビデオゲームの新しさの一端といえる。ゲームのルールとフィクションのインタラクションこそ、ビデオゲームのもっとも重要な特徴であり、本書の中心テーマでもある。このインタラクションは、ゲームのさまざまな側面にみることができる。ゲーム自体のデザインにも、私たちがゲームを知覚し、もちいるそのしかたにも、それは現われている。このインタラクションこそが、ゲームの世界を想像するのか、それともゲーム内の表象を、ルールにかんする情報を保持するためのたんなる容れもの《プレースホルダー》と考えるのか、そのどちらかをプレイヤーが選択することを可能にしているのである。[†1]

図7-2　Jesper Juul, *Half-Real*.

†1　Jesper Juul, *Half-Real : Video Games between Real Rules and Fictional Worlds*, pp.1-2. 訳は引用者。

＊

デンマークのゲーム研究者、イェスパー・ユールが二〇〇五年に発表した『ハーフ・リアル』は、そのサブタイトル「現実のルールとフィクション世界のあいだのビデオゲーム」が示唆するように、ビデオゲームにみられる現実性とフィクション性とを切り口としたビデオゲーム論である。ユールがいうように、ビデオゲームには現実性とフィクション性が同居している。ゲームのなかのいわゆる「設定」は架空のものだが、それをプレイするというプレイヤー自身の体験は現実の体験である。ユールはこのことを、「勝ったり負けたりという出来事は現実のものであるという意味においてリアルである。しかしドラゴンを倒してゲームに勝った、という場合のドラゴンは現実のドラゴンではなくフィクション上のドラゴン」（Juul 2005：1【引用1】）と表現しているのである。

しかしユールが強調しているのは、たんにビデオゲームが現実性とフィクション性の両方をもっているということではない。ユールはビデオゲームにみられるフィクション性を、ビデオゲームとほかのゲームとを区別する特徴だと考えているのである。引用文中でも述べられているとおり、ユールは、ルールの存在が古典的なゲーム（たとえば将棋や「モノポリー」）にもビデオゲームにも共通してみられるものであるのに対して、フィクション世界や、ルールとフィクションとのインタラクションはビデオゲームの特徴であると考えている。そこでユールも「抽象的《アブストラクト》」（abstract）という語を使っているが、たとえばチェスや将棋のようなゲームは実際「アブストラクトゲーム」とも呼ばれる。たとえばチェスでは、王や司教や騎馬（ないしは騎士）や城を象った駒が使われる。これらについて、先の例で「ドラゴンを倒した」というのと同じように、「クイーン（「♕」、女王）がビショップ（「♗」、司教）をとった」ということもできるが、ここではその駒が女王や司教を表わしているということにさほどの意味はない。たとえ「♔」を王だと、あるいは「♕」を女王だと勘違いしていても、それぞれの駒がゲームのルールによって定められた意味（それぞれの駒の動きや、相手の次の一手でどうしても「♔」をとられる状況になったら負けである、といったこと）さえ理解していれば、何ら問題はないのである。そうだからこそ、「1 Nf3 d5」といった記号で表わされる棋譜は、それぞれの対象を象った駒で表わされた盤面の変化と等価なのであり[*1]、いわゆる「郵便チェス」では、このような記号を使って盤や駒をもちいずにチェスをおこなうことができるのである。チェスというゲームにおいて意味をもつのは、このような盤面の推移に還元されうるという意味で、フィクションの次元をもったビデオゲームに比べて、チェスはより「抽象的」なゲームなのである。[*2]

ユールは、ビデオゲームを構成する二つの要素――ルールとフィクション――、そしてその両者のインタラクションの順に議論を進めていくが、実はその前の一章をそもそも「ゲーム」とは何なのか、という議論にあてている。本章でもユールにならい、まずは「ゲーム」一般について、それから「ビデオゲーム」について、議論を進めていこう。

1 「ゲーム」とは何か――ユールの「古典的ゲームモデル」

ビデオゲームについて考える前に、本節では、まずは「ゲーム」とは何であるのか、どのように定義されうるのかを、ユールに寄り添いながらみておくことにしよう。

ゲームを定義するといっても、ユールにとって「ゲーム」という語の外延はすでに決まっている。たとえば、『Quake III Arena』(ID Software, 一九九九)[*3]、『DanceDanceRevolution』（コナミ、二〇〇一）や、チェッカー、チェス、サッカー、テニス、ハーツはゲームだが[*4]、『シムピープル』

＊1
「f3」「d5」などは盤面上の座標を意味し、駒の動いた先を指定している。「N」などの大文字のアルファベットは駒を表わす（「N」＝ナイト）。これだけで、白（先手）が1手目にg1にあったナイトをf3に動かし、それに対して黒がd7にあったポーンをd5に動かした（この時点でd5に動かせる黒の駒はポーンしかないためポーンを表わす記号「P」は省略されている）ことがわかる。

＊2
本章2節でみるように、ユール自身はチェスを「抽象的ゲーム」に分類しているわけではないので、ここではチェスがビデオゲームに比べ、より抽象的だとするにとどめよう。

＊3
ID Software が一九九九年に発表したFPS（First Person Shooter, 一人称視点のシューティングゲーム）。従来のFPSと違いシナリオにそってプレイし「クリア」を目指すシングルプレイをもたず、他プレイヤーと共同・対戦するマ

(Maxis, 二〇〇〇) や『シムシティ』(Maxis, 一九八九)[*5] のようなオープンエンディングのゲーム、ギャンブル、偶然性に完全に依存したゲームなどは境界的な事例である。また、車の運転や戦争、ハイパーテクスト小説、形式の定まらない遊戯、リンガ・リンゴ・ローゼス[*6]はゲームではない(Juul 2005 : 28)。つまりユールにとっては、これらの対象がしかるべきかたちで分類されるような定義こそが「よい定義」なのである。

「ゲーム」ないしは「遊び」の定義に関しては、実はそれなりの議論の蓄積がある。どちらもユールが言及しているものだが、自由(自発的)、空間的・時間的な隔離、結果の未確定性、非生産性、規則の存在、フィクション性という六つの観点からゲームを規定しようとしたロジェ・カイヨワ『遊びと人間』、目的、方法、手段の三つの側面からゲームを規定しようとしたバーナード・スーツ『キリギリスの哲学』などがその代表例である。どちらもゲームを論じる際にはたびたび言及されてきた定義だが、ユールにいわせればこれらもじゅうぶんな定義ではない。これらを批判的に検証したうえで、ユールは、①ルールの存在、②結果の可変性・計量可能性、③結果の価値設定、④プレイヤーの努力、⑤プレイヤーの結果への執着、⑥結果の流通可能性、の六項目をゲームの定義とすることを提唱した(同書 : 36)。

これらを簡単に説明しておこう。まずゲームは、かならずルールにしたがってプレイされるものではなくてはならない(①)。また、ゲームの結果はプレイ次第で変わるものであり、かつそれは「いい」「悪い」といった抽象的なものではなく、スコアなどによって数値化されうるものでなくてはならない(②)。さらにその結果には、勝ち/負けなどの価値判断がともなう(③)。よい結果を得ることをプレイヤーが望み、そのためにプレイヤーが何らかの努力を払うこともゲームの前提である(④、⑤)。ゲームから生じた結果は、現実に何ら影響をもたらさない場合もあるが(一般的

ルチプレイに特化したのが特徴。

＊4
数人でプレイするトランプゲーム。おそらくはソリティアなどと同様、コンピュータ、スマートフォン上でプレイされることが多いため例に選ばれているのであろう。

＊5
ともにマクシスが開発したシミュレイションゲーム。プレイヤーは、『シムシティ』では街を、『シムピープル』ではその街に住む住民の生活をシミュレイトする。たとえば前者であれば、街を発展させることが漠然とは目的となっているが、これを達成すればクリアといった明確なゴールは設定されていない。

＊6
同名の曲にあわせて子どもが輪になって遊ぶ「お遊戯」。日本の「かごめかごめ」に似ているが、「うしろの正面」をいいあてることができたら成功、といったゲーム性はない。

なゲーム）、現実世界において何らかの結果をともなう場合（たとえばプロゲーマーの場合）もある（⑥）。これを図に示したものが図7-3である（同書：44）。しかし本節で注目したいのは、ユールが自身の結論として提示した上記のモデルではなく、既存のゲーム定義にユールが加えた批判である。これらにはビデオゲームの特質を考えるためのいくつかの手がかりが隠されている。

たとえばカイヨワによれば、ゲームは「隔離された活動」、すなわち「あらかじめ決められた明確な空間と時間の範囲内に制限されている」ものだが（カイヨワ 一九九〇：四〇）、ユールはこれに異を唱える。本章でも先程ふれた郵便チェスは、一回のゲームにおいて、プレイをしている時間が日常の時間をまたいでいるという意味でも、あるいは仕事をしながら次の手を考えるといったことができるという意味でも、時間的な限定を受けていない。ユールは他にも、長期間にわたってプレイがおこなわれるインターネット上の戦略ゲームを例にあげているが（Juul 2005：35）、ロールプレイングゲームやアドベンチャーゲームなど、プレイが長期間にわたるゲーム（逆にいえば、「一回のプレイ」を明確に定義することが難しい、あるいはそのいいかたにあまり意味がない種類のゲーム）は枚挙に暇がない。

これらはカイヨワのいう時間的な制限についての反例だが、これに空間的な制限があてはまらないゲームの例を付け加えるとするなら

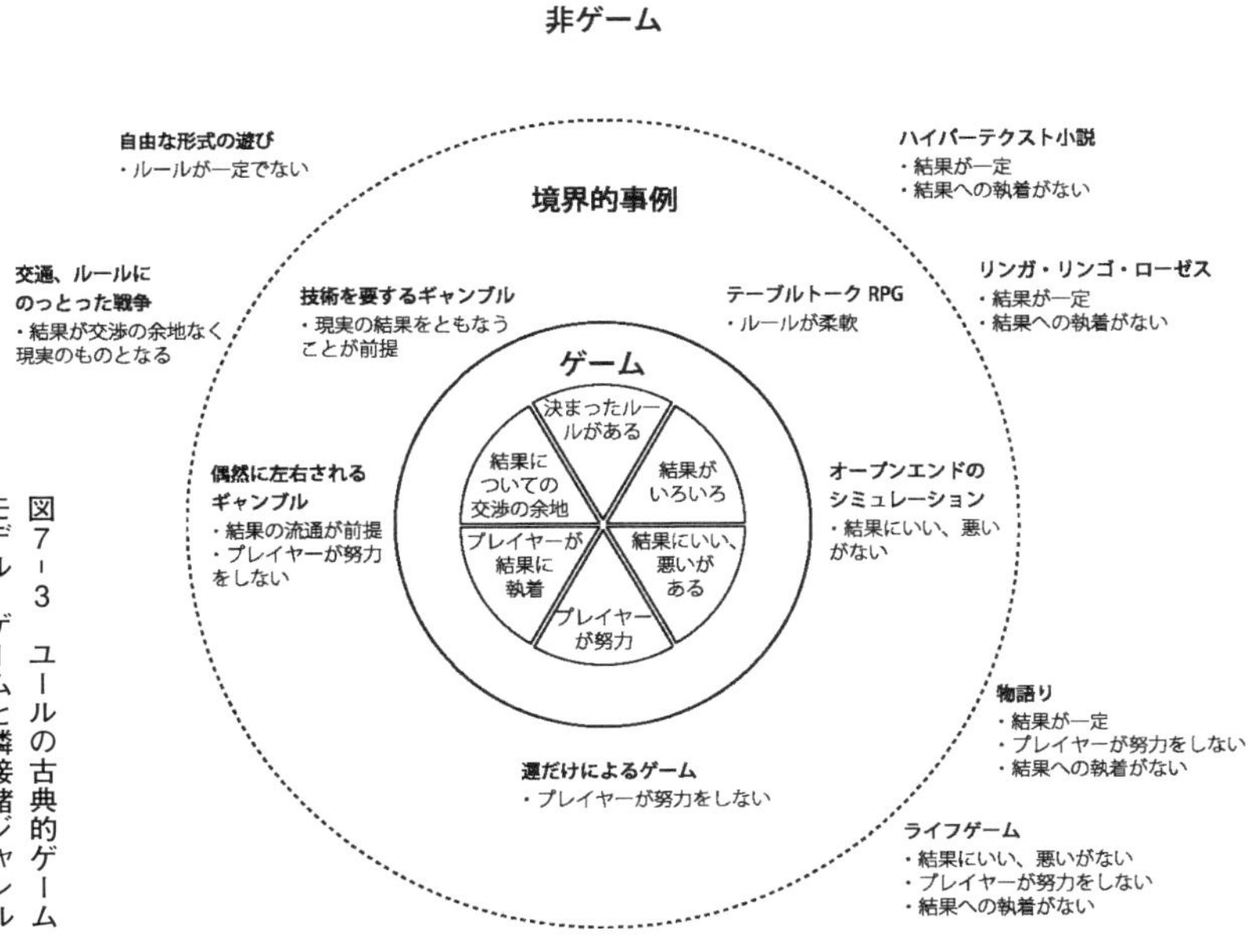

図7-3 ユールの古典的ゲームモデル ゲームと隣接諸ジャンルとの関係（Juul 2005：44）

ば、『Ingress』（Niantic Lab. 二〇一三、図7-4）をはじめとする、スマートフォンなどの携帯端末上でプレイする位置情報を利用したゲームがその好例だろう。『Ingress』では全世界のプレイヤーがエンライテンド（覚醒派、緑色）とレジスタンス（抵抗派、青色）の二つの陣営に分かれ、「ポータル」と呼ばれる対象を奪いあう。この「ポータル」に設定されているのは、現実世界のさまざまな場所（大学や博物館・美術館、寺社、史跡、あるいは駅や郵便局など、文化的・歴史的・宗教的意味をもった場所、ランドマークが多い）であり、そのポータルを奪うためには、プレイヤーは実際にその場所に足を運ばなければならない。つまり『Ingress』のプレイヤーは、ゲームをプレイするために世界中をスマートフォン片手に闊歩するのである。この状況はオリエンテーリングにも似ているが、オリエンテーリングのフィールド（テレインと呼ばれる）がある一定の地域に限られている（さらにいえばオリエンテーリングは時間的制限をともなうゲームないしはスポーツである）のに対して、『Ingress』の場合は、文字どおり現実世界全体がこのゲームのフィールドとなっているのである。

『Ingress』の場合に、携帯端末やGPSをもちいた位置情報技術が空間的制限を超えるブレイクスルーになっていることを補助線に考えると、カイヨワの時間的・空間的制限というゲーム定義の一項目に対する反例として、ユールが郵便チェスを真っ先にあげていることは、とても示唆的である。ユールはこれについて、時間的制限を受けないゲームの例として提示しているが、いうまでもなく郵便チェスは空間的制限を超えるものでもある。このような制限の超越を可能にしているのは、郵便というメディアである。現在ではコンピュータやタブレット上のチェス・アプリをもちいれば、インターネットに接続されたユーザー間で郵便チェスと同じことをおこなうことができる。これを可能にしているのがインターネットやコンピュータ、タブレットというメディアであるのと

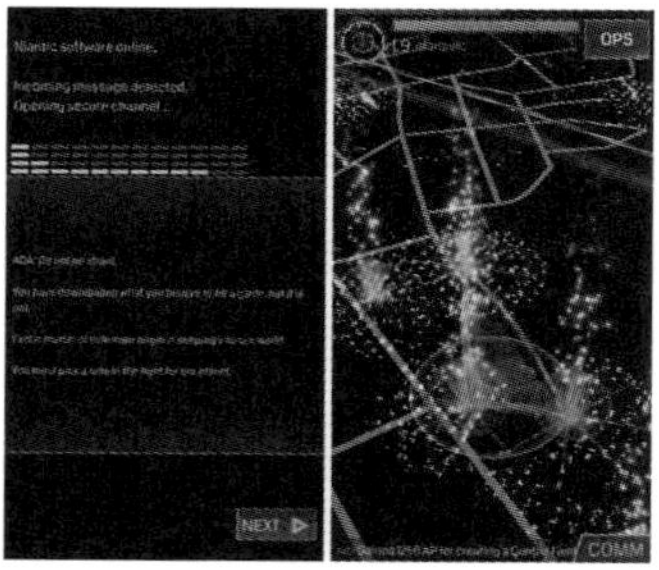

図7-4 『Ingress』オープニング画面（左）とゲーム画面 設定上は、〈スマートフォン〉上で行う〈ゲーム〉ではなく、〈スキャナ〉を用いて行なう〈現実の戦い〉ということになっている

同様、郵便というメディアが盤面の情報を記録し、伝達することを可能にしているのである。郵便チェスが時間的・空間的制約の侵犯の例となりうるということは、このような侵犯がコンピュータゲームのみがもつ特徴でないことを示している反面、郵便、コンピュータの両方をメディアとしてとらえることは、メディア技術がゲームのあり方自体を変化させる可能性を示していると考えることもできるだろう。

2 フィクションとしてのゲーム

冒頭に掲げた引用のなかでユール自身が『ゼルダの伝説 風のタクト』（以下『風のタクト』）を例に示しているように、ビデオゲームには現実のルール（つまり現実世界にいる私たち＝プレイヤーがしたがうルール）と、フィクション世界（主人公＝プレイヤーキャラであるリンクが幽閉されている妹アリルを助けに行く世界）とが同居している。ユールにとっては、このフィクション世界の存在がビデオゲームと他のゲームとを分かつ公準であることもすでに述べたが、ここでいう「フィクション世界」あるいはビデオゲームの「フィクション性」とはどのようなもので、それらはゲームを規定するルールとはどのような関係にあるのだろうか。本節ではこれを、ユールの議論を手がかりに考えていこう。

ユール自身がはじめに断わっているように、ユールにとって「フィクション」とは、「物語り」（storytelling）のことではない。『風のタクト』は、リンクがアリルを助けに行くというストーリーをバックグラウンドにしているが、このゲームがフィクションであるのはこのストーリーのためではない。そうではなく、このゲームが私たちに、リンクやアリルが住んでいるフィクション世界を想像させるという意味において、『風のタクト』はフィクションなのである。

ユール自身は言及していないが、ゲームをこのような意味でのフィクションとしてとらえるアプローチは、フィクションを「ごっこ遊び《メイク＝ビリーヴ》」になぞらえた哲学者ケンダル・ウォルトンのアプローチに近い。*7 たとえば、公園の砂場でままごとをしている子どもを考えてみよう。一人の子どもが泥をかためて、もう一人に「おにぎり、どうぞ」といって渡すとする。渡された子どもは「いただきます」といってそれを食べるふりをする。フィクションとはこのようなごっこ遊びのようなものだとウォルトンはいう。ここで現実にやりとりされているのは泥のかたまりだが、このごっこ遊びに参加している二人の子どもは、それぞれおにぎりを作ること、おにぎりを食べることを想像しているのである。二人にそのような想像をすることを促している泥のかたまり＝おにぎりは、このごっこ遊びにおける小道具《プロップ》の役割を果たしている。いわゆるフィクションの諸ジャンルにおいては、作品が小道具の役割を果たすのである。

ゲームが投影するフィクション世界についてもう少しユールの議論をたどっておこう。ゲームのフィクション世界は、細部までじゅうぶんに決定・記述されているわけではないという意味において「不完全」である。『風のタクト』でいえば、命題「リンクは男性である」は真だが、命題「リンクの血液型はA型である」は真とも偽とも原理的に決定できない。これは現実世界において、命題「イェスパー・ユールの血液型はA型である」が、仮にその真偽がわからなかったとしても、真か偽のどちらかであることは間違いないこととだいぶ事情が異なる。また、ゲームのフィクション世界は矛盾を含んだものでもある。たとえば、かつてアーケイドでプレイされていたゲームの多くでは（ユールがあげる例は『ドンキーコング』（任天堂、一九八一）である）、プレイヤーは三つの「ライフ」をもっていた。つまりプレイヤーキャラクターが三回「死ぬ」とゲームオーバーとなるのである。ドンキーコングにさらわれたポリーンをマリオが助けにいく、というのが『ドンキーコ

*7
詳細な議論はWalton（1990）。日本語で読めるものとしては、清塚（二〇〇九：第5章）。ユール自身はウォルトンの名前には一度もふれていないが、のちにふれる表象（representation）が想像（imagination）のトリガーとなるというユールの議論をみれば、ウォルトン理論のキーワードである「ごっこ遊び《メイク＝ビリーヴ》」をユール自身が使っていることも偶然ではないように思われる。

ング』のバックグラウンドにあるストーリーだが（図7－5参照）、マリオが三回死ねるということ、つまり最初の二回は死んでも生きかえることができるということは、フィクション上の設定からは説明できない。マリオがハンマーを使うことによって樽を壊すことができるのはフィクション上の設定の一部だが、このようにフィクション上の設定からゲームにまつわるすべてのことがらを説明できるわけではない。ゲームのフィクション世界には、マリオが三人いるという事実のように、ゲームのルール上そうなっているのだというふうにしか説明できないことがら、さらにいえばゲームのフィクション世界の設定とは矛盾するはずのことがら（『ドンキーコング』の世界観は、キャラクターが生きかえることを容認しないはずである）が含まれている。その意味においてユールは、ゲームのフィクション世界は矛盾をはらんでいると考えるのである。

　ゲームにおけるフィクション性にかんするこれらの考察をふまえ、ユールはビデオゲームを次の五つに分類する（Juul 2005：131-133）。第一のカテゴリーは『テトリス』のような抽象的《アブストラクト》ゲームである。ユールの定義によれば抽象的ゲームとは、ゲームに含まれる要素がほかの何かを表わす／表象することが一切ないゲームである（たとえばオセロの石は何も意味しない）。第二のカテゴリーであるアイコン的ゲームとは、たとえばトランプにおいて、「ハートのキング」がおそらくは「王様」のことだろうと察しがつくように、ゲームの要素にアイコンとしての意味があるゲームのことである。第三のカテゴリーは、矛盾した世界をもったゲームである。すでにあげた例でいえば『ドンキーコング』はこのカテゴリーに分類されるし、ユールはチェスもここに分類されると考えている。第四のカテゴリーには、『カウンターストライク』[*8]のような無矛盾な（つまりそのゲームにかんするすべてを、そのゲームのフィクション上の設定により説明できるような）世界をもったゲームがある。さらにユールは、第五のカテゴリーとして、『メイド イン ワリオ』のような、抽象的

図7－5　『ドンキーコング』ともにオープニングのアニメーション（Juul, 2005：124より）

＊8　Valve Corporationが二〇〇〇年（正式版）に発表したFPS。フィクション上の設定としては、テロリストとカウンターテロリスト（対テロ部隊）の戦いをテーマとする。現在も世界的な大会が開催されている。

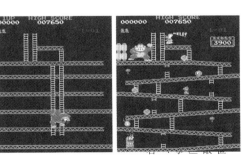

ゲームがフィクション的な枠組みのなかに収められているものをあげている。

これらの分類からわかるように、ユールは、ゲームによって投影されるフィクション世界をビデオゲームの特徴としつつも、すべてのビデオゲームがフィクション世界をもつわけではないし、むしろビデオゲームがもつフィクション性には程度の差があることを認めているのである。ユールはさらに、これらのカテゴリーは、ゲームそのものの分類であると同時に、プレイヤーの心のなかでのゲームの機能のしかたにかかわるものでもあると考える。ユールの言葉を借りれば、「プレイヤーは表象を理解しそこねるかもしれないし、それを大きく誤解することもあれば、表象に不可避的に存在する穴を独自のやり方で埋めようとするかもしれないし、抽象的ゲームにごっこ遊び的な要素をつけ加えることもありうる」（同書：133）のだ。

ユールがここで指摘している事実は、たんに（ビデオ）ゲームのフィクション性という問題が、プレイヤーの主観という問題を必然的にはらむものだということを意味しているわけではない。ユールは、ゲームにおけるルールとフィクションの二重性を論じた次の章で、『鉄拳3』（ナムコ、一九九七）の一キャラクターであるエディ・ゴルドにかんする「エディ・ゴルドはブラジル人で、カポエイラを使って戦う」という命題について考察している（同書：167–168）。『鉄拳3』のフィクション世界のなかではこの命題は真である。いっぽう現実世界にはエディ・ゴルドなる人物は実在しないが、『鉄拳3』のプレイヤーがエディ・ゴルドを選択し、カポエイラの技[*9]をもちいて対戦相手を攻撃することが可能であるのもまた事実である。いうまでもなく、これら二つの見方は、それぞれ、先の命題を『鉄拳3』のフィクション世界への言及として考える立場と、『鉄拳3』の（現実の）ルールにかんする言及として考える立場に対応している。大切なのは、ビデオゲームにおいてはこれらどちらの見方も正しいという点である。ユールがビデオゲームをさして「ハーフ・

＊9
ここでいう「カポエイラの技」とは、現実のカポエイラの技ではなく、ボタンの組合せによって繰りだされるゲーム上の「技」のことである。

リアル」という言い方を使うのは、ビデオゲームが現実とフィクションとのあいだにあるということではなく、ユール自身が【引用1】の最初でいっているように、それら両方の側面を同時にもっているということなのである。

本章のまとめ――メディア技術としてのビデオゲーム

前節では、ビデオゲームが投影するフィクション世界をビデオゲームの特徴的性質とするユールの議論を概観したが、ユールは、フィクション世界を作りだすうえでビデオゲームが優位にある理由を、次の三点に求めている。すなわち、①ビデオゲームではルールが機械的に実装されているため、より複雑なフィクション世界を作りだすことのできるルールを実装することができる、②ビデオゲームではルールがプレイヤーから隠されているため、ゲームのルールではなくフィクション世界にプレイヤーの注意を惹きつけることができる、③ビデオゲームは「モノ」ではないため、非電子ゲームに比べて容易にフィクション世界を描きだすことができる、の三点である（同書：162）。ここで言及されている、ビデオゲームがルールの機械的な実装であるという点――これは①だけでなく②にもかかわる――や、ビデオゲームの非物質性という点（③）は、いずれもメディアとしてのビデオゲームの特性である。本節では、本章の結論にかえて、このようなビデオゲームのメディア的特質が、古典的なゲームも含むゲームのなかでのビデオゲームの位置をどのように決定しているかをみておこう。

ゲームの定義を論じるさいにゲームであることが明白なものの例としてテニスをあげていることからもわかるように、ユールはスポーツをゲームの一ジャンルとして考えている。たとえばボクシングは現実の殴りあいにも似ているが、それにルールを設け、時間的・空間的な制限を加えることによって、スポーツとして成立している。それと同時に、これらの制約により、ボクシングはカイヨワやユールが提案するゲームの定義を満たしているのである。あるいは、現実の行為でも身体性をともなわないものを、あるいは現実の行為から身体性を捨象することによって、古典的ゲームとして盤上で再現したものもある。たとえば「モノポリー」は現実の不動産売買の（たとえ素朴であるにせよ）シミュレイションであるし、戦略シミュレイションはその名のとおり、現実の戦争のシミュレイションである。その意味では、これらもやはりスポーツと同様、現実の行為にルールや時間的・空間的制限を加えることによってゲームとして成立しているのである。古典的ゲームの一部（たとえばチェス）が「マインド・スポーツ」と呼ばれることは象徴的である。このいい方は、スポーツとゲームの通底性を表わしていると同時に、両者の断絶——すなわち、身体性の有無——を表わしていると考えることもできる。

ビデオゲームは、これらすべてを電子メディア化したものにほかならない。ユールがいうように、現実の自動車の運転はゲームではないが、これをゲーム化（スポーツ化）したものが自動車レース（F1、パリ・ダカール・ラリーなど）であり、これをさらに電子メディア化したものが『ファイナルラップ』（ナムコ、一九八七）であり、『グランツーリスモ』（SCE、一九九七）である。このような電子メディア化の意義については、その特性を（ビデオゲームのフィクション性についての議論のなかではあるが）ルールの機械的実装に求めたユールの指摘は示唆的である。ゲームが電子的に、つまりコンピュータ上で実装されることの意義については、まず最大のものとして、ゲームのなかにリアルな、連続的な時間がもちこまれたことに注目しなくてはならない。コンピュータがゲームの進行役を代理することによって、いわゆる「リアルタイムゲーム」が可能になったのである。このことは、古典的ゲームにおける時間がターン制（将棋やチェスのようにプレイヤーが相互に手番を交代する）に拘束されていたことと対照的である。これにより、ビデオゲームのプレイヤーは、ある種の身体性を要求されるようになったのである。さらにつけ加えるならば、加速度センサー、ジャイロセンサー、バイブレーターといったインタフェース技術の拡張により、ビデオゲームのインプット／アウトプットはさらなる身体性を獲得しつつある。

ただし、電子メディアとしてのビデオゲームの特質が、ゲームのもつフィクション性を後押ししているというユールの主張には、このような変化はけっして一方向のものではないという留保をつけなくてはならない。ゲームとして確立されたチェスがマインド・スポーツと呼ばれ、抽象的ゲーム、つまりフィクション性の希薄なゲームの代表格であるように、ビデオゲームの少なくとも一部はいまやｅスポーツと呼ばれるに至っている。本章でもたびたび事例としてあがっているＦＰＳは、毎年世界的な大会が開催され、プロゲーマーと呼ばれる存在を生みだしている。「スポーツ」としてのＦＰＳにおいては、そのフィクション性はけっして重視されない。フィクション性は、ゲームのもつ「競技性」ともいうべきものと、トレードオフの関係にあるのである。

引用・参照文献

カイヨワ、ロジェ（一九九〇）『遊びと人間』多田道太郎・塚崎幹夫訳、講談社学術文庫

清塚邦彦（二〇〇九）『フィクションの哲学』勁草書房

スーツ、バーナード（二〇一五）『キリギリスの哲学――ゲームプレイと理想の人生』川谷茂樹・山田貴裕訳、ナカニシヤ出版

Juul, Jesper（2005）*Half-Real : Video Games between Real Rules and Fictional Worlds*, The MIT Press

Walton, Kendall（1990）*Mimesis as Make-Believe : On the Foundations of the Representational Arts*, Harvard University Press

第8章　ジル・ドゥルーズを読む村上春樹
——『色彩を持たない多崎つくると、彼の巡礼の年』をめぐって

五井　信

【キーワード】

超越論的経験論　他者　出来事　潜在性　クロノスとアイオーン

【引用1】

他者の不在においては、意識と対象は一つになってしまう。誤謬の可能性もなくなる。というのも、私が見ると信ずるものを詮議し反証したりするためのリアリティ法廷を構成する他者が現にいないからである。それだけではなく、他者は、構造からいなくなって、意識と対象を永遠の現在の中で癒着ないし一致させたままにしておくからでもある。[†1]

【引用2】

意味は「出来事」である。出来事を、事物の状態の中での出来事の空間的‐時間的実現と混同しない条件で。したがって、出来事の意味は何かと尋ねてはならない。出来事は、意味そのものなのである。出来事は、本質的に言葉に帰属し、言葉と本質的な関係にある。[†2]

†1　ジル・ドゥルーズ『意味の論理学』（下）二四一頁

†2　ドゥルーズ『意味の論理学』（上）五一頁

【引用3】

経験論は、出来事と他者しか知らない。それゆえ経験論は、概念の偉大な創造者である。[†3]

【引用4】

出来事は、何が通り過ぎにやって来るのか、何が通り過ぎてしまったのかという二つの問の不断の対象である。そして、出来事は常に、通り過ぎにやって来ると共に通り過ぎてしまった何ものかであって、決して通り過ぎている何ものかではないということが、純粋な出来事が不安にさせる所以である。[†4]

【引用5】

クロノスによると、時間には現在だけが実在する。過去・現在・未来は、時間の三つの次元ではない。現在だけが時間を満たし、過去と未来は、時間において現在に対して相対的な二つの次元である。[†5]

【引用6】

アイオーンによると、過去と未来だけが、時間において存立し存続する。過去と未来を吸収する現在に代わって、未来と過去が、各瞬間に現在を分割し、過去と未来へ、一回で二つの方向に、現在を無限に下位分割する。[†6]

＊

†3 ドゥルーズ『哲学とは何か』八七頁

†4 ドゥルーズ『意味の論理学』（上）一一一頁

†5 ドゥルーズ、同書、二八三頁

†6 ドゥルーズ、同書、二八七頁

ジル・ドゥルーズ（一九二五―一九九五）は、二〇世紀後半を代表するフランスの哲学者である。彼はヒューム、ベルクソン、ニーチェなどの哲学研究からスタートし、『差異と反復』（一九六八）、『意味の論理学』（一九六九）などの著作で知られることとなった。だが、何よりその名前が知られるきっかけとなったのは、精神分析家フェリックス・ガタリとの共同執筆（ドゥルーズ＝ガタリと称された）である『アンチ・オイディプス』（一九七二）や『千のプラトー』（一九八〇）によってであろう。日本においても、浅田彰『構造と力』（一九八三）の出版を機に盛り上がりをみせた、いわゆる〝ニューアカ〟の大流行とともに、その名前のみならず「リゾーム」「ノマド」「スキゾ」といったキーワードが若者たちの口から発せられたのだ。流行の終焉や彼自身の死により熱気が失せた一時もあったが、近年はふたたびその名前を目にすることが多くなった。日本でも、國分功一郎『ドゥルーズの哲学原理』（二〇一三）、千葉雅也『動きすぎてはいけない』（二〇一三）をはじめ、一九七〇年代生まれの若手研究者たちによる精力的な研究が進んでいる最中だといえる。

ドゥルーズの視点から村上春樹テクストを分析すること――これが本章の目的である。両者の共通点としては、一九六〇年代後半に欧米や日本でわきあがった異議申し立て運動への親和性があげられるだろう。たとえば村上春樹の場合、デビュー作『風の歌を聴け』（一九七九）の〈僕〉は「機動隊員に叩き折られた前歯の跡」を女の子にみせていた。四〇〇万部をこえる大ベストセラー『ノルウェイの森』（一九八七）では、テクスト内の主要な現在時は、全共闘によって東大入試が中止となった一九六九年三月をはさんで、ワタナベ君が大学に入学した一九六八年の五月から七〇年一〇月までであるし、『色彩を持たない多崎つくると、彼の巡礼の年』（二〇一三）には父親が全共闘運動に参加していた灰田という人物が登場したりもする。他方でドゥルーズは、リヨン大学の教員だった当時、六八年五月の運動（「五月革命」と称される）に対して公式の支持表明をだした一人

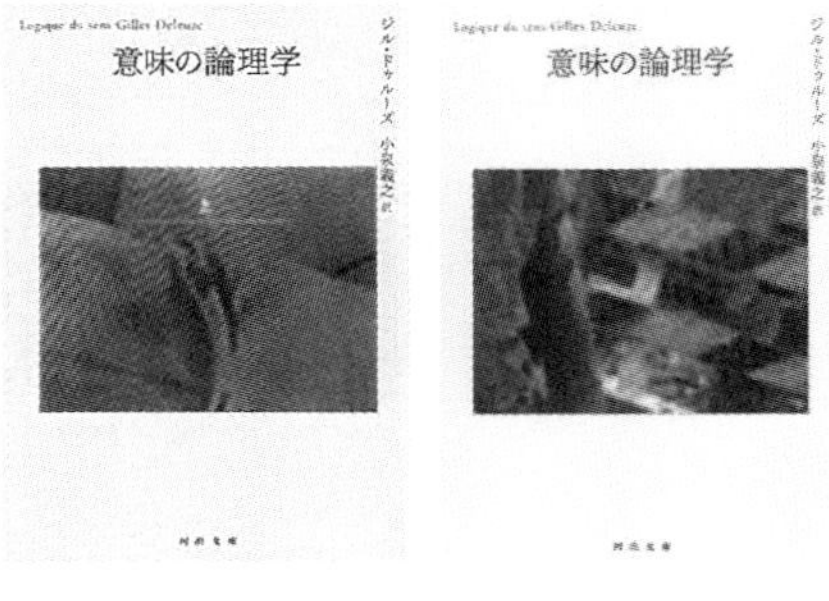

図8-1　ドゥルーズ『意味の論理学』（上・下）

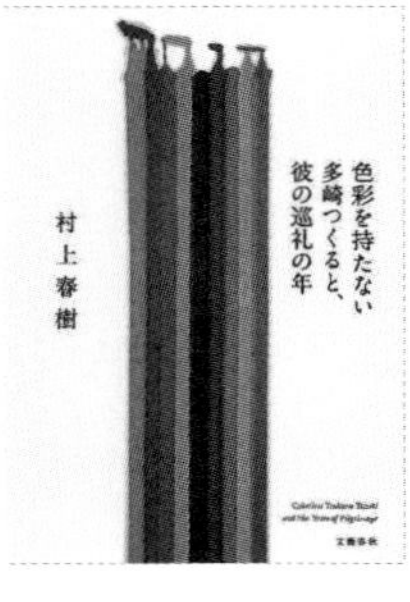

図8-2　村上春樹『色彩を持たない多崎つくると、彼の巡礼の年』

である。一九七二年に出版されたドゥルーズ＝ガタリの『アンチ・オイディプス』は、秩序への反発と欲望の全面的肯定など、まちがいなく六八年の運動に深く根ざした一冊だった。一方でオーソドックスなものへの目配りを忘れることなく、しかし同時に、それまでにない新しい独自の文体や発想で多くの若い読者を獲得した点でも、両者は一致している。だがともあれ、われわれは歩を進めることにしよう。まずはここ二〇数年ほどの文学研究の概観からである。

1　文学研究と語り理論

文学研究、とりわけ筆者が専門とする日本近代文学研究において、一九八〇年代後半に「語り」論が与えた影響は決定的ともいえる。たとえば主人公の様子が語られ、「彼は悲しそうに見えた」という表現があるとき、誰がそのような彼を見ているのかという問いに対して、それまでは「作者」という語がとりあえず与えられた解答だった。生身の作者が自身の想像の産物であるテクスト中の人物を見る——？　このような居心地の悪さに、語り論は「語り手」という概念を与えたのだ。もちろん語り論の眼目は語り手だけではないし、この語り手も、小説を構成する言葉（言説）から事後的に想定される一種の機能のようなもので、実体的な存在ではない。いまだに作者と混同した杜撰な語り手概念が使われた論を見ることもあるが、ここではそういった類は措いておくことにしたい。

日本近代文学研究において語り論は、ロラン・バルト[*1]を先駆けとして、ジェラール・ジュネット[*2]『物語のディスクール』が主要な参照文献であった。時間、叙法、態という三つの範疇からそれぞれ下位分類での整理へと進む『物語のディスクール』（および続刊の『物語の詩学』）は、語り論のもっともエレガントな理論と目された。たとえば、現時点（二〇一五年八月）での村上春樹のもっ

＊1
ロラン・バルト（一九一五—八〇）フランスの文芸批評家。幅広いジャンルで活躍したが、文学研究に関連した著作として『零度のエクリチュール』『物語の構造分析』『S／Z』などがある。

＊2
ジェラール・ジュネット（一九三〇—）フランスの文芸理論家。本文に記したほかに、『パランプセスト』『スイユ』などがある。

とも新しい長編小説『色彩を持たない多崎つくると、彼の巡礼の年』（二〇一三年、文庫二〇一五年）の次のような箇所は、ジュネット的な語り論ではどう分析されるのか。

あのとき死んでおけばよかったのかもしれない、と多崎つくるはよく考える。そうすれば今ここにある世界は存在しなかったのだ。それは魅惑的なことに思える。ここにある世界が存在せず、ここでリアリティと見なされているものがリアルではなくなってしまうこと。この世界にとって自分がもはや存在しないのと同じ理由によって、自分にとってこの世界もまた存在しないこと。（村上 二〇一五：六）

高校時代の五人グループから大学二年時に受けた仕打ちで、人生の危機を味わった主人公が当時のことを想いだしているこの引用では、大きく三つの「時間」が想定されるだろう。高校時代の友人たちグループとのいざこざが生じた大学二年生の二〇歳のとき、そのときに死んでおけばよかったと思う三六歳、そして物語がすべて終わった時点で語り手が語る〈いま〉である。物語における表向きのストーリーは、三六歳のつくるが恋人である木元沙羅のすすめにしたがって昔の友人たちを訪ねる、というものだ。読者には、ともすれば語り手のいる場所はつくるが三六歳の（物語中の）現在と見なされるかもしれない。しかし、それは三六歳の時点に対する〈焦点化〉によるものであって、物語はすべて語り手が語る〈いま〉という安定した時間に支えられている。物語は三六歳のつくるが沙羅との関係を進行させながら、その進行にそったかたちで一六年前のことが、そしてつくるが訪ねる友人たちの現在の様子が報告されることになる。それは、基本的には物語世界の外にいる語り手によって語られる異質物語世界（語り手が自分の語る物語に登場人物としては存在しない形式。三人称という概念と近い）の語りによってなのである。

ジュネット的語り論ではおそらくこのように説明されるであろうし、かりに試験などでなら、そのような解答は「正解」となるだろう。だが、その「正解」が違和感を与えるのもまた事実だ。言葉で表わされるジャンル＝小説を分析するとき、ジュネット的な語り論は有効に作用する。たとえば、作中人物の心情が原則的には示されることのない芝居や映画とは異なる小説というジャンルの特性を考えると、ジュネットのいう〈焦点化〉[*3]という概念の理解はテクスト分析にどうしても不可欠だろう。だが、そのような有効性を認めながら、われわれはさらに一歩進む必要がある。つまり、先述したようにエレガントであるがために汎用性があり、どのような小説にも分析が可能になるということが同時に語り論の限界でもあるようにみえるのだ。万能であるがゆえに、あるテクストにその理論をもちいる必然性が感じられなくなるというのが、すぐれた理論のもつジレンマの一つでもあるはずだ。

だから、このようにもいえる。ジュネット的「語り」論は文学研究の前提であり、そのうえにさらに理論を加えることが必要である、と。今回は、加える理論としてドゥルーズの名前をあげてみるのだが、ではドゥルーズの理論をもちいて村上春樹の小説テクスト、とりわけ『色彩をもたない多崎つくると、彼の巡礼の年』を分析することで見えてくるものは何か。

2　分岐点としての〈過去〉

村上春樹の小説テクストでは、しばしば〈いま・ここ〉という制限にまつわるストーリーが語られる。テクストに登場する多くの主人公たちは自身が存在する〈いま・ここ〉に違和感をもち、そのような現在に至ることになった原因としての過去の一点を分岐点として想起するのである。『ノ

＊3　たとえば〈内的焦点化〉は、通常いわれる〈内面描写〉と近い考え方である。ただし、後者における過度な視覚性を払拭するよう、語り手と作中人物間の情報量の偏差をもとにした〈焦点化〉という語をジュネットは採用している。

ルウェイの森』（一九八七）では高校三年生のときの友人キズキの自殺であり、『国境の南、太陽の西』（一九九二）なら別の中学校に進むことで疎遠になった島本さんとの別れ、『1Q84』（二〇〇九）なら首都高速三号線の緊急避難用階段を降りた三〇歳の四月ということになる。もちろん『色彩を持たない多崎つくると、彼の巡礼の年』も同様だ。一六年前の、大学二年時に起こった高校時代の友人たちとの別離、これが物語を進行させる発端である。

村上春樹の小説が多くの読者に迎えられる理由の一つが、テクストのこのような構造にあるはずだ。われわれがどうしても逃げられない〈いま・ここ〉という制限を、つねに意識させる仕掛けが施されている、ということである。われわれは、いつもつねに〈いま・ここ〉にしかいられない。そのような現在の状況を、分岐点である過去にさかのぼり説明する。あるいはさらに「いまとは違う、別の現実もあったかも知れない」といった現在の可能性を問うことにもなるだろう。[*4]「あの大学に合格していれば」、「彼女（もしくは彼）とあのとき別れなければ」、「あの一言を口にしなければ」……。われわれが何気なくするのと同じような振舞いを、登場人物たちはしばしばおこなう。登場人物たちのそれは読者が自分自身をなぞるかのような振舞いなのだ。その意味で、村上春樹の小説テクストのいくつかは、あざといまでに私たち読者の体験に寄り添っている。

『色彩を持たない多崎つくると、彼の巡礼の年』において、主人公が友人たちから受けた仕打ち——それが分岐点なのだが——については次のように語られていた。

多崎つくるがそれほど死に引き寄せられるようになったきっかけははっきりしている。彼はそれまで長く親密に交際していた四人の友人たちからある日、我々はみんなもうお前とは顔を合わせたくないし、口をききたくないと告げられた。きっぱりと、妥協の余地もなく唐突に。

＊4　村上春樹の小説が論じられる際にたびたび問題とされる〈パラレル・ワールド〉は、このようなテクストの構造が背景にある。

そしてそのような厳しい通告を受けなくてはならない理由は、何ひとつ説明してもらえなかった。彼もあえて尋ねなかった。（同書：八）

名古屋の公立高校一年時のボランティア活動をきっかけに友人となった男三人、女二人のグループを、つくるは「乱れなく調和する共同体みたいなもの」だったと沙羅に説明する。高校時代に彼が属していたのは、それほどまでに深い関係性をもったグループだった。高校卒業時につくるは東京の大学への進学を選択するが、他のメンバーは名古屋に残ることを選んだ。あえて実力よりも低い地元の大学に進んだ者もいる彼らの選択には、名古屋に残り、グループを維持するという気持ちがあったことをつくるは確信している。そのような友人たちから、一方的につくるは絶縁されたのである。

「これ以上誰のところにも電話をかけてもらいたくないんだ」と友人アオから電話でいわれたことで、「大学二年生の七月から、翌年の一月にかけて、多崎つくるはほとんど死ぬことだけを考えて生きていた」という状況に彼は追い込まれた。沙羅との会話では「僕はそれが起こる以前とは、いろんな意味あいで、少し違う人間になってしまったと思う」とつくるは話し、語り手もまた「その夏、名古屋から東京に戻ったつくるを支配したのは、身体の組織が丸ごと入れ替わっていくような不思議な感覚だった」と語っている。アオとの電話から半年ほどたった夜、つくるは次のような思いをめぐらせる。

おれは本当に死んでしまったのかもしれない。つくるはそのとき何かに打たれるようにそう思った。去年の夏、あの四人から存在を否定されたとき、多崎つくるという少年は事実上息を引き取ったのだ。その存在の外様だけはかろうじて維持されたものの、それも半年近くをかけて大きく作り替えられていった。（同書：五一）

友人たちからの絶縁によって、つくるは以前とは大きく変わった。彼は沙羅に「僕としてはその出来事をできることならそっくり忘れてしまいたいんだ」と話すのだが、ここで友人たちからの絶縁を「出来事」と口にしていることは見落としたくない。というのも、ドゥルーズの哲学にとって「出来事」はきわめて重要な位置を占めるからである。

ドゥルーズの哲学は、しばしば超越論的経験論と称される。彼はカントに由来する超越論的（＝先験的）哲学に影響を受けながらも、ヒュームが提唱した経験論を自身の哲学の根本に据えることを忘れなかった。そして経験論に立つ前に一度徹底的に超越論的であらねばならない、とドゥルーズは考える。経験論と超越論という、一見相反すると思われる考えを接続した立場が超越論的経験論なのである。経験論、とくにヒュームのそれの根本にあるのは、「主体」を構成されたものとしてとらえようとする視点だ。他方で超越論的とは、経験が与えられるための条件を考えることである。一般的に、ヒュームの思想はカントによって乗り越えられたと理解されるが、ドゥルーズはカントが前提とする「主体」を批判する。超越論的経験論とは、「主体」の発生、生成変化を可能にする条件を問おうとするものなのである。ドゥルーズは、まず主体があって、という発想を徹底的に拒否する（もちろん私たちは、常識的には私という主体があってそれが世界と関係していると考えるのだが……）。ではその主体はどのように発生するのか？――ドゥルーズはそのように問いかける。

後述するように、それは「他者」によってである。もともと主体があって、そこに経験や知覚が成立するのではない。主体は他者との関係によって発生する。さらにいえば、主体を発生させる発生素ともいえるのが「出来事」である。主体は原因としてあるのではなく、他者や出来事によって発生する結果なのだ。そしてそのような「出来事」は、ドゥルーズによってたとえば法廷での有罪宣告が例としてあげられるように、けっして物理的なものではなく、非物体的な意味の変化であることもつけ加えておこう。本章冒頭での「出来事」に関するドゥルーズの【引用1】は、そのように読まれることが望まれている。そのような点からいえば、突然主人公に絶縁宣告がなされた『色彩を持たない多崎つくると、彼の巡礼の年』というテクストは、まさに「出来事」と「他者」をめぐるテクストだといってよい。

3　他者と出来事

友人たちから突きつけられた絶縁という「出来事」によって、つくるは、一瞬にしてすべてが以前とは変わってしまった。「多崎つくるという名のかつての少年は死んだ」のだ。そんなつくるに新しい友人ができた。それが灰田文紹である。灰田は、「他者」としてつくるの前に登場する。一度死んだつくるは、灰田と出会うことで新たに回復／生成するのである。物語からは途中で不可解な退場をする灰田だが、その果たす役割は意外と大きい。

ドゥルーズの『意味の論理学』には五本の論文が「付録」として最後に掲載されている。そのうち一本が、「ミシェル・トゥルニエと他者なき世界」というもので、トゥルニエがデフォーのロビンソン物語から着想を借りて著わした『フライデーあるいは太平洋の冥界』[*5]という小説に関しての批評である。そこでドゥルーズは、無人島での「他者」のない世界について論じている。ドゥルーズが強調するのは、ようするに「他者」のいない無人島においては「主体」も存在しない、と

＊5　ドゥルーズと交友関係があった作家トゥルニエ（一九二四―二〇一六）による小説。デフォーによって一八世紀に書かれたロビンソン物語をフライデーの側から語る。

いうことだ。本章冒頭でも引用したように、そこで見られるのは「意識と対象は一つになってしまう」というありようなのである。そこにあらわれたフライデーは、他者そのものというよりも「他者の分身」であるとされている。無人島での暮らしのなかで「他者構造」を次第に失った主人公にとって、フライデーは純粋な「他者」とはみなされないからである。『色彩を持たない多崎つくると、彼の巡礼の年』はそこまで複雑な様相を帯びている訳ではない。しかしそれでも、灰田はフライデーのように、つくるの前にあらわれる。

灰田とつくるは「週に二回か三回夕食をともに」し、やがて週末の夜にはつくるのマンションに泊まるようになる。「二人は夜遅くまで話し込」むことによって、つくるは次第に回復／生成していく。このような役割が灰田には与えられている。そしてさらにもう一つ、灰田がテクストで果たす役割は、つくるに自分の父親の若いときの経験を話すことである。灰田の父親もまた、「出来事」と「他者」との出会いによって大きな変化を遂げた一人だった。

東京の大学に在学中、灰田の父親は「愚かしい出来事」を目の当たりにして政治闘争から身を引き、放浪生活ののち大分県山中の温泉で下働きの仕事をしていた。そこで出逢ったのが、緑川というジャズピアニストである。緑川は灰田青年（灰田の父親。以下同じ）に一度だけピアノを弾いて聞かせる。話を灰田から聞くつくるは、「その出来事を実際に体験したのは」父親ではなく息子ではないのかという錯覚に襲われる。そしてある夜「差し向かいで酒を飲」んだ灰田青年は緑川から不思議な話を聞く。その二日後、緑川は灰田青年に黙って宿をでた。

〔…〕父親はそれからほどなく、東京に戻りました。そして大学に復学し、勉強一筋の生活に入りました。緑川という人物に出会ったことが、長きにわたる放浪生活に終止符を打つ契機になったのかどうか、そこまではわかりません。でも父の話し方からして、その出来事が少なからぬ影響を及ぼしたのではないかという気はします。（同書：一〇八）

ここでもまた「出来事」という語が繰り返される。つくるにとって、新たな生成のための「他者」としてあらわれた灰田は、灰田の父親にとって一つの「出来事」となった話題を提供する。それから間もなく、灰田はつくるの前から姿を消すことになるだろう。灰田がふたたびテクストにあらわれることがないのは、その役割を果たし終えたからにほかならない。

『色彩を持たない多崎つくると、彼の巡礼の年』というテクストは、このようにドゥルーズの重要な要素を物語に多数配置している。テクストはあたかも、村上春樹がドゥルーズを読んで執筆しているかのように展開されるのだ。村上春樹がドゥルーズを片手に読んでいる――。もちろんここでは、そのことの当否に興味はない。私たちはいま少し、ドゥルーズをもとに『色彩を持たない多崎つくると、彼の巡礼の年』というテクストを読み進めるだけだ。

さてもう一人、『色彩を持たない多崎つくると、彼の巡礼の年』での重要人物が木元沙羅である。テクストにおける彼女の役割は、なによりも、つくるのする話の聞き手としてのそれであろう。三人称で語られるこのテクストで、つくるによって沙羅に語られる出来事の内容はあくまでもつくるにおいてのとらえ方である。つまり、客観性をもつ語り手の報告ではない。だからこそ、昔の友人たちを訪ねることによって、その「出来事」の意味が変化する。

4　クロノスとアイオーン

僕はこれまでずっと、自分のことを犠牲者だと考えてきた。わけもなく苛酷な目にあわされたと思い続けてきた。〔…〕でも本当はそうじゃなかったのかもしれない。僕は犠牲者であるだけじゃなく、それと同時に自分でも知らないうちにまわりの人々を傷つけてきたのかもしれない。そしてまた返す刃で僕自身を傷つけてきたのかもしれない。（同書：三六二頁）

つくるは昔の友人であるアオとアカの二人に名古屋で出会い、またフィンランドへ足をのばしてエリ（クロ）と対面する。その過程でシロの死を知り、また一六年前の出来事の意味あいが変化する。三六歳の現在になって、大学二年生のときの出来事の真実を知り、その意味がそれ以前とは変わったのである。

友人たちからの絶縁という仕打ちに対して主人公が再会を重ね、その裏にあった〈事実〉を知ることで調和へと至る話――。『色彩を持たない多崎つくると、彼の巡礼の年』というテクストは、一見そのような姿を私たちの前に晒している。アオは握手の手を差しだして「おまえに会えてよかった」と口にするし、アカは自らが同性愛者であることを告げ、つくるは彼を高校時代のように「おまえ」と呼べるようになる。フィンランドでは、つくるとエリは『ル・マル・デュ・ペイ』を一緒に聞き、彼女に求められてハグをするだろう。過去の意味を進行するそれぞれの現在から問い直して真実と調和に至ろうとする、いわば宝探しの変形のような話型をテクストがもっているのはたしかなのだ。だがおそらく、テクスト自体はそれといささか異なる読みを欲している。そのポイントとなる時間について、ドゥルーズの観点から読み進めよう。

『色彩を持たない多崎つくると、彼の巡礼の年』の終わり近く、つくるは新宿駅に出向いて時刻表を手に中央線の特急電車のホームのベンチに坐っている。左手につけている父からの遺品である腕時計タグ・ホイヤーで時刻を確認し、定刻に駅を発する電車をつくるは見送るのだが、このエピソードの挿入は象徴的だ。

ドゥルーズは時間のとらえ方について二つをあげている（【引用5】および【引用6】を参照）。一つがクロノスと呼ばれるもので、もう一つがアイオーンである。クロノスはいわば通常想起される時間のありようで、そこでは「現在」だけが存在する。時系列に沿って記入される年表のように、それぞれの現在に付随して過去と未来が相対的に想定されるわけである。それぞれの現在がそれぞれの現在と関係をむすんで安定した時間が存在する、いわば高所から見た時間のとらえ方である。不安定な要素があっても、それはその都度の現在から修正がなされるだろう。鉄道会社に勤めるつくるにとって、時間は片手にもつ時刻表のように、あるいは刻々と現在を告げる腕時計のように、まさにクロノスの時間としてとらえられている。新宿駅のベンチで、また戻った家のベランダの椅子で、つくるは一八年間を回想する。あらためて記すなら、それは「現在」のつくるによる修正を施された過去の解釈である。

一方、英語 aeon なら「永遠」を意味するアイオーンの時間においては、過去と未来しかない。時間のある一瞬を指し示すと、そこにはこれからの時間とこれまでの時間が含まれているため同時に正反対に向かって時間がひろがっていくのだが、その瞬間それ自体はけっして捉まえられない現在でしかない。ドゥルーズがいうアイオーンはそのようなイメージといっていい。そして重要なのは、「出来事」がまさにそのような時間として把握されていることである。ある出来事は、つねにいつの間にか始まっている。その渦中には判明としない意味が確定するのは出来事すべてが起きたときだ。しかし、そのすべては永遠にやってこない。潜在していたものがあるとき浮かびあがり、思わぬ出来事と接続されて……、このように出来事は起こり続ける。アイオーンの時間は、つねに途上の、安定することのない時間なのである。

フィンランドでエリと別れたあと、路肩に車を停めてつくるは、自分の身体の中心に冷たく堅いものがあることにはじめて気がつくだろう。つくるはそれを、これから「少しずつ溶かしていかなくてはならない」と思う。「出来事」はまだ終わっていないし、その意味を確定することもできていない。さらに日本へ飛ぶ飛行機のなかで、つくるはエリに向かって「口にするべきだった言葉」に思い当たる。しかしその場面でその言葉が記されてはいない。その言葉が読者に示されるのは、テクストの最終場面である。

「すべてが時の流れに消えてしまったわけじゃないんだ」、それがつくるがフィンランドの湖の畔で、エリに別れ際に伝えるべきこと——でもそのときには言葉にできなかったことだった。(同書：四二〇頁)

『色彩を持たない多崎つくると、彼の巡礼の年』というテクストは、友人からの絶縁という出来事から始まり、しかしその出来事の意味を最終的には確定できない状態で一応の終わりの姿をあらわす。「時の流れに消えてしまった」と思われるものが、いつか浮上することを予感させるのである。そしてさらに、テクストが新たな出来事の発生をも予感させていることに読者は気づかされる。それが沙羅との関係についての出来事である。その結果によって、つくるは「おれは本当に死んでしまうだろう」と思う出来事は、物語が終了する翌日に予定されている。テクストが閉じられるとき、読者にイメージされるのは、その先に広がっていく出来事の時間であるに違いない。

本章のまとめ

ドゥルーズは、哲学とは「概念を創造する」学問領域であるといっている。本章では、ドゥルーズが提唱したいくつかの概念を少々単純化して、あるいは乱暴にあつかうことで小説テクストの分析を試みた。興味をもたれた方には、ぜひ参考文献などの読みへと歩を進めてほしい。

最初に記したように、語り論を前提とした新たな論や研究方法が現在では期待されている。この一〇年ほどでも、日本近代文学研究ではネグリ／ハート[*6]やアガンベン[*7]といった名前が発表や論文などで登場してきた。そのなかでドゥルーズという名前は、いささかオールドファッションに感じられるかもしれない。だがドゥルーズの発想は、けっしてすぐに旧式になるようなものではない、本章を執筆しながら痛切に感じたのがそのことだ。

今回は初期の、『意味の論理学』時代のキーワードをもとに村上春樹『色彩を持たない多崎つくると、彼の巡礼の年』というテクストを分析してきた。「他者」「出来事」「時間」……など、日ごろ私たちが自明視しているものをあらためて問い、新たに概念として提出されたものをもとに分析を試みたわけである。私の周りではけっして好評ばかりではない『色彩を持たない多崎つくると、彼の巡礼の年』というテクストだが、あたかもドゥルーズに引導されたかのように小説は展開している。

初読時に不満をもった読者には、ぜひ『色彩を持たない多崎つくると、彼の巡礼の年』というテクストを再読されるよう望みたい。そしてその際に、少しでも初読とは異なる印象をもたれるなら、本章の試みも、一応の役割を果たしたことになるだろう。

＊6
イタリアの哲学者アントニオ・ネグリ（一九三三―）とアメリカの比較文学者マイケル・ハート（一九六〇―）のこと。『帝国』や『マルチチュード』が知られる。

＊7
ジョルジョ・アガンベン（一九四二―）はイタリアの哲学者。『ホモ・サケル』『例外状態』などがある。

引用・参照文献

浅田彰＋柄谷行人＋蓮實重彦＋財津理＋前田秀樹（一九九六）「共同討議　ドゥルーズと哲学」『批評空間』Ⅱ－9
浅田彰＋宇野邦一（一九九七）「討議　再びドゥルーズをめぐって」『批評空間』Ⅱ－15
宇野邦一編（一九九四）『ドゥルーズ横断』河出書房新社
宇野邦一（二〇〇一）『ドゥルーズ　流動の哲学』講談社選書メチエ
――（二〇一二）『ドゥルーズ　群れと結晶』河出ブックス
小泉義之＋鈴木泉＋檜垣立哉編（二〇〇八）『ドゥルーズ／ガタリの現在』平凡社
小泉義之（二〇一四）『ドゥルーズと狂気』河出ブックス
國分功一郎（二〇一三）『ドゥルーズの哲学原理』岩波現代全書
篠原資明（一九九七）『ドゥルーズ――ノマドロジー』講談社
ジュネット、G（一九八五）『物語のディスクール』花輪光＋和泉涼一訳、書肆風の薔薇
ズーラビクヴィリ、F（一九九七）『ドゥルーズ・ひとつの出来事の哲学』小沢秋広訳、河出書房新社
千葉雅也（二〇一三）『動きすぎてはいけない』河出書房新社
ドゥルーズ、G＋F・ガタリ（二〇一二）『哲学とは何か』財津理訳、河出文庫
ドゥルーズ、G（二〇〇七）『意味の論理学　上・下』小泉義之訳、河出文庫
――（二〇〇〇）『経験論と主体性――ヒュームにおける人間的自然についての試論』木田元＋財津理訳、河出書房新社
トゥルニエ、M（一九九六）『フライデーあるいは太平洋の冥界』榊原晃三訳、岩波書店
ドス、F（二〇〇九）『ドゥルーズとガタリ――交差的評伝』杉村昌昭訳、河出書房新社
檜垣立哉（二〇〇九）『ドゥルーズ入門』ちくま新書
――（二〇一〇）『瞬間と永遠――ジル・ドゥルーズの時間論』岩波書店
松本潤一郎＋大山載吉（二〇〇五）『ドゥルーズ　生成変化のサブマリン』白水社

村上春樹（二〇一五）『色彩を持たない多崎つくると、彼の巡礼の年』文春文庫
芳川泰久＋堀千晶（二〇〇八）『ドゥルーズ　キーワード89』せりか書房
ＫＡＷＡＤＥ道の手帖（二〇〇五）『ドゥルーズ　没後10年、入門のために』

第9章　Jホラーにおける女性幽霊の眼差しとメディア
——ローラ・マルヴィのフェミニスト映画理論を起点として

鈴木潤

【キーワード】
フェミニスト映画批評　視線　Jホラー　ホラービデオ

【引用1】

映画の喜び（快楽）はいくつも考えられるが、そのうちの一つは視覚快楽嗜好《スコポフィリア》である。〔…〕一見したところ映画《シネマ》は、秘密のうちに他人を観察し、不本意にも犠牲者たらしめる視覚快楽嗜好の内密行為からはほど遠いかのように思える。画面《スクリーン》に見えるものは、明らかに提示されているからだ。だが、ある意味で主流映画の多くは（そして主流映画が意識的に発達ならしめた因襲は）、錬金術のように秘密で閉ざされた世界を描きだす。この閉ざされた世界は、観客の存在にまったく興味を示さず、ただ観客に隔離された感覚を与え、彼らの窃視的な幻想と戯れながら、摩訶不思議に自らを解き放していく。その上、映画館の暗闇（これも観客をそれぞれに隔離した存在とする）と画面《スクリーン》上の変異する光と影の微妙な彩との極端な対照も、この窃視的隔離の状態をさらに強化する。一本の映画《フィルム》が実際にそこに存在し、見られるために示されているという事実にもかかわらず、上映《スクリーニング》の状況と物語上の約束事は観客に内密の世界で見ているという感覚を与えてしまう。とりわけ映画《シネマ》制度における観客の位置は、あからさまに抑圧（観客自身の抑圧された自己顕示欲）と投影（その抑圧された欲望が俳優に投影される）に因るものといえよう。†1

†1 ローラ・マルヴィ「視覚的快楽と物語映画」一二九頁

【引用2】

性的な不均衡に規制された世界においては、見るという行為の快楽は能動的＝男性、受動的＝女性に分割されている。決定的要因をもつ男性の視線《ゲイズ》はその幻想を女性の姿に投影するが、うまくできたもので女性の姿はその視線に見合うようなスタイルをとる。伝統的に顕示的な役割をもつ女性は見られると同時に呈示《ディスプレイ》される。このために女性の外見は、「見られるため」（To-be-looked-at ness）ということを暗示するように、視覚的で性愛的な強度の衝撃をもつような形に規則化《コード》されている。性的対象として提示された女性は性愛的見世物のライトモチーフ的存在だ。ピンナップ写真からストリップ・ショー、ジーグフェルド・レビューからバスビー・バークレーに至るまで、女性は（観客の）視線を捕え、男性の欲望を意味し、それに向けて演じる。†2

†2 マルヴィ、同論文、一三一頁

＊

ローラ・マルヴィが一九七五年に発表した論文「視覚的快楽と物語映画」によって、フェミニスト映画理論*1は学問的領野にその足がかりを築くことになった。斉藤綾子は、この論文を「フェミニ

図9-1 マルヴィ「視覚的快楽と物語映画」を収録する『「新」映画理論集成1』

スト映画理論を代表する記念碑的論文」と評価したうえで、「これほど物議を醸し出した論文も少ないだろう」と同論文への反発も含めた反響の大きさについて記している（斉藤 一九九八：一三九－一四〇）。

ホラー映画の一ジャンルであるJホラーを分析するためにフェミニスト映画理論をもちいるのには、二つの理由がある。一つは、ホラー映画がフェミニズム映画理論における議論の俎上に頻繁に載せられてきたからである。たとえばジュディス・ハルバースタムが「ホラー映画は典型的に、女性嫌いのジャンル——男性の攻撃の好見本を提供し、女性の切断というスペクタクルへの性的な反応を刺激する——として論じられてきた」（Halberstam 1995：140）とまとめたように、ホラー映画は女性を見世物にしてきたジャンルであり、その主たる観客は若い男性たちであるとして定義づけられてきた。だが、ホラー映画についての従来の考えを一新させたのが、キャロル・J・クローバーの著作 *Men, Women and Chain Saws*（1992）である。クローバーは、POVショットとは観客と登場人物（POV——すなわち視点の持ち主）との同一化であり、殺人鬼にも被害者にも同一化する『ハロウィン』（ジョン・カーペンター監督、一九七八年）の観客は、加害者と被害者の両方を引き受けるサドマゾヒスティックな立場にあるとしたのである（Clover 1992：45-48）。

いずれにしても、このようにフェミニスト映画理論の領域でとくに問題になったのは、ホラー映画に登場する怪物と、怪物と対峙する登場人物、そして観客の「視線」であった。

本章で取りあげる『邪願霊』『リング』は、「（レンタル）ビデオ」の性質を利用することで、マルヴィが古典的ハリウッド映画のなかに見出し、批判した「見る男性／見られる女性」という関係性を逆転させている作品である。そして両作品において、この逆転が作中最大の「恐怖」を演出することになる。つまり、『邪願霊』『リング』にはマルヴィ論文では説明しきれない「視線」の関係

＊1 フェミニスト映画理論は、一九七〇年代以降に発展した学問領域である。『フィルム・スタディーズ事典 映画・映像用語のすべて』（スティーヴ＋グラント＋ヒリアー 二〇〇四）では、「この理論はジェンダーを映画研究にとって中心的なものとして前景化した（前面に押し出した）」と紹介されており（同書：三〇八）、この学問領域における重要なテクストのひとつとして、マルヴィの「視覚的快楽と物語映画」をあげている（同書：三〇八）。

が存在しているのである。この二作品の恐怖は、「女性に見られる」ということがなぜ恐ろしいのか、ということも含めて、分析する必要がある。本章でフェミニズム映画理論をもちいるもう一つの理由は、フェミニズム映画理論の領域でなされてきた議論は、この問いに答えるための非常に有用な視座を与えてくれるからである。

1 『邪願霊』における女性幽霊の眼差し

図9-2 『邪願霊』

『邪願霊』（石井てるよし監督、一九八八年）は、近年、「Jホラーの元祖」として再評価されているオリジナルビデオ作品であり、「とある出来事によってお蔵入りとなった新人アイドルのプロモーション活動の密着取材テープを再構成した」という設定をもつ、フェイク・ドキュメンタリーである。この作品が「Jホラーの元祖」とされているのは、作中において、幽霊の姿が鮮明に映し出されることがほとんどないという演出方法による。

『邪願霊』は、四つのパートに大別することができる。ここでは便宜上、それぞれをA、B、C、Dパートとする。一つ目は、新人アイドルのプロモーション活動を取材したAパート。二つ目は、Aパートの映像に女性幽霊が紛れ込んでいたことを明らかにするBパート。三つ目は、女性幽霊の正体とアイドル産業の裏側に迫るCパート。そして四つ目は、使われていないはずの取材用テープに映っていた「謎の映像」が発見され、取材クルーたちが撮影した映像と組み合わせると、それが女性幽霊の主観ショットであることが明らかになるDパートである。Aパート中に五回登場する女性幽霊の姿をすべて見つけられる観客はほとんどいないだろう。主人公の女性キャスターがその存在を指摘することによって、はじめて観客の注意をひきつける存在となる『邪願霊』の幽霊表象は、一見すると、『邪願霊』を幽霊が登場しない、いわば「怖くないホラー映画」にしてしまっているかのように思われる。しかし、『邪願霊』はビデオ作品であり、観客は自由に巻き戻したり、早送りをしたりすることができる。つまりBパートの直後に、Aパートに遡って映像を確認できるのである。そして、Aパートにたしかに女性幽霊が映っていたことに気づかされた瞬間に、観客は幽霊映像の目撃者に仕立てあげられる、というのが、『邪願霊』のもっとも恐ろしく、かつ、観客を魅了した仕組みであった。

しかし、八〇年代のレンタルビデオ文化の様相をふまえると、『邪願霊』の恐ろしさとは、たんに幽霊の発見者になれることだけではないと指摘できる。というのも、『邪願霊』に紛れ込む幽霊とは女性幽霊であり、『邪願霊』を借りる観客、すなわち八〇年代のレンタルビデオ店のおもな客層とは男性であったからである。

『邪願霊』が男性観客をターゲットにした作品であるというのは、作品冒頭で断片的に映し出される映像のなかに、女性アイドル（本編で取材対象となるアイドルとは別の人物である）のヌードグラビアの撮影風景を取材した映像があること、中盤で男女の性交の様子をアダルトビデオ風に撮影した映像があることからも明らかである。そして、『邪願霊』が女性キャスターを覗き見する映像から始まるということも、本章にとって重要な点である。つまり、『邪願霊』を借りてきた男性客はまず、女性キャスターを覗き見する能動的な存在として、この作品と接触することになる。そして、テレビなどで華々しく活躍するアイドルの裏側を、[*2] お蔵入りになった取材テープの再編集映像という体裁をとるこの『邪願霊』をとおして覗き見する。さらに、映像に紛れ込む女性幽霊を見つけだす。

女性幽霊の正体は、男性プロデューサーとの恋愛関係のもつれによって自殺した女性である。女性幽霊はこのプロデューサーが映っている映像のなかに紛れ込み、彼をじっと見つめ続ける。しか

＊2　新人女性アイドルを演じる佐藤恵美本人も、実際にアイドルや歌手として活動していた。

し女性幽霊が映る映像のほとんどで、プロデューサーはカメラの方を向いてインタビューに答え続けており、自分を見つめている女性幽霊の視線に気づくことはない。つまり、観客は女性幽霊がプロデューサーを覗き見している様子を発見するのである。

しかし、『邪願霊』では、男性は能動的な〈見る〉存在のままではいられない。そこには、この作品がレンタルビデオでの流通を主としたオリジナルビデオ作品であったということが大きく関わっている。『邪願霊』には、観客を女性幽霊の目撃者に仕立てあげるパート（Bパート）が存在する。このパートによって男性観客は女性幽霊を〈見る〉存在になることができるわけだが、ビデオを巻き戻すことによって、観客はこの女性幽霊が覗き見している対象は、プロデューサーだけではないことに気づかされる。つまり、観客は覗き見する女性幽霊を発見すると同時に、彼女の視線がカメラ、すなわちテレビ画面をとおして自分自身にも向けられ続けていたことに気づかされるのである。『邪願霊』においては、男性観客は〈見る〉主体になるという視覚的快楽を得ると同時に、〈見られる〉客体になるという不気味な経験をすることになる。

〈見られる〉ことの不気味さ、換言すれば男性を〈見る〉この女性幽霊の不気味さを考えるにあたり、ここではジークムント・フロイトの精神分析の理論を援用したい。フロイトによれば、「不気味なもの」とは、「内密にして――馴れ親しまれたもの、抑圧を経験しつつもその状態から回帰したもの」であるという（フロイト　二〇〇六：四二）。フロイトがE・T・A・ホフマンの『砂男』（一八一七）の分析で明らかにしたことは、克服し、抑圧したはずの去勢不安を、目を失うかもしれないという不安に代替して回帰させてくる存在であるために、主人公・ナタナエルにとって「砂男」は「不気味なもの」となるということであった（同書：二四）。「目」を男根の代替と位置づけるフロイトの理論にもとづけば、『邪願霊』の女性幽霊は「目」がない。すなわち「女性はペ

図9-3　『邪願霊』における幽霊表象の一例

ニスを実際に所有していないという事実によって、去勢不安を象徴する」（マルヴィ 一九九八：一二七）ために、去勢不安を回帰させる「不気味なもの」となると考えることができる。

『邪願霊』の女性幽霊は、つぶさに男性プロデューサーを、そして『邪願霊』の男性観客を覗き見しつづけている。しかし、〈見る〉女性としての彼女の姿が提示されるときには、映像はクローズアップされることで引き伸ばされ、その顔は曖昧なものになってしまう（図9-4）。つまり彼女が〈見ているかもしれない〉女性でしかない、ということが明らかになるのである。彼女の〈見る〉力は、『邪願霊』がビデオ作品であるがゆえに〈クローズアップになり、映像の肌理が粗くなることによって〉いくぶんか弱められているといえる。

2　メディアの変化にともなう女性幽霊の眼差しの変化――『邪願霊』から『リング』へ

前節ではオリジナルビデオ作品『邪願霊』を取りあげ、この作品が「ビデオ」という自らが依拠するメディアの性質を利用し、「受動的な〈見られる〉女性／能動的な〈見る〉男性」という主流映画的な構造を逆転させうる、不気味な女性幽霊を描いていることを指摘した。『邪願霊』は、幽霊表現の手法という点においてJホラーの源流とされているのだが、『リング』（中田秀夫監督、一九九八年）には、主流映画の視線の力学を逆転させるメディアとしてのビデオが登場している。これから分析するとおり、Jホラー・ブームの火付け役である『リング』は、『邪願霊』の「ビデオ的」要素とそれがもたらす恐怖を色濃く引き継ぐわけであるが、『邪願霊』を生んだ八〇年代のレンタルビデオ文化と、その後のJホラー・ブームとの連続性は、たんに幽霊表現、心霊実話のテイストといった点に留まらない。とはいえ、両者には明らかな連続性が見て取れる一方で、「ビデオ」から「映画」へという作品の依拠するメディアの変化にともなう、女性幽霊の「怖さ」の変化も見

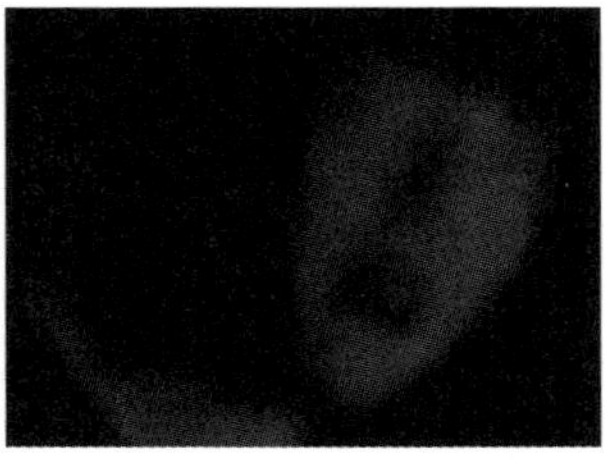

図9-4　クローズアップによって曖昧になる『邪願霊』の女性幽霊

て取れる。

映画『リング』は、一九九一年に発表された鈴木光司の同名小説を原作としている。小説『リング』のあらすじは、観た者を一週間後にかならず死に至らしめる「呪いのビデオ」の存在を知った主人公・浅川が、自身もその「呪い」の連鎖に巻き込まれ、友人（映画版では主人公・浅川玲子の元夫という設定になる）・高山とともにその「呪い」から解放される方法を探し求めることになる、というものである。

本章にとって重要な点は、『リング』が恐怖の元凶として「ビデオ」というメディアをもちいていること、そして、それが伊豆の貸し別荘でレンタルビデオとして、ラベルも何も貼られていない状態で保管されているという描写がなされていることである。「呪いのビデオ」にまつわるこの設定は、映画『リング』はもちろん、『リング』の最初の映像化作品であるテレビドラマ『リング完全版』（瀧川治水監督、一九九五年）や、韓国での映画化作品である『リング・ウィルス』（キム・ドンビン監督、一九九九年）、ハリウッドリメイク版 *The Ring*（ゴア・ヴァービンスキー監督、二〇〇二年）でも、律儀に踏襲されている。この一見すると些細な設定が、『リング』シリーズにかならず取り入れられているのはなぜか。その理由は『邪願霊』の「ビデオ的」な要素を色濃く受け継ぐことが、「ビデオ」を恐怖の源泉として設定する『リング』の「恐怖」を描くためには不可欠だったからである。

『邪願霊』の監督・石井てるよしは、後年のインタビューで、『邪願霊』をタイトルもついていない、「真っ白で安っぽいAVをダビングしたやつみたいなパッケージ」で流通させたかったと語っている。[*3] 石井が理想としていたそのリリース形態は、『リング』が描く「呪いのビデオ」のディテイルとぴったりと重なり合う。

図9-5 『リング』

*3 「『POV～呪われたフィルム～』公開記念・鶴田法男監督×石井てるよし監督スペシャル対談」（二〇一六年一月一一日閲覧）。

『リング』のクライマックスでは、ビデオのなかにしか存在しないはずの女性幽霊・山村貞子が、ビデオを、そしてテレビを乗り越えて、観客の側へとやってくる。このシーンは、ビデオの巻き戻しを促すことで観客を女性幽霊の目撃者にし、さらには「幽霊が見ているのは自分かもしれない」という観客の不安をあおることで、観客を、ただ作品を観るだけの存在、すなわち作品の「外部者」ではなく、作品の「内部者」に仕立てあげた『邪願霊』をそっくり内包した演出として理解することができる。つまり『邪願霊』と『リング』は、ビデオのなかの存在である女性幽霊が、〈見る〉ことによって観客のいる現実へも働きかけるという点で共通しているのである。

さらに『リング』と『邪願霊』は、肌理の粗いザラザラとした、一見するだけでは何が映っているのかよく解らない映像から始まっているという点でも共通している。その不可解さに、観る者は目を凝らして身を乗り出し、そこから展開していく異常な世界に参入していくことになる。とくに『リング』では、「呪いのビデオ」の視聴シーンとしても、このはじまり方が組み込まれている。「呪いのビデオ」は、劇中で登場人物たちが観るのと同じようにビデオ独特の肌理の粗い映像として観客の前に映しだされ、クライマックスで貞子と邂逅することになるのである。

では、テレビのこちら側にやってくる貞子とは、「映画のなかの女性」と「視線」という観点から考えたとき、一体どのような存在だといえるのだろうか。次節では、『リング』のクライマックス・シーンを取りあげ、この問題を考えていきたい。

3　メドゥーサとしての『リング』の女性幽霊・貞子

映画『リング』では、貞子の「呪い」の連鎖に巻き込まれた浅川玲子、高山竜司の二人は、自分たち自身と、同じく呪いに巻き込まれた一人息子・陽一を救うために奔走することになる。二人は、呪いの発端である貞子の遺体を、彼女が突き落とされた井戸から引き上げたことで、呪いから解放されたと安堵する。しかし実際には呪いは解けておらず、知らず知らずのうちに呪いを解くことができていた浅川とは違い、高山は死んでしまう。

高山の最期を描いたこのクライマックス・シーンこそ、いうまでもなく、この映画の最大の見せ場である。というのも、このシーンは、貞子が観客の前に素顔を見せる唯一のシーンであるからだ。それまでにも、浅川の姪・大石智子の死の瞬間や、智子と一緒にビデオを観てしまった友人たちの死に顔の映像などは映されてきた。しかし「呪いのビデオ」を観た者がどうやって死ぬのか、という描写を欠いたままで物語が進行していくため、観客は「呪い」の結果である被害者の恐ろしい死に顔だけを見せられつづけることになる。いったいなぜ彼女たちがあれほどまでに恐ろしい表情で死んでいったのか。観客が抱く問いに答えるのが、高山の最期のシーンというわけだ。彼女たちは、死を予告された時間（「呪いのビデオ」を観てからちょうど一週間後）に、「呪いのビデオ」がひとりでに再生されるテレビ画面から貞子が這い出てくるのを見ていたのである。テレビから這い出てきた貞子は、逃げる高山に迫り、目を見開いた恐ろしい形相で彼を睨みつける。観客が唯一、貞子の顔を見ることができるこの瞬間、目以外の彼女の顔の多くは黒髪で覆い隠されているため、観客はその視線と直接対峙せざるをえなくなる。そして観客のかわりに、高山は彼女に睨み殺されるのである。『邪願霊』の女性幽霊が観客に発見されるのを待っているかのように画面上に紛れ込んでいたのとは異なり、貞子は姿をちらりと見せることもしない。クライマックス・シーンまでの間に、貞子が画面上に現われるのは「呪いのビデオ」のなかで鏡越しに幼少期の貞子が映るシーンと、高山が貞子の母・志津子のいとこである老人の記憶を介して幼少期の貞子を見るシーンだけである。この二つのシーンでも、貞子の顔は黒髪で覆い隠されている。

観客の視線を拒むどころか、こちらを睨めつける貞子は、もはや〈見られる〉存在ではない。しかも彼女の「目」は、クロースアップによって強烈に、〈見る〉ことの暴力を観客に知らしめる。彼女は、その「目」によって、視聴者をじっとりと覗き見していた『邪願霊』の女性幽霊にはなかった攻撃性を発揮する。『邪願霊』の女性幽霊と違い、貞子には「目」があるからだ。

そして、貞子に睨みつけられた登場人物が静止画として映し出されるという演出は明らかに、貞子をギリシア神話に登場する伝統的な〈見る〉女性の怪物・メドゥーサへと近づけている。フロイトによると、見る者を石にする（硬直させる）メドゥーサとは、男性を誘惑し、それを見た男性に（克服し、抑圧したはずの）去勢不安を思い起こさせる母親の女性器のメタファーであるという（フロイト　二〇〇六：三七一）。またフロイトは、メドゥーサの蛇の髪の毛はたしかに男根を象徴するが、それが複数化されることによって、メドゥーサが「去勢された者」だということを示しているとも述べている（同書：三七一）。

だがそれとは対照的に、フェミニズム理論は女性を「去勢する者」として位置づける。たとえば映画研究者バーバラ・クリードは、「去勢する者」としての女性、母親のイメージは、ヴァギナ・デンタータ（歯のある膣）というモチーフとして伝統的に存在することを指摘している（Creed 1993：110）。ヴァギナ・デンタータとは、「男性たちを飲み込み、バラバラに噛み砕いてしまうブラックホール」の幻想なのである（同書：106）。また、フェミニズム理論家のジュリア・クリステヴァは、メドゥーサの「目」を、「黒い穴」と述べ、その脅威から身を守るには、彼女の首を切り落とし、彼女を「像（エイコン eikōn）」として見るしかないという（クリステヴァ　二〇〇五：四五–四六）。

映画『リング』において、貞子は幼少期から、相手を見て念じるだけで人を殺せる超能力を有していたことが明らかにされている。[*4] 彼女はメドゥーサと同じく、見る者を石に変えて殺す邪眼をもっていた。そして、貞子は父・伊熊平八郎に鉈で頭を割られ、井戸へ突き落されてしまうのである。

しかし、メドゥーサと異なり、貞子はビデオテープをダビングしていく「リング（呪いの連鎖）」によって、何度も甦ることができる。貞子の怨念が念写された「呪いのビデオ」のなかで、貞子は井戸から這い上がってくる。そしてテレビ画面を乗り越えて、ビデオの鑑賞者のもとへやってきて、ふたたび、視線の暴力を行使するのである。井戸から這い上がる彼女は、「黒い穴」、すなわちヴァギナ・デンタータがもつ、「去勢する」力そのもののメタファーとなる。しかもこのとき鑑賞者が対峙する貞子は、もはやテレビのなかの像ではない。紛れもなく、そこに存在するのである。像ではなくなった「去勢する者」である恐ろしい女性の怪物に、人間たちはなすすべなく敗北していく。『リング』で、「呪い」の犠牲者たちの死に顔の静止画に彼らが味わった恐怖が凝固しているのも、彼らがみな、貞子＝メドゥーサに石に変えられ、死んでいったからに他ならない。

そして『邪願霊』が「ビデオ」というメディアの性質を利用していたように、『リング』は「映画」というメディアの性質を利用している。貞子の「去勢する」女性としての力をあらわす「黒い穴」、すなわち邪眼は、映画館の大きなスクリーンいっぱいに鮮明に映し出されるからだ。観客は映画館の椅子から逃げることもできず、〈見る〉女性の恐ろしい力を、まざまざと見せつけられるしかないのである。

本章のまとめ

マルヴィは論文「視覚的快楽と物語映画」のなかで、ハリウッドの主流映画のなかに「受動的な

＊4　『リング』本編中では、幼少期の貞子の顔も黒髪で覆われており、彼女が相手を「見て」いたのかは判然としない。しかし続編『リング2』（中田秀夫監督、一九九九年）では「呪い」から解放されたはずの浅川の息子・陽一が、貞子の能力を受け継ぎ、警察官を睨みつけることで殺そうとするというシーンが存在する。このことから、貞子は生前から「睨み殺す」邪眼の持ち主であったと言えるだろう。

〈見られる〉女性/能動的な〈見る〉男性」という不均衡な関係を見いだした。ホラー映画が頻繁にフェミニズム映画批評の対象となってきたのも、このジャンルの映画の多くが、女性を見世物としてきたからである。

しかし、本章で確認したとおり、Jホラーの源流である『邪願霊』では、この関係を逆転させることで、恐怖を創出していた。しかもこの「逆転」は、『邪願霊』がレンタルビデオとして流通した、オリジナルビデオ作品であったがゆえに可能になったのであった。ビデオという新しい媒体の普及を巧みに取り込みながら新しい恐怖表象を切り拓いたJホラー映画『リング』は、「受動的な〈見られる〉女性」という主流映画が構築してきた女性とは異なる〈見る〉女性を登場させ、さらにはこの世を去っていたはずの貞子をビデオテープというメディアによって甦らせ、観客を睨めつける怪物として甦らせている。

Jホラーにみられるビデオと映画の共生関係から生まれた〈見る〉女性の怪物は、マルヴィが論文「視覚的快楽と物語映画」で提出した問題の先に存在している。もちろん、マルヴィ自身も、以下のように述べているとおり、三五ミリフィルムで撮影され映画館で上映される主流映画が娯楽の王者の座を奪われて久しい一九七五年当時の映画産業の状況をふまえ、映画《シネマ》の環境変化を予知していた。

この二、三〇年で映画《シネマ》は大きく変わった。映画は今では一九三〇年代、四〇年代、五〇年代のハリウッドに代表されるような大資本に基づいた単一的な機構ではない。技術的進歩(一六ミリ等)が映画製作の経済的条件を変え、今ではそのために資本主義的ではない職人的な製作も可能だ。こうした状況のもとで、既存のものではない別の映画《オルタナティブ・シネマ》が展開する可能性が見えてきている。(マルヴィ 一九九八:一二八)

事実、フィルム以後のビデオ時代に製作された『邪願霊』『リング』では女性幽霊が受動的な見られる存在であることを拒否し、能動的かつ攻撃的に見る存在へと変化しているとおり、低予算で製作されたオリジナルビデオ作品である『邪願霊』は、「主流」からは外れた、「既存のものではない別の映画」が展開したひとつの成果だということができるだろう。

二〇〇五年一一月に、マルヴィは明治学院大学で開催された「国際シンポジウム　映画／歴史／フェミニズム」において、デジタルテクノロジーによって映画を一コマ一コマつぶさに観る（映像を停止させたり、遅延させたりする）ことが可能になり、「受動的な（見られる）女性／能動的な（見る）男性」という対立関係が補強、あるいは破壊されると述べてもいる（同書：一三七）。二一世紀になされたマルヴィの発言をふまえ、最後にいま一度、論文「視覚的快楽と物語映画」と『邪願霊』と『リング』の分析を照合させておこう。

『邪願霊』は、鑑賞者（男性）自身によるビデオの巻き戻しを促し、それによって男性登場人物だけでなく、鑑賞者さえも女性幽霊によって見られる存在へと変えてしまった。そして、ビデオ作品『邪願霊』の構造を「呪いのビデオ」として内包し、物語を進める『リング』は、大資本のもとで製作され、全国の劇場で公開されたという点では主流映画といっていい作品であるにもかかわらず、〈見られる〉女性ではなく、〈見る〉ことの暴力に観客を晒す女性が登場した。『邪願霊』では女性幽霊の顔はクロースアップになることで却って曖昧なものになってしまっていたのに対し、『リング』では貞子の目をクロースアップで映し、貞子が「見ている」ことをはっきりと示してみせている。さらには『邪願霊』がテレビの小さな画面に目を凝らすことを鑑賞者に求めたのに対し、『リング』は〈見る〉女性の怪物の目を、劇場用の巨大スクリーンのうえに映した。結果、『リング』の貞子は、映画内で高山がそうしたように後ずさろうとしても劇場では逃げることができない観客に対して、視線の暴力を見せつけるのだ。

たとえ、この〈見る〉力を見せつける新しい映画のなかの女性のありようが、女性幽霊だけに可能なものであったとしても、『邪願霊』『リング』はたしかに、ビデオというメディアが、主流映画が依拠する見る男と見られる女の関係を解体させうることを示している。とくに『リング』は、『邪願霊』がビデオとテレビという鑑賞形態を利用して描いた〈見る〉女性幽霊を、テレビから這い出し、映画というメディアに相応しい画面いっぱいのクローズアップによって、さらに恐ろしい怪物として〈見る〉女性を描きだすことに成功している。マルヴィの論点から『リング』を分析するならば、この映画は「受動的な（見られる）女性／能動的な（見る）男性」という対立関係を破壊させた主流映画でもあったことが判明するのだ。[*5]

現代では、フィルムからビデオへ、そしてデジタルへと、映画製作を取りまく技術的な環境が進歩・変化し、それにともなって鑑賞方法も多様化している。新しい映像技術が何を映しだすのか、そしてわれわれ観客はそれとどのように「視線」を交わし、どのような関係をつくっているのか。こうした問いかけにとって、四〇年前に発表された論文「視覚的快楽と物語映画」はいまもなお、考察の足掛かりでありつづけている。

＊5
同様の試みは、ハリウッド映画『ホワット・ライズ・ビニース（What lies beneath）』（ロバート・ゼメキス監督、二〇〇〇年）にも見られる。この作品は、「受動的な（見られる）女性／能動的な（見る）男性」を描いた作品としてマルヴィが論文「視覚的快楽と物語映画」のなかで批判対象としていた、アルフレッド・ヒッチコックのさまざまな作品を踏襲している。ヒッチコック作品の手法を引用しながら、主流映画的な男女の「見る／見られる」関係を逆転させているという点で、注目に値する作品である。

引用・参照文献

ヴォーン、D（二〇〇三）「光《リュミエール》あれ——リュミエール映画と自生性」、長谷正人＋中村秀之編訳『アンチ・スペクタクル　沸騰する映画文化の考古学』東京大学出版会、三三—四〇頁
クリステヴァ、J（二〇〇五）『斬首の光景』星埜守之＋塚本昌則訳、みすず書房
斉藤綾子（一九九二）「解題」岩本憲児＋斉藤綾子＋武田潔編『「新」映画理論集成〈1〉歴史・人種・ジェン

ダー（歴史／人種／ジェンダー）』フィルムアート社、一三〇―一四一頁
鈴木光司（一九九一）『リング』角川書店
――（一九九九）『バースデイ』角川書店
鈴木潤（二〇一五）「レンタルビデオ市場におけるホラーブームとJホラーの連続性――『邪願霊』から『リング』へ」『二松學舍大学人文論叢』第九四輯、二松學舍大学人文学会、七三―八八頁
スティーヴ、B＋B・K・グラント＋J・ヒリアー（二〇〇四）『フィルム・スタディーズ事典　映画・映像用語のすべて』杉野健太郎＋中村裕英監修・訳、フィルムアート社
フロイト、S（二〇〇六）『フロイト全集17』須藤訓任＋藤野寛訳、岩波書店
マルヴィ、L（一九九二）「視覚的快楽と物語映画」斉藤綾子訳
――（二〇一二）「ニュー・テクノロジーから観る」水野祥子訳、竹村和子『彼女は何を視ているのか――映像表象と欲望の深層』作品社、二三二―二四五頁
吉田司雄（二〇〇四）「回帰する恐怖――『リング』あるいは心霊映像の増殖」、一柳廣孝編『心霊写真は語る』青弓社、一五四―一七六頁
鷲谷花（二〇〇八）「『リング』三部作と女たちのメディア空間――怪物化する「女」、無垢の「父」」、内田一樹編『怪奇と幻想の回路――怪談からJホラーへ』森話社、一九五―二二四頁
Creed, B.（1993）*The Monstrous-Feminine Film, Feminism, Psychoanalysis*, Routledge
Clover, J, Carol（1992）*Men, Women and Chain Saws*, Princeton University Press
Halberstam, J.（1995）*Skin Shows : Gothic Horror and the Technology of Monsters*, Duke University Press
Rojas, C.（2014）"VIRAL CONTAGION IN THE RINGU INTERTEXT," *The Oxford Handbook of Japanese Cinema*, Oxford University Press, pp.416-437
「『POV～呪われたフィルム～』公開記念・鶴田法男監督×石井てるよし監督スペシャル対談」〈http : //www.fjmovie.com/main/interview/2012/02_pov.html〉（二〇一六年一月一一日閲覧）

第Ⅲ部

社会から「今」を読む

第10章　〈スペクタクル〉な社会を生きる女性たちの自律化とその矛盾

田中東子

【キーワード】
スペクタクル　消費主体　2・5次元文化　第三波フェミニズム　商品化

【引用1】

近代的生産条件が支配的な社会では、生の全体がスペクタクルの膨大な蓄積として現れる。かつて直接に生きられていたものはすべて、表象のうちに遠ざかってしまった。[†1]（テーゼ 一）

【引用2】

スペクタクルはさまざまなイメージの総体ではなく、イメージによって媒介された、諸個人の社会的関係である。[†2]（テーゼ 四）

【引用3】

凝視される対象（それは、観客自身の無意識的活動の結果なのだが）に対する観客の疎外は次のように言い表される。観客が凝視すればするほど、観客の生は貧しくなり、観客の欲求を

†1　ギー・ドゥボール『スペクタクルの社会』一四頁。

†2　ドゥボール、同書、一四頁。

表す支配的なイメージのなかに観客が己れの姿を認めることを受け入れれば受け入れるほど、観客は自分自身の実存と自分自身の欲望がますます理解できなくなる。活動的な人間に対するスペクタクルの外来性は、観客の身振りがもはや彼自身のものではなく、自分に代わってそれを行っている誰か他人のものであるというところに現れてくる。それゆえ、観客はわが家にいながらどこにもいないような感覚を覚える。というのも、スペクタクルはいたるところにあるからである。†3（テーゼ 三〇）

【引用4】

スペクタクルとは、イメージと化すまでに蓄積の度を増した資本である。†4（テーゼ 三四）

【引用5】

完全に商品と化した文化は、スペクタクル社会の花形商品となる運命にある。この傾向のもっとも進んだイデオローグの一人であるクラーク・カーは、知識の生産・分配・消費の複雑なプロセスが、すでにアメリカ合衆国の年間国民生産の二九パーセントを占めていると計算した。そして彼は、今世紀〔二〇世紀〕の後半には文化が経済発展の主導的役割――それは、今世紀の前半に自動車が、そして前世紀の後半に鉄道が果たしていた役割だった――を担うに違いないと予見している。†5（テーゼ 一九三）

【引用6】

転用とは、引用や、引用されるようになったというただそれだけの理由から常に偽造される

†3 ドゥボール、同書、二八頁。

†4 ドゥボール、同書、三〇頁。

†5 ドゥボール、同書、一七五―一七六頁。

理論的権威とは正反対のものである。それは、自己のコンテクストや自己の運動から、そして最終的には、包括的参照枠としての自らの時代からも、また正しく認識したものであれ錯誤によるものであれ、その参照枠の内側でのかつての的確な選択からも切り離された断片である。転用とは、反・イデオロギーの流動的言語なのである。それは、自らを保証するものが自らのなかに――決定的に――あるとは断言できないことを自覚したコミュニケーションのなかに現れる。極端な場合、それは、批判を超えた古い参照枠にはその存在すら確認できない言語である。むしろ逆に、この転用の一貫性――それ自身のうちでの、また実践可能な事実との――によって、それが蘇らせた真理の古い核が確認される。転用は、現在の批判としてのその真理の外部に自らの根拠を置いたことは決してないのである。[†6]（テーゼ二〇八）

†6　ドゥボール、同書、一八五―一八六頁。

【引用7】

スペクタクルはすぐれてイデオロギー的なものである。というのも、それは、あらゆるイデオロギー・システムの本質――現実の生の貧困化、隷属、否定――を余すところなく示して見せるからだ。スペクタクルとは、物質的に、「人間と人間の間の分離と隔たりを表現」したものである。そこに集約された「新しい詐欺の力」は、スペクタクルの生産のなかに自らの基礎を持ち、この生産によって、「対象の量が増すとともに〔…〕人間が隷属する疎遠な存在の新しい領域もまた増大する」のである。これは、欲求を生に反する方向にねじ曲げた拡張の最高段階である。[†7]（テーゼ二一五）

†7　ドゥボール、同書、一九三―一九四頁。

＊

ギー・ドゥボールの『スペクタクルの社会』は、一九六七年に出版され、現在も読み継がれている断章形式の古典的著作だ。ドゥボールはこの本で、現代社会の様相を「スペクタクル」という概念に基づき、批判的に分析している。

ここでドゥボールが提起している「スペクタクル」という概念は、三四番目のテーゼ（【引用4】）「スペクタクルとは、イメージと化すまでに蓄積の度を増した資本である」が端的に示しているように、現代の社会で生きる私たちみなが、メディア化されたイメージの消費に絡めとられ、従属し、搾取されているありさまを表わすものである。

また、ドゥボールは「スペクタクル」というキーワードを「社会」という概念に連結することで（＝「スペクタクルの社会」）、メディアやイメージをつうじた支配についてだけでなく、権力が日常化・常態化・偏在化し、私たちのあいだでそれへの従属化が意識されることなく自明のものとして浸透した社会をもとらえようと努めている。そんな彼の著作は、私たちが無自覚に従属させられてしまっている「日常」と「生」を批判するための言葉を投げかけてくれている。

本章では、女性たちの経済的・社会的な自立とともに生じた、ある消費実践について考察し、ドゥボールの議論を参照しながら、それがどのような現象であるのか、そして、そこにはどのような問題が潜んでいるのか、という点について考察していく。

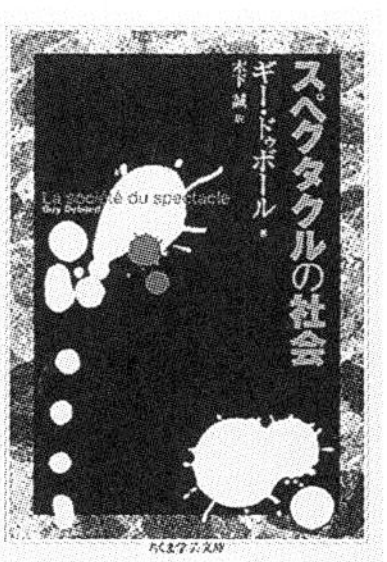

図10－1　ドゥボール『スペクタクルの社会』

1　消費主体／消費客体の転覆とその波及

もはや古典となった一九七五年の論稿において、ローラ・マルヴィは映像と視線の関係に示されるジェンダー間の権力構造について問題提起をおこなった。その論文で、映画とは、「見る主体」である男性と「見られる客体」である女性とのあいだに広がる不均衡な権力関係であり、映画的なスペクタクルとしての女性身体の表象と商品化である、とマルヴィは論じた（マルヴィ 一九九二）。

それからおよそ四半世紀。近年では、文化的活動の主体として女性たちが自分たちの生を生きはじめている。この点については、いくつもの研究でふれられ、第三波フェミニズムの成果としてあるていど評価されるようになった。[*1]

さらに、二〇〇二年日韓ワールドカップの際に指摘されたのは、「見る主体」である男性と「見られる客体」である女性によって構成される関係が転倒しつつあるということだった。韓国のジェンダー研究を牽引する金賢美は、スポーツ観戦の場でイケメン選手たちに声援を送ったアジアの女性たちについて、このように記した。

いままでの「見られる側」としての立場ではなく、男性の身体を「見る側」として女性が登場するようになったことは、「まなざし」を通じた男女間の権力関係に亀裂を生じさせることとなった。（金賢美 二〇〇三：二四）

同様の転覆は日本でも起こり始め、その時期と前後して、ワールドカップのたびにイケメン選手の特集がメディアを賑わせるようになっている。[*2] さらには、女性たちの経済的・社会的自立と異性愛主義の遂行とが結合された結果として、現代の日本においては、イケメン文化がかつてないほど花開いている。

むろん、かねてより女性たちはビートルズに熱狂し、アラン・ドロンやデヴィッド・ボウイに嬌声をあげてきたのだから、ハンサムな男性アーティストや俳優やアスリートたちに群がる女性は、

＊1
Sarah Banet-Weiser, "Girls Rule!: Gender, Feminism, and Nickelodeon," *Critical Studies in Media Communication*, Volume 21, Issue 2, pp.119-139, 2004 や Anita Harris, *Future Girl: Young Women in the Twenty-First Century*, Routledge, 2004 や Angela McRobbie, *The Aftermath of Feminism: Gender, Culture and Social Change*, Sage, 2008 などでの議論を参照のこと。

＊2
このあたりの説明については、田中東子「ポスト近代におけるスポーツ観戦とまなざし――第三波フェミニズムの視角から考察する」（橋本純一編『スポーツ観戦学――熱狂のステージの構造と意味』世界思想社、二〇一〇年、二〇八―二二九頁）を参照のこと。

近年になって突如、出現したわけではない。現在に至るまで、本当は多くの女性が、「主体的」に男性をまなざし、盛んに消費してきたのである。だから、映画や舞台、スポーツ観戦といった「見る／見られる」という関係のなかで、女性が主体的位置を占めること自体はさして目新しいものではないと感じられるかもしれない。とはいえ、一九九〇年代半ばを境に、女性たちをとりまく環境には大きな変化が生じている。それは、自分で稼いだ賃金を自分で使うという「自給自足型の消費主体としての女性」の急増だ。

その事実に根拠を与えるのは、「M字カーブ」として知られる二五歳から三四歳までの結婚・子育て期にあたる女性労働者の人口が、最近はそれほど低下しなくなっているという調査結果だ。総務省「労働力調査（基本集計）」（平成二六年）の調査結果から作成された「女性の年齢階級別労働力率の推移」[*3]によると、この時期の女性労働力人口比率は、四二～四三％台まで落ち込んでいた一九七五年（昭和五〇年）に比べて、二〇一四年（平成二六年）には七〇％台にまで上昇している。さらに詳細に比べてみると、M字の底の時期が一九七五年には二五歳～三四歳の一〇年間であるのに対し、二〇一四年では三〇歳から三九歳までの一〇年間へと大きくシフトしていることもわかる。

さらに、「配偶関係・年齢階級別女性の労働力率の推移」[*4]というグラフでは、二五歳から二九歳までの有配偶の女性たちの労働力率が、一九七五年には三〇％前後だったのに対して、二〇一四年には五九，二％とほぼ二倍に増えていることが示されている。

この二つのグラフ（次頁）から読み取れるのは、第一に女性の晩婚化が進んでいるということ、第二に結婚しても仕事をつづける女性が増えていること、の二点である。晩婚化は、当然、非婚でいる期間の長期化をもたらすし、仕事をもちつづける女性の増加は、（たとえ男性よりも収入が低

＊3
内閣府男女共同参画局ホームページより（二〇一五年一〇月一〇日閲覧）http://www.gender.go.jp/about_danjo/whitepaper/h27/zentai/html/zuhyo/zuhyo01-02-01.html

＊4
内閣府男女共同参画局ホームページより（二〇一五年一〇月一〇日閲覧）http://www.gender.go.jp/about_danjo/whitepaper/h27/zentai/html/zuhyo/zuhyo01-02-02.html

いとしても）女性たちの経済的自立の向上と自分自身の所得にもとづく消費活動を引き起こしていると考えられる。

このように自給自足型の消費主体となった女性たちの増加は、異性愛的欲望とともに男性たちを「見られる客体」の位置におき、消費される対象へと変えていった。しかも彼女たちは、「消費対象としての男性の洗練化」を欲望し、「選択的な消費」をつうじて、それを促進させている。

いまとなっては女性によるイケメン批評の始祖ともいえる存在の中島梓は、女性の美醜の判定者という特権的な地位を長らく独占し続けてきた男性たちの美醜を俎上に載せ、一九八〇年代の半ばごろから公然と美少年について論じ始めた。[*5] その中島が、一九九八年に次のような記述をしている。

> いまや少年たちも選別され、選別されることをよろこび、心待ちにし、初夜の花嫁のような不安に慄きながら「美少年コンテスト」の控室にいる。〔…〕少女たちはいまや対象化される

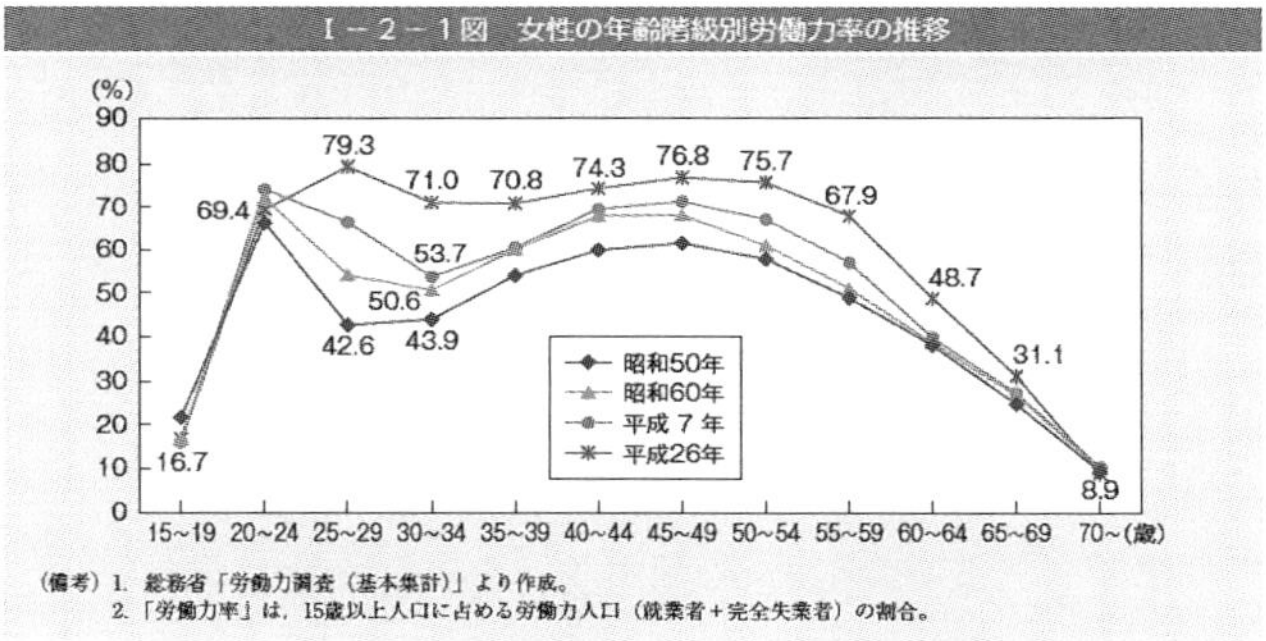

図 10-2　女性の年齢階級別労働力率の推移

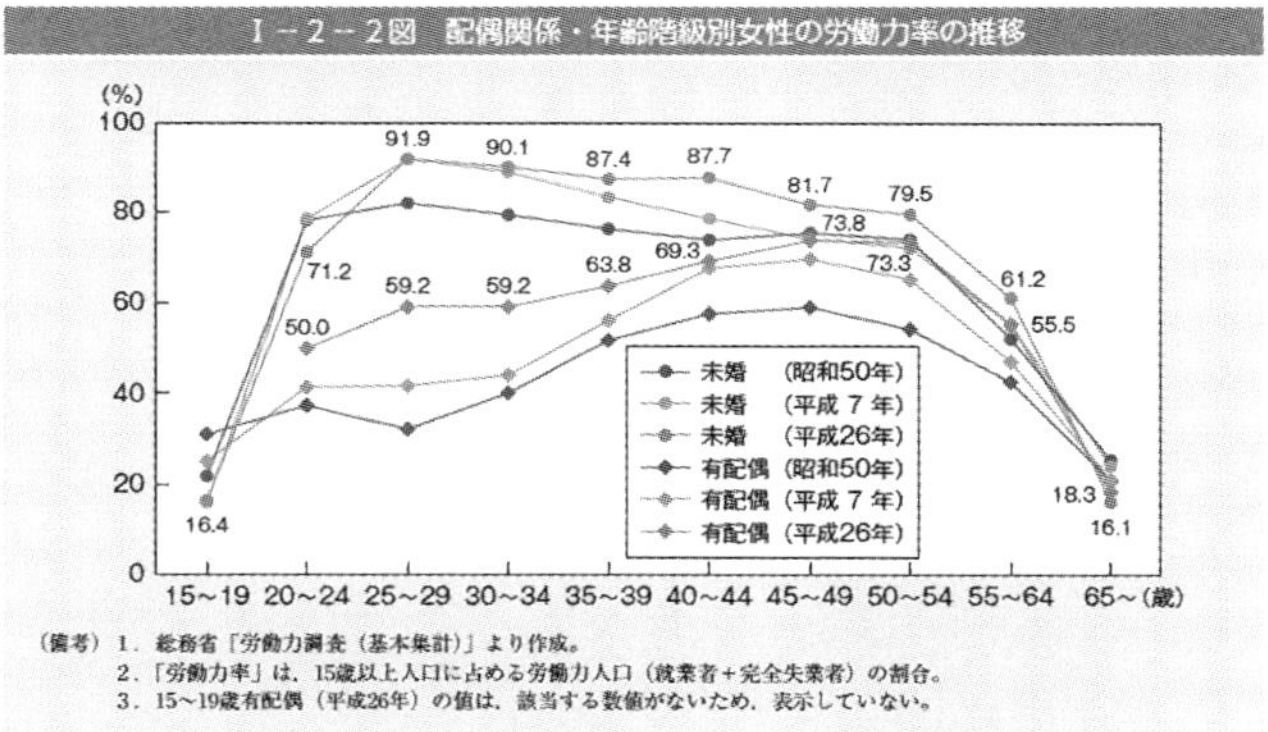

図 10-3　配偶関係・年齢階級別女性の労働力率の推移

＊5　当時の批評は、中島梓『美少年学入門』（集英社、一九八七）にまとめられている。

こと、商品であることのヴェテランとして少年たちをリードしている。〔…〕少年たちは、金をもっていない買い手であると同時に不慣れなあかぬけない商品として、なんと選別の最後列についていてしまったことになる。(中島 二〇〇五:一四-一五)

ここにでてくる「「美少年コンテスト」の控室」という表現は、あくまでも比喩的なものにすぎない。中島は「コンテスト」という言葉をもちいることで、男性たちがその外見的美しさや格好良さを売りにして、「アイドル」や「モデル」や「俳優」として「見られる客体」、「女性たちに消費される商品」になっていく潮流を、抽象的に説明しようとしたのだろう。

中島が記したとおり一九九〇年代後半以降、消費の対象として自己の洗練化と商品化を強要されてきた女性たちにつづくかのように、男性たちは間違いなく「選別の最後列」につくことを余儀なくされ、そしてそれは常態化しつつある。

このことを裏づけるのが、一九九〇年代以降から現在までつづく、史上空前のジャニーズ・アイドル・ブームであり、それと併走するように沸き起こった韓流ブーム、そして、ありとあらゆる領域・ジャンルにおける「イケメン」と十羽ひと絡げに呼ばれる男の子たちの増殖だろう。彼らは、いち早く中島がその存在を看破していた「不慣れなあかぬけない商品として、選別の最後列に」並んだ。とはいえ、そんな男性たちの現状はどうなっているのだろうか。今日の日本の文化的事象に、その様子を探ってみることにしよう。

2 バラエティ豊かな「イケメン男性」の増殖

見て、選んで、消費する主体と化した女性たちの登場、そしてその増幅によって、「イケメン」

と呼ばれる男性たちが目下のところ増殖中である。長らく日本の男性アイドルの地位を独占してきたジャニーズ事務所に所属するアイドル・グループのみならず、それ以外にもあからさまなコンテスト形式をとったイケメンやアイドルの登竜門は増え続けている。以下、ふたつの事例から、現状をみていくことにする。

①非ジャニーズ系アイドル

男性たちが選別の最後列についたという中島の指摘は、ジャニーズ・アイドル・ブームに続いて、非ジャニーズ系アイドルが出現し、拡大していった流れからも裏づけられる。たとえば、九〇年代以降活躍しているDA PUMPやw-inds・などのライジングプロダクションによる男性グループの台頭は、ジャニーズ系アイドル一択だった消費対象としての男性のスタイルを多様化していく道を切りひらいた。

その後のさらなる多様化と拡大路線は周知のとおりだ。二〇〇三年以降のドラマや映画を中心とした第一次韓流ブーム、それにつづく二〇〇八年頃からのKポップの流行により二度目の韓流ブームが巻き起こった（ただし、これは男性歌手に限った流行ではなく女性歌手も非常に人気があった）。そこでは、従来の「華奢で小さくてかわいらしい」ジャニーズ系のアイドルとはまったく異なるタイプの「男らしくて格好良い」タイプのイケメン男性がもてはやされた。そうした流れのなか、EXILEグループが台頭し、マッチョ系男性アイドルというチョイスを女性たちに与えた。

そして、二〇一〇年代になるとEB・i・DAN（エビダン）と呼ばれる男性アイドル・ユニットの複合体が登場する。EB・i・DANとは、「恵比寿学園男子部」の略語からつけられた名称で、スターダストプロモーションに所属する男性俳優・タレントで構成されたアーティスト集団のことを指す。ＥＢｉＤＡＮは、ジャニーズ・アイドルなど他の男性アイドル・グループとの差異化を図るというよりも、むしろ同じ事務所の女性アイドル・グループ（たとえば、ももいろクローバーＺら）の売り方を踏襲している点で非常に新しい。その新しさゆえに、複数のアーティストが公演するフェスでＥＢｉＤＡＮ系列の男性グループのパフォーマンスとファンの応援を見た別の男性グループのファンたちは、みな一様に驚くようだ。

おもに女性を中心に構成されるＥＢｉＤＡＮのファンたちは、舞台上のパフォーマンスに集中するというよりも、ミックスと呼ばれるヲタ芸やメンバーへの定番のコールをかけることに全力投球している。そこで披露されるのは、舞台上のパフォーマンスに集中し、メンバーを見つめ、悲鳴をあげるという、アイドルを中心に据えた応援方法ではない。むしろ、女性ファンたちの熱狂が舞台上の男性アイドル・グループの動きを煽っているようにも見えるほどである。パフォーマンスの主導権は、もはや男性アイドルたちが握るのではなく、ファンの女性たちに委ねられてさえいるようにも思えてしまう。

このように、ＥＢｉＤＡＮに代表される昨今の男性グループが、女性アイドル・グループの売り方を踏襲して成功している点は非常に興味深い。それは、かつて、「見る／見られる」関係のなかで、どちらかといえば見られる客体であり、たとえ見る主体として定位される場合でもおずおずと遠慮がちにその場所を占めていた女性たちが、いまや堂々と見る主体としての地位を占拠し、男性たちとよく似たテンションやパフォーマンスと、積極的な消費意欲を発揮するようになったからである。その背景にはやはり、自給自足型の、自分自身の稼ぎを好きなものに注ぎこめるようになった女性たちの経済力と、消費行動の変化があるのではないだろうか。

②2・5次元文化

つぎに紹介するのは、ここ数年隆盛を極めている「2・5次元文化」と呼ばれるエンターテイメントである。このムーブメントは、二〇〇三年に始まったミュージカル『テニスの王子様』（以下、『テニミュ』と記述する）[*6]の成功を受け、一〇年ほどかけて観劇するファンを少しずつ増やしていき、静かに広がっていった。『テニミュ』の場合、二〇一五年三月の時点での累計観客動員は二〇〇万人を突破し、最近ではテレビや新聞、雑誌など、メインストリームのメディアでも紹介されるようになった。[*7]

こうした舞台（演劇、ミュージカルなど）は、二〇〇八年頃から「2・5次元演劇／ミュージカル」と呼ばれるようになった（須川 二〇一五：四二）。二〇一四年には、一般社団法人日本2・5次元ミュージカル協会も設立され、そのパンフレットにはこれらの舞台について「日本で生まれ、熟成された「漫画アニメミュージカル」「二次元で描かれた漫画・アニメ・ゲームなどの世界を、舞台コンテンツとしてショー化したものの総称」と定義されている。[*8]

2・5次元文化を広める起爆剤となった『テニミュ』の場合、原作の冒頭からラストまでのストーリーを六年かけて一巡したファースト・シーズン終了後、しばらくして始められたセカンド・シーズンも四年かけてすでに終了し、二〇一五年からはサード・シーズンの公演が始まっている。それぞれのシーズンでは、一〇本程度の公演が展開され、各公演は二〜三カ月にわたる長い期間、上演される。東京だけでなく大阪や名古屋、仙台、福岡などを移動しながら、多い場合では一公演で七〇回以上にもなる。

『テニミュ』の場合、最初の公演から最後の公演まで、登場人物（キャラクター）たちの構造はつねに一定のパターンで配置されている。一公演ごとに、主人公が所属するチームと、ひとつかふ

＊6 『週刊少年ジャンプ』で連載されていた漫画『テニスの王子様』を原作とする。

＊7 『東京新聞』二〇一六年一月三一日朝刊の二六―二七面での報道や、『ユリイカ　総特集2・5次元　2次元から立ちあがる新たなエンターテインメント』（二〇一五年四月臨時増刊号、青土社）や、『ダ・ヴィンチ』（二〇一六年三月号、KADOKAWA）での特集など。

＊8 一般社団法人 日本2・5次元ミュージカル協会公式ホームページ（二〇一五年一〇月一〇日閲覧）http://www.j25musical.jp/user/download/J2.5DMA_pamphlet.pdf

たつのライバル校とのテニスの試合がおこなわれることから、主人公の所属する学校とそのライバル校が必ず登場する。主人公の所属する学校は、ある程度の期間、同じキャストで演出されるが、それぞれの公演でメインとなるライバル校のメンバーは二〜三公演ごとに切り替わる。ともすると、最初の公演から最後の公演まで、登場するキャスト数は総勢一〇〇名を超えるようになっていく。『テニミュ』の場合は、その他の2・5次元舞台とは異なり、舞台経験のほとんどない素人同然の新人をキャストとして迎え入れ、公演ごとに成長させていくというプロセスを踏んでいる。原作にはさまざまなタイプのイケメン・キャラクターが登場するため、『テニミュ』のキャストとして演じる若手俳優たちも多種多様なタイプのイケメンたちが勢ぞろいする。

それぞれのキャストについたファンは、〝卒業〟と同時に新しいシーズンの『テニミュ』のキャストに関心を移していく場合もあるし、『テニミュ』を〝卒業〟したお気に入りのキャストを追いかけて、別の2・5次元舞台や、ごく一般的な演劇・ミュージカルを見にいくようになることもある。[*9]『テニミュ』の成功を受けて、現在では2・5次元演劇ブームが巻き起こり、人気漫画を原作とする舞台が、ファンたちにも掌握しきれないほど制作されるようになっている。なかでも、『テニミュ』に関わっている会社が手がける『弱虫ペダル』（原作マンガは『週刊少年チャンピオン』で連載）や『ハイキュー!!』（原作マンガは『週刊少年ジャンプ』で連載）を原作とする舞台にはチケットの抽選申込みが殺到し、手に入れることの困難なプラチナチケットの舞台としてひろく知られるようになった。

ドゥボールがテーゼ一九三（【引用5】）で示したように、ここでは若手イケメン俳優とその舞台が「完全に商品と化した文化」になっている。そしてこのような文化は、「スペクタクル社会の花形商品となる運命にある」と、ドゥボールは反復的に述べている。

＊9
『テニミュ』など2・5次元演劇の出身俳優たちが複数出ているさほど内容のない舞台を、ファンたちが「イケメンわらわら」の舞台だと揶揄することもある。

一見したところ、『テニミュ』などおもに2・5次元の舞台で活躍する若手イケメン俳優たちの登場は、それまで遠くの憧れの対象だった男性アイドルをちょっとハンサムなクラスメート、くらいの身近な存在であるかのように感じさせてくれるようになった。

EBiDAN、韓流の俳優やアイドル、2・5次元舞台のイケメン俳優たちのファンイベントでは、「握手会」や「ハイタッチ会」、ツーショットで写真を撮ることのできる「チェキ」と呼ばれる撮影会、一定時間握手をしたまま直接会話ができるなど、「接触系」と呼ばれるさまざまなファンサービスが提供されるようになりつつある。こうしたサービスは、女性ファンの欲望と妄想に寄り添うような催しであると考えられる。これらの現象からは、中島が一九九〇年代の終わりに描写した、おずおずと「選別の最後列」に並んでいた少年たちが、いまや消費の対象や商品として洗練され、「選別の最前列」にまでせりあがってきたといえるかもしれない。

しかし、それは本当に、見る主体となった女性たちによる、見られる客体となった「イケメン」男性たちの所有や領有となっているのだろうか。

この問いかけを解くために必要となるのが、ドゥボールのテーゼ三〇（【引用3】）「凝視される対象〔…〕に対する観客の疎外」という謎めいた言述である。彼は、次のように説明している――「観客が凝視すればするほど、観客の生は貧しくなり、観客の欲求を表す支配的なイメージのなかに観客が己れの姿を認めることを受け入れれば受け入れるほど、観客は自分自身の実存と自分自身の欲望がますます理解できなくなる」。また、著書の冒頭では、「近代的生産条件が支配的な社会では、生の全体がスペクタクルの膨大な蓄積として現れる。かつて直接に生きられていたものはすべて、表象のうちに遠ざかってしまった」（【引用1】）とも述べている。

これらの叙述が何を示そうとしているのか、次節でみていくことにしたい。

3　イケメン男性の消費・商品化が示す両義性

男性アイドルやイケメン俳優の追っかけやオタクをしている女性たちは、「〇〇くんのATMになる」や「これはお布施だから」といった表現を好んで使う。これらの台詞は、労働の対価として稼いだ給与やボーナスを、最愛の〇〇くんのために盛大につぎこんでしまう様子を自虐的に表現するものだ。ファンによっては、自分自身の食費や生活費、衣服や化粧品にかける費用をぎりぎりまで削り、〝推し〟ているアイドルや俳優へのプレゼントやグッズの購入に注ぎこんだり、ボーナスをあてにしてクレジット決済で大量のチケットを購入したりしている。

また、「沼」や「モンペ」という表現も頻繁に耳にするようになった。「沼」という言葉は、正気や判断力を失うほどある作品や人物にハマってしまって抜けだせない状態を自虐的に言い表わすものである。モンスター・ペアレンツに由来する「モンペ」という言葉は、自分の好きな作品や人物への強烈な愛情が空まわりをして、その発言や行動、SNSでのやり取りや舞台に出演している様子などに、クレーマー顔負けの駄目だしをしてしまう様子を自虐的に表現する言葉だ。

これら自虐的な言葉から見えてくるのは、これまで商品化され消費の客体にさせられ続けてきた女性たちが、そこから脱出できるだけの、「チャンスをつかみ、目的を達成できるだけの欲望、自己決定権、自信」（Harris 2004：1）をもつようになったという自負の念である。しかし、これらの言葉は、脱出するのと同時に、彼女たちが商品資本主義の仕掛ける罠に絡めとられてしまっているという点も明らかにしている。

ポピュラー文化とジェンダーの関係を、第三波フェミニズムの立場から分析するオーストラリアの文化研究者アニタ・ハリスは、自給自足型の女性たちの姿を、「消費市民権（Consumer Citizenship)」(Harris 2007) という言葉で表わした。この言葉の重要性は、今日、私たちが生きる社会において、さまざまな権利を獲得した女性たちが、消費行動をつうじてしかその権利を行使できなくなりつつあることを批判している点にある。

　同様に、フェミニスト・カルチュラル・スタディーズの理論家アンジェラ・マクロビーは、ポスト・フェミニズムの時代には、「商品化されたフェミニズム」や「商品化された女性性」という危機が生じていると述べている。マクロビーは、「若い女性たち」というカテゴリーを編成する際に、コマーシャリズムが重要な場所を占め、それどころか、女性の自由とジェンダー平等を称賛する疑似フェミニスト的なボキャブラリーを積極的に使用し、少女や女性たちの利益を受けいれているように見せかけることで、彼女たちのかわりに語る許可証を得てさえいるのである (McRobbie 2008 : 532) と今日の社会を批判している。

　ここに現われているのは、まさにドゥボールが二一五番目のテーゼ(【引用7】)で示した言葉と同じものである。ドゥボールは次のように述べていた。「スペクタクルはすぐれてイデオロギー的なものである。というのも、それは、あらゆるイデオロギー・システムの本質——現実の生の貧困化、隷属、否定——を余すところなく示して見せるからだ。スペクタクルとは、物質的に、「人間と人間の間の分離と隔たりを表現」したものである。そこに集約された「新しい詐欺の力」は、スペクタクルの生産のなかに自らの基礎をもち、この生産によって、「対象の量が増すとともに〔…〕人間が隷属する疎遠な存在の新しい領域もまた増大する」のである」。

　ここで提示されている「スペクタクルは〔…〕あらゆるイデオロギー・システムの本質——現実の生の貧困化、隷属、否定——を余すところなく示してみせる」という言葉は、先に見た別の言葉「凝視される対象〔…〕に対する観客の疎外」(【引用3】)と響きあっている。

経済的な自立や個人主義と表裏一体になった消費行動への主体の還元は、見る主体となった女性たちを商品への隷属化に導いている。たしかに、「イケメン」を商品として消費する行為は、資本主義と商品化への従属にすぎないか、さもなければ単なる浪費としてしか感じられないかもしれない。

だが、そうした消費行動をつうじて、実際のところ、女性たちはもっと多くの価値あるものを得てもいる。舞台やコンサートなど、ナマの体験に参加できる時間と空間を購入するために対価を支払うことは、彼女たちにある種の自尊心と満足を与え、欲求の昇華をもたらす。また、つらい労働に従事している時間を耐え抜くためのエネルギーとして、自分たちの好きなものへの金銭の投入は行なわれているかもしれない。さらに、ファン活動は、同じものを好きな仲間たちとのつながりを生成し、交流を生みもしている。

冒頭で引用したドゥボールの四番目のテーゼ（【引用2】）「スペクタクルはさまざまなイメージの総体ではなく、イメージによって媒介された、諸個人の社会的関係である」という言葉がまさに示すとおり、イメージによって媒介された諸個人の社会的関係として、「スペクタクル」は私たちの前に差しだされている。

その差しだされているものをチョイスし、快楽を得られる自由と、経済的な消費に服従させられていく従属化との葛藤のはざまで、今日の女性たちは生きていかざるをえない。男性アイドルを消費し、経済力を誇示するという魅力に囚われた女性たちが、消費への従属化から脱出するのは、おそらく想像以上に困難なことであるだろう。そしてそれは、フェミニズム運動後の社会を生きる私たちに突きつけられている困難さでもある。

そこに立ち現われてくるのは、自分たちを救出してくれるもの、そして、欲望の対象であるものが、新しい疎外の社会的条件になっているかもしれないという厳しい生と現実である。このような条件と、どう折りあいをつけ、交渉し、可能であれば出し抜くことができるのか、ドゥボールの二〇八番目のテーゼ（【引用6】）に示された「転用」にまつわるフレーズは、その点について、微かな希望を与えてくれているように感じられる。

ドゥボールは、転用についてこのように述べていた――「それは、自己のコンテクストや自己の運動から、そして最終的には、包括的参照枠としての自らの時代からも、また正しく認識したものであれ錯誤によるものであれ、その参照枠の内側でのかつての的確な選択からも切り離された断片である。転用とは、反‐イデオロギーの流動的言語なのである。それは、自らを保証するものが自らのなかに――決定的に――あるとは断言できないことを自覚したコミュニケーションのなかに現れる。極端な場合、それは、批判を超えた古い参照枠にはその存在すら確認できない言語である。むしろ逆に、この転用の一貫性――それ自身のうちでの、また実践可能な事実との――によって、それが蘇らせた真理の古い核が確認される」。

本章のまとめ

本章では、ギー・ドゥボールの『スペクタクルの社会』を参照しながら、第二波フェミニズムによって社会参加の権利を獲得した女性たちのその後の問題について、「イケメン男性」の消費という切り口から論じた。

かつて、「見られる客体」としてしかメディア文化や表象の世界に登場することの許されなかった女性たちであるが、今日では、「見る主体」としての地位を占めるようになってきた。その背景にあるのは、ある程度の経済的・社会的な自立の獲得、また晩婚化の進行、結婚後も仕事を続ける、シングル世帯の増加といったライフスタイルの変化である。

見られることによる搾取から逃れ、「見る」という権力を手に入れ、消費主体としての地位を確立した女性たちは、今日、新しい形態での男性アイドルの消費活動に参入している。その代表的な事例として、本章では、「EB・iDAN」のアイドルたちと「2・5次元演劇／ミュージカル」のキャスト、それから、彼らを応援している女性たちについて紹介した。

消費主体の地位を手に入れた女性たちにとって、これらの「イケメン男性」たちはスペクタクル社会の重要な商品として目の前に示されるようになったが、それと同時に、その過度な応援スタイルが消費行動への女性たちの従属や、スペクタクルな商品である男性たちからの疎外という逆説的な結果も導きだしている。

フェミニズム運動の結果として、従属的な社会的地位から離脱することのできた女性たちが、手に入れた資本の力を行使し、誇示することを選択した結果、今度は「イケメン男性」の消費や商品化に従属させられていくというのが「スペクタクル社会」の狡猾さであり、私たちはそれに抗するための叡智を獲得していかなくてはならない。

引用・参照文献

金賢美（二〇〇三）「二〇〇二年ワールドカップにおける〈女性化〉と女性〈ファンダム〉」坂元千壽子訳、『現代思想』第三一巻一号、一六―二八頁
須川亜紀子（二〇一五）「ファンタジーに遊ぶ――パフォーマンスとしての二・五次元文化領域とイマジネーション」『ユリイカ　総特集　2・5次元　2次元から立ちあがる新たなエンターテインメント』四月臨時増刊号、四一―四七頁
ドゥボール、G（二〇〇三）『スペクタクルの社会』ちくま学芸文庫

中島梓（二〇〇五）『タナトスの子供たち――過剰適応の生態学』ちくま文庫
マルヴィ、L（一九九二）「視覚的快楽と物語映画」斉藤綾子訳、岩本憲児＋斉藤綾子＋武田潔編『「新」映画理論集成1　歴史・人種・ジェンダー（歴史／人種／ジェンダー）』フィルムアート社、一二六―一三九頁
Harris, A.（2004）*Future Girl: Young Women in the Twenty-First Century*, Routledge
――― ed.（2007）*Next Wave Cultures: Feminism, Subcultures, Activism*（Critical Youth Studies）, Routledge
McRobbie, A.（2008）"Young Women and Consumer Culture: An intervention," *Cultural Studies* 22: 5, 531-550, Routledge

第11章　お笑いの視聴における「（多様な）読み」は可能なのか
——スチュアート・ホールのエンコーディング／デコーディング理論から

塙　幸枝

【キーワード】
テレビ　エンコーディング／デコーディング　笑い　障害者表象

【引用1】

メッセージが（どのようなものであれ）「効果」をもったり、「需要」を満たしたり、「利用」されたりするためには、まずそれが意味のある言説として取り込まれ、意味のあるものとしてデコードされねばならない。このようにデコードされた意味は「効果をもち」、影響し、楽しませ、誘導し、説得するが、それは非常に複雑な認知的、知覚的、感情的、イデオロギー的、行動的な結果をともなっている。[†1]

†1　Stuart Hall, "Encoding/Decoding," p.130.

【引用2】

多くの場合に、エンコーディングとデコーディングのあいだには一定の相関関係がなくてはならず、さもないと、効果的なコミュニケーションの交換は成り立たなくなってしまう。しかし、この「対応」は、はじめから決定づけられたものではなく、構築されたものである。それは「自然なもの」として存在するわけではなく、二つの異なる契機の接合によってつくりだされる。そして単純にいって、エンコーディングの過程においてどのデコーディングのコードがもちいられるかを決定したり保証したりすることはできない。そうでなければ、コミュニケーションは完全に均質な回路となり、すべてのメッセージは「完全に透明なコミュニケーション」の実例となるだろう。したがって、エンコーディングとデコーディングのあいだにはさまざまな接合を想定しなければならない。[†2]

†2 Stuart Hall, ibid., p136.

【引用3】

テレビ言説のデコーディングが構成されるにあたっては、三つの仮説的な位置を確認することができる。これらの位置は経験的に検証され、洗練される必要がある。しかし、デコーディングはエンコーディングに必然的に準じるものではなく、両者は一致するものではないという議論は、「必然的な対応関係がない」という主張を強固なものにする。それは「体系的に歪められたコミュニケーション」という観点から「誤解」の常識的な意味を脱構築するのにも役立つ。

第一の仮説的な位置は、支配的 - ヘゲモニックな位置である。視聴者がテレビのニュース番組や時事をあつかった番組から暗示された意味を十分にかつ率直に受け取り、エンコーディングの際にもちいられたコードを参照することによってメッセージをデコーディングするとき、視聴者は支配的なコードのなかで作業しているといえる〔…〕。

第二の位置は、交渉的コードあるいは位置である。〔…〕交渉的なデコーディングは、適応的要素と対抗的要素を混合的に含んでいる。それは包括的な意味をなすヘゲモニックな定義の正当性を認める一方、より限定された状況的な水準においては、規則の例外で作用する独自の基本原理をつくりだす。「特定の状況」への、あるいは自らの位置へのより交渉的な適応をおこなう権利を保有しつつも、出来事の支配的な定義に特権的な位置を与える〔…〕。最後に〔第三の対抗的な位置では〕、視聴者は言説の文字通りの意味と暗示的な意味の両方を完全に理解することができるが、全体的に逆の仕方でメッセージを解読する。彼／彼女はいくつかのオルタナティヴな参照枠組みにおいてメッセージを再全体化するために、優先的なコードにおけるメッセージを脱全体化する。〔…〕もっとも重要な政治的契機の一つ〔…〕は、普通は交渉的な方法で意味づけされ解読される出来事が、対抗的な解読を与えられ始めるときにある。ここでは「意味の政治」――言説における闘争――が繰りひろげられる。[†3]

†3　Stuart Hall, ibid., pp.136-138.

＊

カルチュラル・スタディーズの代表的研究者であるスチュアート・ホール[*1]は、一九七三年に「メディア言説におけるエンコーディング／デコーディング」と題された論文を発表した。[*2]当該論文においてホールは、メディアのメッセージがエンコード（記号化）とデコード（記号解読）の過程を経て創りだされるものであり、両者の段階におけるメッセージの意味はかならずしも一致しないことを指摘した。ホールによるエンコーディング／デコーディング理論は、メディアのメッセージはいつでも生産者側の意図どおりに伝達されるわけではなく、オーディエンス側の「読み」によってその意味が規定されうるということを示すことによって、それまで想定されてきたメディア受容のあり方に疑義を呈するものであった。

【引用3】に示されるように、ホールの主張は、多様な読みの可能性を提示し、テレビ視聴にお

＊1　二三三頁注を参照。

＊2　本章では、原著として一九八〇年版の"Encoding/Decoding"を参照している。

けるコミュニケーションが「社会的意味をめぐる抗争の場」（山口 二〇〇一：六四）であることを提起するものであった。ただし留意しなければならないのは、いかなるデコーディングもエンコーディングにおける意図から離れて完全に自由な読みを可能にするものではないという点である。ホールはオーディエンスのデコーディングをめぐる三つの立場――「支配的な位置」（エンコーディングにおける意図にそって解読がなされる場合）、「交渉的な位置」（エンコーディングにおける意図を認めつつ、それに対して対抗的な読みをおこなう可能性も保持するような場合）、「対抗的な位置」（エンコーディングにおける意図に抵抗し、対抗的な解読がなされる場合）――を提起している。そしてこれらの立場は、個人的な見解ではなく、社会的なイデオロギーとの関係のなかで規定されるものであるという。これらの議論は、テレビ視聴をめぐる研究において、いまなお参照されることも多い。

しかしながら、昨今のテレビをめぐる状況（詳しくは後述するが、たとえばウンベルト・エーコが「ネオTV」[*3]と呼ぶような状況）におけるバラエティ番組の視聴については、ホールの想定するような「読みの多様性」、あるいは「解読」という行為そのものが、十全に実行されているとは考えがたい。とくにテレビにおけるお笑いという事象に目を向けてみると、そこではホールの提起した読みをめぐる三つの立場が複雑に絡みあい、それらがかならずしも可分的な状況にないことが指摘できる。

本章の目的は、上記のような問題意識を出発点としながら、お笑い番組や現代的なバラエティ番組を分析対象として取りあげ、それらの視聴においてはテレビを「読む」という前提そのものが揺らぎつつある可能性などを指摘しながら、ホールの理論を批判的に検討していくことにある。本章では、まずお笑いを視聴するという行為について、ホールのエンコーディング／デコーディング理

＊3
エーコは「パレオTV／ネオTV」という概念によって、テレビ状況の変容を説明している。「パレオTV」とは外部世界を映しだすテレビの状況を指すのに対して、「ネオTV」とは外部世界との関係を喪失したテレビ状況を指す。なお、エーコについては、二八頁の注を参照。

論をもちいながら議論する。また、昨今のテレビ番組のおかれている状況に留意し、エーコが指摘する「ネオＴＶ」的状況下において、テレビを「読む」ということがいかに変容しつつあるのか、そこでの「読み」の（不）可能性について考察する。さらに、それらの議論をふまえたうえで、これまでテレビ研究においてあまり言及されることのなかった障害者表象の事例についても論及する。とくにここでは障害者によるバラエティ番組『バリバラ』（ＮＨＫ）を取りあげ、障害者をめぐる笑いの問題が「多様な読み」の可能性を著しく制限する（デコーディングをめぐる「支配的な位置」の不明瞭性と「対抗的な位置」への拒絶感をもたらす）可能性を指摘する。

1　お笑いを「正当に」読むということ

そもそも、お笑いという事象を視聴するとはいかなることなのか。あるいは、そこに笑うという行為が介在するとき、オーディエンスはどのような態度でテレビ視聴に関与しているのか。ここでは、まず、形式化・テクスト化されたお笑いを取りあげ[*4]、それを視聴するという行為についてホールのエンコーディング／デコーディング理論から検討を加える。

形式化・テクスト化されたお笑いを想定する際に、演じ手の役割分担が明確である漫才やコントはわかりやすい事例であるといえる。たとえば漫才のネタを想起すれば、そこでは一般的にボケと呼ばれる役割の人物と、ツッコミと呼ばれる役割の人物のやりとりによってネタが進展していく。前者が逸脱的な言動を提起し、社会の支配的なコードとは別のコードを支持する存在であるのに対して、後者は前者の逸脱的な言動を批判し、社会の支配的なコードを支持する存在であると理解することができる。

このようなやりとりを視聴し、それを笑うとき、オーディエンスはいかなる「読み」をおこなっ

＊4　ここで形式化・テクスト化されたお笑いをとりあげるのは、あくまでテレビのメッセージに対する「読み」や「意味解釈」を前提としてオーディエンスの笑うという行為が成り立っているような場合について検討するためである。他方で、昨今のテレビ状況においては、そもそも「読み」や「意味解釈」に固執しない笑いが散見されるが、それについては後述する。

ているのだろうか。【引用3】に示されるように、ホールはデコーディングについて「支配的な位置」「交渉的な位置」「対抗的な位置」という三つの位置を提起していた。しかし、お笑いを「正当に」読むという行為についてよく考えてみると、そこには新たな検討を試みなければ説明できないような錯綜したプロセスが介在しているように思われる。より具体的にいえば、お笑いを読むという作業には、二つの段階——一つは「ネタの筋を理解する」という段階、もう一つは「それを理解したうえで笑う」という段階——においてどうしてもデコーディングに際して「支配的な位置」あるいは「支配的なコード」の介入から逃れられない状況が確認されるのである。

まず「ネタの筋を理解する」という第一の段階についていえば、オーディエンスは第二の段階における「笑う」という行為を成立させるためにも、ネタの筋を「正しく」理解しておく必要がある。換言すれば、オーディエンスはここでデコーディングをめぐる「支配的な位置」を選択しなければ、第二の段階における「笑う」という行為を放棄しなければならない、という状況におかれることになる。既述のとおり、そもそもテクスト化されたお笑いとはある特定のコードの共有（すなわち、そこでの支配的なコードが何たるか）を前提としたうえで、二つのコード（支配的なコードと、それとは相容れないコード）を反復しながら遂行されていくものであった。つまり、それらのテクストにおいては支配的なコードをふまえつつ、そのコードをあえて裏切ることが企図されており、オーディエンスはそのような構造を心得ている必要がある。その意味で、お笑いにおいてはコードの裏切りも、「正当な」読みを構成するために組み込まれた要素であると考えることができる。

さらに「テクストを理解したうえで笑う」という第二の段階についていえば、ここでは「笑う」という行為が第一のプロセスを包括するようなかたちで読みの方向性を規定しているといえる。よく考えればわかることだが、それを見て笑うという行為こそがお笑いを正当に読むことであるなら、オーディエンスは笑っている時点で「支配的な位置」を許容していることになる、と理解されうる。もしお笑いを見るにあたって「支配的な位置」に対抗しようとするのであれば、そこでは少なくとも笑うことが回避されるべきであり、それを「お笑い」として見ることを放棄すべきなのである。あるいは、笑うという行為をつうじて一度は「支配的な位置」を許容しながら、そのうえで自らの笑うという行為も含めたそのプロセス自体を批判的にとらえなおすという読みが可能であるならば、それは三つの読みのいずれかには回収できないようなきわめて複雑でメタ的な読みであるといわざるをえない。

お笑いを視聴することにこのような過程（デコーディングをめぐる二重化された「支配的な位置」）が付随していることは確かであろう。そして、それは意味解釈の範疇における読みの実践として位置づけることもできるだろう。しかし、昨今のバラエティ番組をめぐる状況に目を向けると、そのスタイルはかならずしも上にあげたお笑いのネタのような形式によってのみ成立しているわけではない。そのような状況下では、テレビがオーディエンスによって「読まれる」「解読される」ものであるという前提そのものが揺らぎつつあるのではないか。

2　現代的なバラエティ番組における「読み」の（不）可能性

昨今のテレビをめぐる状況、とりわけバラエティ番組の特性を考察するうえで、ウンベルト・エーコによって提起された「パレオＴＶ／ネオＴＶ」の概念はきわめて重要である。エーコは「失われた透明性」という論文のなかで、近年のテレビ状況が「パレオＴＶ」と呼ばれるものから「ネオＴＶ」と呼ばれるものへと移行しつつあることを指摘している。

ネオＴＶの主要な特徴は、外部世界について語ることがますます少なくなっているということである（パレオＴＶはそうしていた、あるいはそうしている振りをしていた）。それが語るのはテレビ自身、人々とまさに築きつつある接触（コンタクト）である。それが語る内容や対象はさして重要でない（というのも、リモコンを手にした視聴者こそがテレビが語ることのできる時間やチャンネルを変える時間を決めることができるからである）。テレビは、人々が手に入れたこの力に勝るために、「私はここにいる、私は私だ、私はきみだ」と語りかけることで視聴者を引き留めようとする。（エーコ　二〇〇八：二）

エーコによれば、かつてのテレビ状況がパレオＴＶ的――「閉じられた世界に開かれた窓」、すなわち外部世界を映しだす透明性が確保されていると想定される状況――であったのに対して、昨今のテレビ状況はネオＴＶ的――「自らについてしか語らず、透明性の権利、つまり外部世界との関係性を奪われた」状況――であるという（同書：一八）。

このようなネオＴＶ的なテレビ状況は、近年の日本におけるバラエティ番組についてもあてはまる。たとえば北田暁大は「純粋テレビ」という概念によって、エーコのいうネオＴＶと非常に近しい現況を説明している。北田は一九八五年に放送開始された『元気の出るテレビ』を例にあげ、そこではテレビ的な「お約束」を理解するリテラシーが前提とされたうえで、「お約束」からのずれを楽しむことが志向され、「視聴者は「テレビを主題化したテレビ番組を視聴する視聴者を視聴する」わけで、どこにもテレビの真の《外部》は存在していない」（北田　二〇〇五：一五八）ことを指摘している。また、荻上チキは『めちゃ×２イケてるッ！』内の「ドッキリのドッキリ」企画――アクシデント的にあえてカメラの存在をバラしたうえで、演者がカメラの存在に気づかない振りをしてドッキリに引っかかった演技をつづける様を撮影するというドッキリ――を例にあげ、テレビの自己言及性を論じている。しかも視聴者はこの企画自体がまるごと演技として行なわれたものなのではないかという疑念をも抱きうる、という点について、荻上は「そのようにテレビを見るまなざしへの疑いも、テレビ自身が提示しつつ、すぐさま笑いに変換してしまうという自己言及性＝セルフパロディの、１つの飽和点」として位置づけられる、と指摘している（荻上　二〇〇九：一三六）。

このような番組のスタイルからみえてくるのは、昨今のネオＴＶ的な状況下におけるバラエティ番組のやりとり、あるいは、そこでの「笑い」が、もはや漫才やコントのような形式化・テクスト化されたお笑いとは別の水準で成立しているらしい、ということである。[*5] それどころか近頃のバラエティ番組では、上記の事例に認められる「素人企画」や「ドッキリ企画」といった最小限のフレーム設定すらもたず、「テレビのパロディ」が提示する自己言及的なやりとりがトークのなかに突如出現しては、いつのまにか別の話題に吸収されていくような断続的過程として位置づけられている。[*6]

そこでの笑いはむしろ秩序立ったメッセージの意味解釈から乖離した「見ることによって得られる快感」「感覚的な悦び」（水島　二〇〇八ｂ：八四）として存在しうる。とくにトークのなかで矢継ぎ早に笑いをめぐるやりとりがおこなわれるような場合、そのスピードはますます加速し、オーディエンスはそのやりとりを断片的に処理していかなければならない。水島久光はこのようなネオＴＶ的状況下における笑いを、テレビ視聴における意味解釈からの離脱を取りもつもの、すなわち「シークエンスの接続項」（水島＋西　二〇〇八：五九）として位置づけている。

＊5
漫才やコントのような形式化・テクスト化されたお笑いは、いまや「テレビのパロディ」の引用元として位置づけられているようにもみえる。ただしネオTV的な状況においては、形式的なお笑いとは異なるようにみえるバラエティ的なやりとりも、ある種の形式化を帯びて自己言及的なテレビのあり方に回収されていく可能性をもつことはいうまでもない。

＊6
例をあげると、『アメトーーク！』や『ロンドンハーツ』のような番組では、コーナーの主題にかかわらず、あるいは複数のコーナーや複数の放送回をまたいで、そのようなやりとりが脈絡なく、かつ連続的に挿入される。たとえば最近しばしば目の当たりにする「パクり芸」なるものは、芸人が芸人の芸を盗用するという「NG」をあえて繰り広げつつ、他人の芸をパクることを「お約束」化したうえで、しかしながら次第にそのパクり方を変形させてしまうことで、最後には「正しくパクらないパクり芸」こそが「お約束」化されるという重層的なプロセスが認められる。

「ここ」と「あそこ」という距離的な隔たりを結ぶダイクシスを形成することによって、時間的構成に複雑さを極めることになったテレビジョン的空間。そんな場において、たとえ「意味解釈」が追いつかなくても「見ることができる」――こうしたテレビ視聴を支える本質的メカニズムは、実は「笑い」「驚き」「感動」といった感覚レベルの前意味的解釈項を動員することで成立させられていたのだ。（水島　二〇〇八b：一〇五）

水島はテレビ・スタジオの機能に言及しつつ、「解釈の遅延」および「意味の断片化」の要因としてシーン展開の加速化を指摘し、その断片化の「スキマをつないでいく」ものとして「「笑い」や「驚き」という感覚的な「心地よさ」」を位置づける（同書：八五）。このような笑いをつうじてテレビをみることに関して、ホールのデコーディング理論はどこまで対応できるのだろうか。そこでは意味解釈、つまり「読む」という行為も、読みを実践する際の態度や速度も問題にされていないように思われる。しいていえば、そこにあるのは視聴しながらも「読まないという読み」（視聴＋反読解）であり、オーディエンスは何らかのテレビのメッセージを前にしたときにかならずしもそれを読み解く者としてのみ存在しているわけではない、いわば刺激や感覚に対する反応のようなものをつうじてテレビに接触しているのだ、ということが理解される。

あるいは、オーディエンスと他のメディア・テクノロジーとの関係性からも、テレビ視聴のあり方の変化をみてとることができる。たとえばリアルタイムで進行するＴｗｉｔｔｅｒのようなＳＮＳや、番組の放送前後に掲示板サイトで立てられるスレッドなどを確認してみると、そこでは番組における特定の要素に精通したオーディエンスによって、番組を見るためのフレームやリテラシーが再構築され、そのもとで番組の解体や再解釈、さらには断片化された要素の再構築といったことが実践される。むしろオーディエンスにとってはデコーディングをめぐる「支配的な位置」などはどうでもいいことなのであって、新たに設定されたフレームこそが優位なものとなりうる、というプロセスが認められるのではないだろうか。その意味では、ホールが想定したような「読み」の多様性を回収する回路として、SNSなど他のメディウムが介在していると理解することもできる。

3 『バリバラ』における「支配的な位置」の不明瞭性と「対抗的な位置」への拒絶感

これまでの議論では、昨今のネオTV的なテレビ状況をふまえながら「（多様な）読み」の（不）可能性を論じてきたが、以下ではさらに、表象とオーディエンスとの関係性によって「（多様な）読み」が制限されるような場合——デコーディングにおける「支配的な位置」が不明瞭であり、なおかつ「対抗的な位置」への拒絶感を生みだすような事例——について考察していきたい。とくにここでは、オーディエンス研究の領域においてこれまであまり言及されてこなかったテレビにおける障害者表象の問題に着目し、表象される「障害者（と呼ばれる人々）」とそれを視聴する「健常者（と呼ばれる人々）[*7]」の関係性が規定する「読み」のあり方について論及する。

このような視座を導入するにあたって、障害者によるバラエティ番組[*8]『バリバラ』は恰好の題材となる。二〇一二年四月からNHKで毎週放送されている当該番組では、「障害者情報バラエティ」として毎回さまざまなテーマが設定される。公式サイトでは、番組の趣旨が次のように説明されている。

恋愛、仕事から、スポーツ、アートにいたるまで、日常生活のあらゆるジャンルについて、障害者が「本当に必要な情報」を楽しくお届けする番組。モットーは「No Limits（限

＊7 当然のことながら、「障害者」「健常者」というカテゴリーは社会的に構築されたものであり、自明のものとして存在するわけではない。本章でそれらの言葉をもちいる際には、それが社会的に構築されたカテゴリーであるということを含意する。

＊8 当該番組は「バラエティ番組」という体裁をとりつつも、NHKのサイトでは「福祉番組」に分類されており、その内容も福祉番組としての特徴を色濃くもつ。

界無し)」。これまでタブー視されていた障害者の性やお笑いのジャンルにも果敢に切り込みます。本音をとことんぶつけあい、一緒に笑って、一緒に考えて、本気でバリアフリーな社会を目指します‼(NHKバリバラ)

この文言にも示されているように、『バリバラ』では「バリアフリーな社会」、すなわち障害者のおかれた環境や社会の側の変革が必要であるとの意識が明確に前景化されている。[*9] そして『バリバラ』がある側面において画期的であると思われる所以は、障害者の体験をたんに問題として提起するだけではなく、それを笑いに変換することを目指すような演出が随所に認められる点にある。そこでは障害者にとってバリアとなる社会的障壁、あるいはそれに対して無関心な健常者を笑うことによって、ある種の批判性が表明されると同時に、過去の歴史において健常者と障害者のあいだに設定されていた「笑う者/笑われる者」というステレオタイプ化された構図の逆転が企図されている。つまり、そこでの笑いは障害を対象としているのではなく、障害者と健常者の認識の齟齬を、あるいはそのような認識の齟齬に無頓着な健常者を批判の対象にしているのである。

ただし留意しなければならないのは、『バリバラ』がバラエティ番組という形式をシミュレートしながらも、その内実は極めてパレオTV的な企図のもとに提起されたものであり、障害をめぐる現実社会を参照項とした告発や改善が明確に意図されているという点である。そこでの笑いはむしろ従来的なテレビのあり方にもとづくものであり、「感覚的な心地よさ」としての笑いに随伴する自己言及性やメタ性とは一線を画すものである。

既述のように、『バリバラ』が明確な企図やそれに対する「読み」を前提としたかつてのテレビ視聴のあり方に相応しいものであるならば、それは一見するとホールが想定したデコーディングの

*9 そのような意識は番組内の企画の趣旨や出演者の発言のなかにも反映されている。たとえば「ここが変だよ健常者」と題された企画では、健常者にとっては自明である生活環境が障害者にとってはバリアになりうることや、健常者が施したバリアフリーが障害者にとっては無意味なものであったりする体験が語られる。また障害者によって投稿された、いわゆる「障害者あるある(障害者のよくある話)」を紹介する「バリバナ」と題された企画では、障害者が日常的に経験している健常者との認識の齟齬がとりあげられる。

あり方とも馴染み深いものであるように思われる。しかしながら、『バリバラ』を視聴するオーディエンス（とりわけ健常者のオーディエンス）にとって、当該番組の視聴に際する「支配的な位置」（あるいはそれに対する「対抗的な位置」）は極めて不確定的なものである、といわざるをえない。[*10]

そこには、『バリバラ』のオーディエンスとして想定されているのがいったい誰なのかという問題、すなわち障害者表象の視聴に対して暗黙裡に想定された「障害者」「健常者」という線引きの問題が介在している。既述のとおり、当該番組では「一緒に笑って、一緒に考える」ことが企図されているが、番組冒頭の「障害者のための情報バラエティ」というナレーションが示すとおり、『バリバラ』では障害者ではない人々、すなわち健常者がオーディエンスとして十全には想定されていないのではないかと感じられる場面も多い。

とりわけそこに「一緒に笑う」という行為が介入するとき、健常者のオーディエンスは視聴に際する自らの位置づけを決定しかねることになる。つまり、「障害者にとっての笑い」と視聴する健常者のオーディエンスは、一方では、自らの立場が本当には障害者と同化不可能なものであると同時に、自らの立場がむしろそこでの笑いの対象とされているものと同化可能であることから、もう一方では、体裁上そのような自らの立場を認めがたいことから、『バリバラ』の笑いに対して違和感を抱かざるをえないのではないだろうか。つまり健常者のオーディエンスは、障害者に対する同情や共感を表明することが妥当であるとの認識を抱きつつも、自らの属するカテゴリーが笑いの槍玉にあげられることによって、むしろ障害者との立場の違いを思い知らされなければならない。その意味で、オーディエンスはデコーディングに際する「支配的な位置」をとる（障害者のコードに身を寄せる）ことも、「対抗的な位置」をとる（障害者のコードに抵抗する）ことも困難な、アン

*10 現に『バリバラ』をいかに視聴したらよいのかというオーディエンスの違和感は、ネット上の「笑えない」という反応や、番組チーフプロデューサーの発言（日比野 二〇一四：四）にもみてとれる。

ヴィヴァレントな状況のなかで視聴をせまられるのである。

本章のまとめ

本章では、お笑い番組や現代的なバラエティ番組を題材としながら、ホールのエンコーディング／デコーディング理論が想定する「（多様な）読み」の（不）可能性を批判的に検討してきた。この理論は、テレビのメッセージが透明なコミュニケーションとして人々に受容されるわけではなく、その意味はオーディエンスによるデコーディングのプロセスにおいて構築されるということを主張したという点において、当時のテレビ研究のなかで重要な視座を築いてきたことは確かであろう。

しかし、本章の議論において指摘してきたように、ホールのエンコーディング／デコーディング理論は、現代的な状況下でのテレビ視聴を想定するのであれば、またとりわけそこに笑いという行為が介在するような場合に着目するのであれば、いくつかの再検討を要する。それは、エーコが提起するようなネオTV的な状況や、他のメディア・テクノロジーとの関係におけるテレビ視聴の環境が、かならずしも「読み」を前提とした行為ではなくなりつつあることに起因するものであった。

あるいは本章で論及した障害者（が提起する）表象のような事例に関しては、そこでのエンコーディングにおける意図やデコーディングをめぐる「支配的な位置」とは何なのかという問題について、ホールの理論を考察の契機としながらさらなる精査が必要である。というのも、そこでの視聴が抱える問題は、「他者によって都合よく描かれた障害者像を批判するためにはどうしたらよいか」といった従来的な構図とは一線を画すものであり、何が「支配的」であり何が「対抗的」であるのかということが、より不確定的で複雑な状況にもとづいているからである。そのような状況に出会ったとき、オーディエンスとしての私たちは、またテレビ視聴に関する議論は、単純なメディアに対する権力批判を超えて、あらたな視座を導入することが求められるだろう。

引用・参照文献

エーコ、U(二〇〇八)「失われた透明性」西兼志訳、水島久光+西兼志編著『窓あるいは鏡――ネオTV的日常生活批判』慶應義塾大学出版会、一―二二頁
荻上チキ(二〇〇九)『社会的な身体――振る舞い・運動・お笑い・ゲーム』講談社
北田暁大(二〇〇五)『嗤う日本の「ナショナリズム」』日本放送出版協会
椎名達人(二〇〇六)「「エンコーディング/デコーディング」論の理論的背景及び批判的潜在力の所在」『マス・コミュニケーション研究』第六八号、一一五―一三〇頁
ターナー、G(二〇〇三)『カルチュラル・スタディーズ入門――理論と英国での発展』溝上由紀+毛利嘉孝+鶴本花織+大熊高明+成美弘至+野村明宏+金智子訳、作品社
日比野和雅(二〇一四)「笑いが縮める距離」、NHKバリバラ制作班編+河崎芽衣漫画『『すべらないバリアフリー』のススメ!!――マンガでわかる障害者のホンネ』竹書房、四―五頁
藤田真文(二〇一〇)「中間項としての「受容/読解すること」の再考察に向けて」『社会志林』第五六巻四号、一七七―一九二頁
プロクター、J(二〇〇六)『シリーズ現代思想ガイドブック　スチュアート・ホール』小笠原博毅訳、青土社
水島久光(二〇〇八a)『テレビジョン・クライシス――視聴率・デジタル化・公共圏』せりか書房
――(二〇〇八b　)「バラエティと空間の地層」、水島久光+西兼志編著『窓あるいは鏡――ネオTV的日常生活批判』慶應義塾大学出版会、六六―一〇九頁

水島久光＋西兼志（二〇〇八）「日常生活空間とテレビを媒介する理論」、水島久光＋西兼志編著『窓あるいは鏡――ネオTV的日常生活批判』慶応義塾大学出版会、三六―六四頁
門部昌志（二〇〇六）「「透明なコミュニケーション」をこえて」『県立長崎シーボルト大学国際情報学部紀要』第七号、一一五―一二九頁
山口誠（二〇〇一）「メディア（オーディエンス）」、吉見俊哉編『カルチュラル・スタディーズ』講談社、五二―九二頁
Hall, S.（1980）"Encoding/Decoding," *Culture, Media, Language,* Routledge, pp.128-138
Silverstone, R. & Morley, D.（1990）"Domestic Communication – Technologies and Meanings," *Media, Culture and Society*, vol. 12, pp.31-55
Williams, R.（1974）*Television: Technology and Cultural Form*, Fontana
NHKバリバラ「バリバラとは」http://www.nhk.or.jp/baribara/about/index.html（二〇一五年一月一四日閲覧）

第12章　ヒトとモノのハイブリッドなネットワーク
——「ゆるキャラ」を事例に

遠藤英樹

【キーワード】
アクター・ネットワーク理論　ハイブリッド　新しい唯物論《ニュー・マテリアリズム》　マテリアル・ターン
ゆるキャラ

【引用1】

本書が掲げている仮説とは次のようなものである。「近代」という言葉は、まったく異なる二種類の実践を表している。二つの実践が効果を発揮するためには、二つが完全に分離していなければならない。ところが昨今、そこに混同が起きている。第一の実践は「翻訳」と呼ばれるプロセスで、自然と文化がそこでは混ぜ合わされ、まったく新しいタイプの存在者、ハイブリッドが作り出される。第二の実践は「純化」と呼ばれるプロセスで、存在論的に独立した二つの領域、すなわち人間と非人間の領域がそこでは生み出される。第一の実践が存在しなければ第二の実践、純化の働きは実をむすばず徒労に終わる。逆に第二の実践が存在しなければ、第一の実践、翻訳の働きは不活発になり、制限され、途絶えることさえある。第一の実践は私がネットワークと呼ぶプロセスに相当し、第二の実践は近代論者の立場を表わす。翻訳の働きは、たとえば大気上層の化学作用を、科学、産業界の戦略、国家首脳の心痛、生態学者の気掛かりなどと一つの鎖で繋ぐ。一方、純化の働きはそうした現象を、外界に客観的に存在する「自然」、利害と関心が渦巻く「社会」、そして参照対象や社会から独立した「言説」、の三つに整然と切り分ける。

翻訳と純化の二つの実践を別個のものととらえているなら、私たちは間違いなく近代人である。つまり、近代論が唱える事業を進めているつもりであっても、その実、水面下ではハイブリッドを増殖させ、それが近代構築の事業を下支えしている。純化の働きとハイブリッド化の仕事の両方を視野に収めれば、純粋な近代人として存在することが途端に難しくなり、未来は姿を変え始める。そして、これまで近代人として存在してきたことを否定しなければならなくなる。一つの時代が終焉を向かえつつある今日、私たちはこれまでを振り返り、実践が一つではなく、二つ行われてきたことを理解するようになった。つまり、過去も姿を変え始める。最後に、私たちが、少なくとも近代論者のいう意味での近代人でなかったとしたら、異国の「自然-文化」とのあいだに私たちが築いてきた捩れた関係も変更を求められる。相対主義、支配、帝国主義、誤った自覚、統合主義——人類学者が「大分水嶺」という表現で大雑把にまとめるこれらの問題にも、まったく新しい解釈を与えることになる。つまり、比較人類学の書き換えである。

「翻訳/媒介」と「純化」という二つの働きのあいだにはどのような繋がりがあるのだろうか。それこそ、本書が解明を試みようとしている第一の問いである。まだ荒削りではあるが、私の仮説を述べておこう——「第二の実践が第一の実践を可能にしている」。逆にいえば、ハイブリッドについての認識を抑制すればするほど、交配によってハイブリッドの生産が促進される。それが近代のパラドックスというものだ。ただ、今日の変則的状況のおかげで、私たちにもようやくハイブリッドが認識できるようになった。第二の問いは、前近代人、異文化に関するものである。ふたたび荒削りながら、私の仮説を述べておこう――「西洋以外の文化はハイブリッドに注意を向け続けることで、その増殖を抑えている」。異文化と西洋のこの違いこそ、相対主義の難題、彼ら（異文化）と私たち（西洋）のあいだの埋めがたい溝（分水嶺）を説明するものである。第三の問いは、今日の危機に関するものである。近代が分離（自然と社会のそれ）と増殖（ハイブリッドネットワークのそれ）という二つの仕事をそれほど効果的にこなすのなら、なぜ今日、私たちは正真正銘の近代人になることを妨げられ、それによって近代自体が弱体化しなければならないのか。近代にならずに、啓蒙主義だけを希求することはできなのか。ここでの私の仮説も前の二つと同様、荒削りである――「ハイブリッドの増殖を公式に認めることで怪物の増殖を遅らせ、生産を制御し、発展方向を変えることができる」。これこそ私たちが達成すべき目標だろう。しかしそうなると、現行とは違った民主主義が要求されることになるのか。民主主義はモノにまで拡張しなければならないのか。これらの問いに答えるには、まず前近代、近代、ポストモダンを一から整理しなおす必要がある。それによって初めて、今後、維持していく性質と放棄すべき性質を見分けることができるからだ。

　これらは簡潔さだけが取り柄の本書のような小論には多すぎる難問である。それは重々承知していることだ。難題は冷たい風呂のようなもの、入るや否や速やかに出るのが肝心――私もニーチェの警告に従って、急いで事を進めることにしよう。[†1]

＊

†1　ブルーノ・ラトゥール『虚構の「近代」――科学人類学は警告する』二七―二九頁

1　アクター・ネットワーク理論とは

私は二〇一四年四月から、大学を移り、京都の大学に勤めている。いままでよりも大学が自宅から遠くなり、電車の路線とバスをいくつか乗り継いで通勤している。ひさしぶりの満員電車も経験し、気になりだしたことがある。電車のホームで、人の動きがおかしいのである。

私がまっすぐに歩いているだけなのに急に向きを変えて横切ったり、ホームで立って電車を待っているだけなのに、突然ぶつかってきたりする人が結構いるのだ。最初は「自分の動きがおかしいのだろうか?」と反省したり、「自分は影がうすいのではないか?」と悩んだりしたのだが、人々を観察していると、どうやらそういうわけでもないことが次第にはっきりしてきた。彼らはスマートフォンをもち、LINEに文字を打ち込んだりしながら歩いているのである。

こういうことをいうのは、新聞の読者投稿欄などで時にみられるように、「スマートフォンはけしからん!　あんなものはない方が良いのだ!」と電車やホームでのエチケットについて訳知り顔で説教したいがためではもちろんない。ここでいいたいのは、スマートフォンでLINEをしながら歩く人は、じつは目の前にいる（はずの）私とつながっているわけではない、ということである。彼らは目の前の私とではなく、スマートフォンというモノとつながっているのである。そればかりではない。彼らはスマートフォンというモノを介して、LINEに映しだされる文字や、LINEの相手につながっているのだ。さらには、通信事業者やLINEのサービスを提供する企業の思惑ともむすびついているともいえるだろう。ホームを歩く人は、これらと向き合っている。だからこそスマートフォンの画面に見入りながら歩いている人は、私の存在などは眼中にないのである。

このように考えるのなら、歩くという行為は、人々の主体的な行為としておこなわれているのではなく、ヒトとモノのネットワークとして形成されているといえるだろう。モノが客体ではなく、行為者性《エージェンシー》をおびた主体としてヒトとむすびついている。ヒトとモノ、社会と自然が分離されてあるのではなく、相互に関わり合っている。こうした点を強調し、ブルーノ・ラトゥールという研究者はアクター・ネットワーク理論を提唱し、冒頭に引用した文章を書いたのである。

ラトゥールによれば、近代においてモノ（あるいは自然）は、ヒト（あるいは社会）から切り離されて、ヒトが働きかける単なる対象＝客体とされてきた（ラトゥールはこれを「純化」と呼ぶ）。しかし実は、その背後で、ヒト（社会）とモノ（自然）は深く絡まりあいながら、相互に、「主体」として、すなわち「行為者《エージェント》」としてネットワークでむすびつけられてきたのだという（ラトゥールはこれを「翻訳」と呼ぶ）。スマートフォンも、たんに人が所有する対象＝客体であることを超えて、行為者性《エージェンシー》を帯びた主体となって、人々の歩き方を生みだしているのではないか。いまやホームを歩くという行為は、ヒトの主体的行為としてあるのではなく、ヒトとモノが織りなす混淆的《ハイブリッド》な産物としてあるのだ。

これについては、ラトゥール自身があげている逸話も分かりやすい。それは次のようなものである。ホテルのルームキーをもちかえってしまう顧客があとを絶たないことに業を煮やしたホテルの支配人がいた。鍵をわたすときに「フロントに返却してください」と、口頭で注意したり、そのことを書いた札をつけたりしたものの、うまくいかない。そこで支配人は、キーチェーンをつけることにした。キーチェーンをつけてポケットに入れていると、顧客はポケットが気になってしまい、フロントに戻すようになったという逸話である。ここでみてとれることは、ルームキーを返すという行為を引き起こしたのは、顧客たち自身ではなく、キーチェーンというモノなのだ（Latour 1993）。

ここで、ラトゥールの経歴を簡単に紹介しておくことにしよう。ラトゥールは、一九四七年フランス・コート＝ドール県のボーヌの生まれで、科学哲学者ミシェル・セールらの影響をうけて哲学を学んでいる。

その後、人類学に関心をもつようになり、コートジボワールでフィールドワークをおこなった。パリ国立高等鉱業学校で二〇年以上教鞭をとったあと、二〇〇六年からパリ政治学院教授、二〇〇七年からパリ政治学院の副学長も務めている。彼の書物は多くの国で翻訳されており、冒頭の【引用】に取り上げた文章を含む『虚構の「近代」――科学人類学は警告する』はベストセラーとなっている。日本でもこれ以外に、『科学が作られているとき――人類学的考察』『科学論の実在――パンドラの希望』『細菌と戦うパストゥール』が翻訳されている。

ラトゥールは科学社会学や科学人類学[*1]を専門領域とする研究を重ね、ミシェル・カロン、ジョン・ローらとともにアクター・ネットワーク理論の提唱者としての地位を確立するにいたっている。彼の研究は現在、「新しい唯物論《ニュー・マテリアリズム》」と呼ばれる研究動向にも大きなインパクトをあたえ注目を集めている。

2　メディア文化研究の流れ

ではアクター・ネットワーク理論は、メディア文化研究に対して、どのような可能性を示してくれるだろうか。本章では、「ゆるキャラ」というメディア文化を俎上にあげて、このことを論じていきたい。以下では、まず、これまでのメディア文化研究の流れを三つにわけてみよう。

メディア文化の記号論的分析

これまでメディア文化研究の領域においては、コンテンツが社会的に、いかなるものを表象（表

＊1　社会学と人類学のどちらの視点を強調するかで違いがあるものの、両者はともに、「科学的な知識が社会のなかでどのようにしてつくられるのか」「科学者集団はどのような社会的コミュニティを形成しているのか」など、科学と社会の結びつきを考察する。

図12-1　ブルーノ・ラトゥール

現）しようとしているのかを明らかにする記号論的分析が展開されてきた。記号論は、スイスの言語学者であるフェルディナン・ド＝ソシュール[*2]によって提唱されたものだが、ロラン・バルトをはじめとするさまざまな研究者は記号論をもちいてメディア文化のコンテンツを読み解きながら、そこに内在するイデオロギー性を剔抉している。

メディア文化のカルチュラル・スタディーズ的分析

その後、メディア文化研究では、表象と社会とのむすびつきを明らかにしようとするカルチュラル・スタディーズ的分析が議論されるようになった。カルチュラル・スタディーズは、最初、おもにイギリスのバーミンガム大学の現代文化研究センター（BCCCS）の研究者たちによって牽引されてきた。とくにスチュアート・ホール[*3]が所長に就任して以降、現代文化研究センターはポール・ギルロイをはじめとする多くの研究者を輩出し、文化研究のあり方を新たなレベルへおしあげ、多くの業績を残していく。

もちろんメディア文化の記号論的分析も、コンテンツに内在している文化のイデオロギー性を明るみに出そうとしており、社会的イデオロギーとメディア文化の関係性を明らかにしようとする。だがカルチュラル・スタディーズの場合、その成果をふまえつつも、さらに一歩先へすすめる。そこでは、メディア文化の背後に、民族・人種・セクシュアリティなどをめぐってさまざまな社会的不平等、差別、排除が存在していることが強調される。カルチュラル・スタディーズは、メディア文化のこうした側面に注目し、文化が多様な社会的立場の人々によるせめぎあいのもとで形成されていくプロセスを明らかにしようとする。

＊2
フェルディナン・ド＝ソシュール（一八五七―一九一三）は、二〇世紀以降の言語学に多大な影響をあたえた。ソシュールの言語学は、のちの構造主義や記号論の基盤となっている。

＊3
スチュアート・ホール（一九三二―二〇一四）はジャマイカで生まれ、イギリス・オックスフォード大学で博士号を取得し、『ニュー・レフト・レビュー』という雑誌の編集などにも携わった。

図12-2　スチュアート・ホール

メディア文化の政策論的分析

さらにメディア文化のコンテンツを企画・制作・流通させる産業のあり方（岩崎　二〇一三）や、それを成立せしめている政策のあり方を明らかにする政策論的分析もある。アメリカの政治学者であるジョセフ・ナイ*4は、その著『ソフト・パワー――21世紀国際政治を制する見えざる力』において、「力《パワー》」を「自分が望む結果になるように他人の行動を変える能力」と定義し、力《パワー》には「ハード・パワー」と「ソフト・パワー」があると主張する（ナイ　二〇〇四）。「ハード・パワー」とは簡単にいえば、軍事力や経済力のことである。ある国は、強大な軍事力で威嚇することによって他国をしたがわせることもできるし、豊かな財力で経済支援を行ない、他国をしたがわせることもできる。それに対して「ソフト・パワー」とは、「強制と報酬」の原理にもとづくものではなく、〝おのずと〟他国が影響を及ぼされてしまうような力《パワー》のことである。ハード・パワーがその国の「軍事力」「経済力」をいうのに対し、ソフト・パワーはその国の「魅力」のことを意味しているといえよう。ナイは、「魅力」を発信するものとして、政治的な価値観、外交政策、文化の三つをあげている。たとえば日本のアニメも、日本の魅力を発信するソフト・パワーとなっている。アニメという日本のポップカルチャーをとおして、日本に興味をもち、日本に魅力を感じるようになる人々が少なからず生まれているからである。経済産業省も近年、日本のポップカルチャーによって生みだされる力に着目し、さまざまな外交広報《パブリック・ディプロマシー》を展開し、「クールジャパン戦略」を打ちだし始めている。

こうした分析はたしかに、メディア文化研究においていまなお有効な分析である。次節では「ゆるキャラ」を事例としつつ、その重要性を確認することから始めたい。

*4　ジョセフ・ナイ（一九三七―　）は、ハーバード大学で教鞭をとってきたアメリカの政治学者である。クリントン政権で、国家情報会議議長、国防次官補（国家安全保障政策担当）を歴任した。

図12-3　ジョセフ・ナイ

3 「ゆるキャラ」のメディア文化論

「ゆるキャラ」という言葉を広めたみうらじゅんは、あるキャラクターが「ゆるキャラ」として認められるための条件として、以下の三つをあげている（みうら 二〇〇九）。それは、第一に「郷土愛に満ち溢れた強いメッセージ性があること」、第二に「立ち居振る舞いが不安定かつユニークであること」、第三に「愛すべき、ゆるさ、をもち合わせていること」である。

これらの条件からも見てとれるように、「ゆるキャラ」とは、簡単にいえば「地域における特色や魅力をキャラクター化したもの」であるといえるだろう。すなわち「地域の特色を記号化したもの」＝「地域の特色の記号」、それが「ゆるキャラ」なのである。

したがって記号の問題に焦点をあてることは、「ゆるキャラ」の分析において重要となる。これについては、「ゆるキャラ」の歴史を振り返ってみるとよくわかる。私は、「ゆるキャラ」の歴史を三つの時期に分けることができると考えている。

まず「ゆるキャラ黎明期」ともいえる時期である。これは、一九九〇年代後半から二〇〇〇年代前半頃のことだ。みうらじゅんが『第15回国民文化祭・ひろしま２０００』のメインキャラクターとなった「ブンカッキー」を見て、一九九〇年代頃にあったさまざまなキャラクターも含め、これらを総称して「ゆるキャラ」と表現しはじめた頃のことである。

つぎに「ゆるキャラ確立期」である。これは二〇〇〇年代中頃である。この頃、彦根市の「ひこにゃん」が火付け役になって「ゆるキャラ・ブーム」が起こり、「ゆるキャラ」の存在が一般の人々にも広く知られるようになった。

その後、「ゆるキャラ発展期」が訪れる。これは二〇〇〇年代後半から二〇一〇年代前半頃のことである。「ひこにゃん」以降、熊本県の「くまモン」も登場し数々の「ゆるキャラ」

図12－4　奈良県王寺町の「ゆるキャラ」・雪丸

がつくられるようになった頃である。

①「ゆるキャラ」を記号論的分析からとらえる

この頃になると、単体としてみると、おそらく多くの人々から「カワイイ」といわれないであろうキャラクターも、それが「ゆるキャラ」というカテゴリーで言及されるようになれば「カワイイ」とされるようになる。「ゆるキャラ」が「カワイイの記号」とされる現象がみてとれるようになるのである。つまり「地域の特色の記号」それ自体が、さらに「カワイイの記号」になっていくという、「記号の記号化」＝「メタ（超）記号化」が生じるのだ。[*5]「ゆるキャラ」を考察するにあたって、このような表象のメカニズムを掘り下げることは、これまでのメディア文化研究と同様に重要であろう。

②「ゆるキャラ」を政策論的分析からとらえる

この「ゆるキャラ発展期」において、「ゆるキャラ」は同時に、観光振興や地域振興に大きな役割をはたすようになる。地域の魅力や特色を内外に広く発信しようと、各地域では、数多くの「ゆるキャラ」がつくられるにいたる。また「ゆるキャラカップ」（二〇〇七年より開催）、「ゆるキャラグランプリ」（二〇一〇年より開催）、「ゆるキャラさみっと in 羽生」（二〇一〇年より開催）など、多種多様なキャラクターが一堂に会するイベントなども、頻繁に開催され始め、多くの観光客を呼び込むようになる。このことからすれば、「ゆるキャラ」もまた、地域の魅力を発信するソフト・パワーなのだといえよう。「ゆるキャラ」がソフト・パワーとして、政策的・産業的にどのようにもちいられているのかを精査していくことは必要不可欠な分析となるだろう。

＊5 寺岡は「コンテクスト・メディア」という概念を用いて、「ゆるキャラ」のこの現象に迫ろうとしている。寺岡の論文は、「ゆるキャラ」論において必読の文献である（遠藤＋寺岡＋堀野 二〇一四：一八五－二〇四）。

③「ゆるキャラ」をカルチュラル・スタディーズ的分析からとらえる

さらに、この「ゆるキャラ発展期」においては、「ゆるキャラ」をめぐって多様な社会的立場の人々によるせめぎあいも生じている。これについては「せんとくん」を例にあげて考えてみよう。「せんとくん」は、彫刻家の藪内佐斗司氏が平城遷都一三〇〇年祭のキャラクターとしてデザインし、二〇〇八年二月に発表した奈良県の「ゆるキャラ」である。発表当初、仏のような顔をした童子に鹿の角が生えているリアルな造形を見た人たちから、「気持ち悪い」「かわいくない」という否定的な評価が相次いだ。デザインだけではなく、選考方法も不透明な部分があったり、一〇〇〇万円を超える高額な制作経費がかかっていたりと、一部の市民たちから大きな反発の声があがったのである。そこで「せんとくん」に対抗して、反対派の市民グループが独自に「まんとくん」をつくったり、仏教界からも「鹿の角をはやすなんて仏様を冒瀆している」と「なーむくん」をつくったりしたのだ。こうした騒動に関心をかきたてられたマスコミによって、このことが連日のように報道で取りあげられた結果、「せんとくん」の知名度はあがり、やがて人気者となっていった。

このように「せんとくん」は、行政、市民グループ、産業界、寺社、メディア業界の人々によるさまざまな思惑がせめぎ合うアリーナとなったのである。これらの思惑のせめぎあいをとらえるカルチュラル・スタディーズ的な分析も、「ゆるキャラ」を考察する際には有効なものとなる。

4　ヒトとモノのハイブリッドとしての再帰的「ゆるキャラ」

しかしながら、現在、「ゆるキャラ」のあり方は少しずつ変わり始めている。現在は「ゆるキャラ変容期」ともいえる時期が到来しつつあると私は考えている。この時期を象徴するのが、「ふ

図12－5　せんとくん

なっしー」の登場だろう。

他の「ゆるキャラ」たちが地域のイメージをよくしようと愛らしい動きをするのに対し、「ふなっしー」[*6]は「ゆるキャラ」たちのそんなあり方を問うかのように、饒舌に語り、奇声を発し、飛び跳ね、激しい動きを繰り返す。ときには「お金を貸して」など、「ゆるキャラ」らしからぬ発言も辞さない。

「ふなっしー」は、地域の魅力を表象しようと可愛らしく振る舞ってきた「ゆるキャラ」のあり方を根本から揺るがしてしまった「ゆるキャラ」なのである。「光が鏡にあたって自分自身に再び帰ってくるように、ある存在・行動・言葉・行為・意識がそれ自身に再び帰ってきて、ときにそれ自体の根拠を揺るがせてしまうこと」を意味する「再帰性」という概念をもちいるならば、「ふなっしー」はまさに再帰的な「ゆるキャラ」なのだといえよう（遠藤　二〇一四：二五七－二七四）。

「ゆるキャラ」のあり方がこのように変わっていくとともに、これまでのメディア文化研究の分析ではとらえられないような側面が現われはじめた。その一つが、着ぐるみの「中のヒト」問題である。これまで「ゆるキャラ」は、「カワイイ」記号として「中のヒト」がいることを認めることなどありえなかった。その意味で、「ゆるキャラ」はディズニーリゾートのミッキーマウスたちと同じ地平に立ってきたのである。東京ディズニーリゾートの園内では、ミッキーマウスやミニーマウス、スティッチたちが歩いて手をふってくれるが、彼らはあくまでメディアが創造する「ファンタジーの存在」＝記号であり、「中のヒト」など決して想定されてはならなかったのである。来訪者は「中のヒト」をあえて想定しないことではじめて、ミッキーマウスに会い、抱きつき、喜ぶことができたのだ。

これは、フランスの社会学者、思想家、哲学者であるジャン・ボードリヤール[*7]が提示した「シ

＊6　自治体から公認されることなく誕生した千葉県船橋市のゆるキャラ

図12－6　ふなっしー

＊7　ジャン・ボードリヤール（一九二九—二〇〇七）はポストモダニズムという思想上の立場から、現代におけるリアリティのねじれをずっと問題にし続けた。映画『マトリックス』にも影響を与え、映画のなかには彼の著書『シミュラークルとシミュレーション』が登場する。

ミュレーション」という概念によって分析しうる現象である。ボードリヤールは、本物《オリジナル》に対する偽物《コピー》のあり方を「シミュラークル」として総称し、ルネサンス以降のヨーロッパ社会を事例にとってシミュラークルの段階を三つに分けている（ボードリヤール　一九九二：一一八－二〇七）。

①模造

「模造」は、ルネサンスから産業革命の時代までのシミュラークルである。この時代には、安価に模造できる漆喰という素材を取りいれたりすることで、封建的な身分秩序や宗教的な秩序が厳格であった時代にはあり得なかった、衣服や調度品、宗教的な絵画や彫刻の模造品が出現し始める。

②生産

しかしながら「模造」の時代は、なおも手工業的な複製の時代である。それが、産業革命をへて資本主義社会に突入するようになると、機械制大工業が始まり、大量の複製品が「生産」され世に送りだされるようになる。

③シミュレーション

それでも機械制大工業による「生産」の時代には、やはり、どこかに「オリジナル」や「本物」といった基準点が存在していたといえよう。だが一九七〇年代後半から一九八〇年代にかけて、社会はメディア社会になっていく。そうなっていくにつれて、「オリジナル」や「本物」といった基準点も次第に失われ、すべてはメディアが創造し、メディアのなかで複製された記号＝情報のなかの出来事となっていく。

図12－7　ジャン・ボードリヤール

このように、すべてがメディアと密着した世界の内側にあってオリジナルなきコピーとなった状況のことを、ボードリヤールは「シミュレーション」と呼んでいる。東京ディズニーリゾートのミッキーマウスもまた、「シミュレーション」による記号的存在なのであって、メディアが創造した「ファンタジーの存在」だからこそ、「中のヒト」がいることなどあり得なかったのである。「ゆるキャラ」も、これまで同様であった。たとえば「ひこにゃん」に「中のヒト」がいるといったことを想定するなど、「ゆるキャラ」を楽しめないものとすることに他ならなかったのである。

しかしながら「ふなっしー」を一つのきっかけに、事態は大きく変わり始める。「ふなっしー」は「ゆるキャラ」のあり方を問う再帰的「ゆるキャラ」として、なかば意図的に、着ぐるみに破れ目をつくり、そこから「中のヒト」の髪の毛や足先を見せていく。そうすることで、一層の存在感を引きだすことに成功しているのである。人々もそうした「ふなっしー」を見て、「カワイイ」と楽しむようになっている。

ただし、「中のヒト」が独立して単体で現われることは決してない。着ぐるみの動きにくさが、「中のヒト」の動きをつくりあげていくうえで不可欠なのである。その意味で「ふなっしー」は、「中のヒト(ヒト)」と「着ぐるみ(モノ)」がつねに融合しながら、ハイブリッドなつながり(ネットワーク)を形成し、そのなかで出現してくる「ゆるキャラ」なのである。「ゆるキャラ」のこうした側面を読み解くために有効なリテラシー・ツールを、メディア文化研究はこれまでもってこなかった。

アクター・ネットワーク理論をもちいるならば、ヒトとモノのハイブリッドなネットワークのもとで「ゆるキャラ」が形成されることを明らかにできるようになる。そればかりか、「ゆるキャラ」をめぐって、着ぐるみ、「中のヒト」、「ゆるキャラ」を見にきた人、メディア業界、行政、土産《みやげ》業

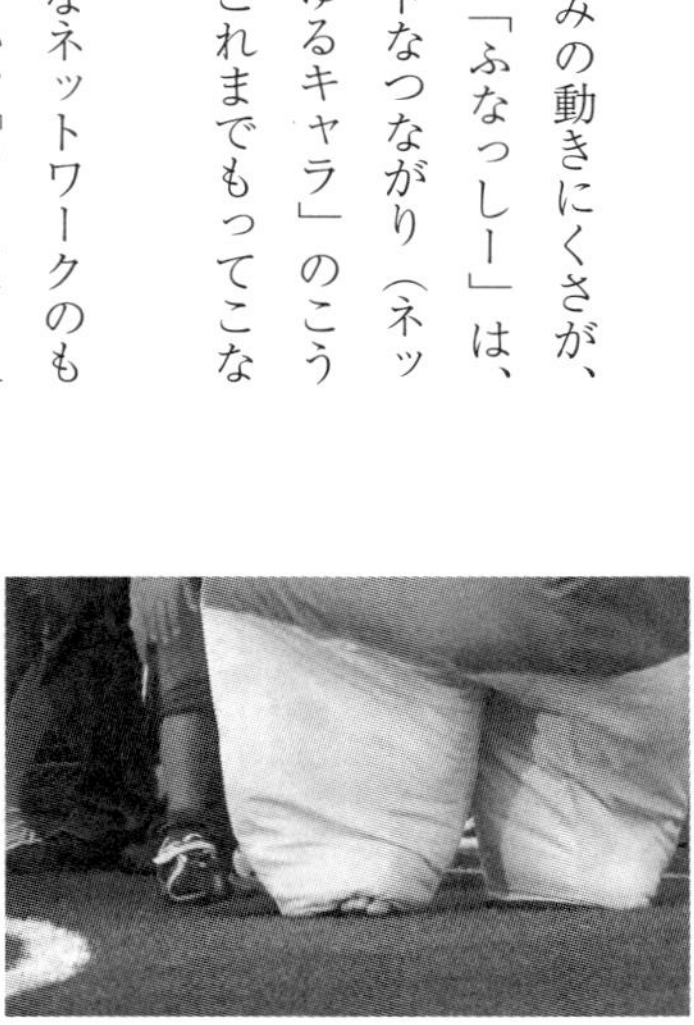

図12-8　足先だけ出ている「中のヒト」

者、地域住民、他にも「ゆるキャラ」グッズも含めて、それらを同一の地平の多様なアクターとして、その関係性も視野にいれながら考察を展開することが可能となるのである。

本章のまとめ

以上のように、アクター・ネットワーク理論は「ヒトとモノのハイブリッドなネットワーク」を強調し、メディア文化を読み解くリテラシー・ツールである。「モノ」も行為者性《エージェンシー》を帯びた主体であるとするこの視点は、これまでのメディア文化研究にはなかった視点であり、メディア文化研究に「モノ的転回《マテリアル・ターン》」をもたらすものであるといえよう。

社会学者であるアンソニー・エリオットとジョン・アーリも『モバイル・ライブズ』において主張しているように、とくに人々の移動《モビリティ》がこれまで以上に大きな役割を帯び始めるにいたったグローバル時代において、「ヒトとモノのハイブリッドなネットワーク」を強調していくことは、ますます必要になりつつある（Elliot & Urry 2010）。グローバル時代のメディア文化研究では、ヒトと移動体（飛行機、自動車、鉄道などのモノ）との関係性、ヒトと移動中の携帯端末（スマートフォン、携帯電話、ノートブック・パソコン、ｉＰｏｄなどのモノ）との関係性、ヒトと土産物《モノ》との関係性をはじめとする多様な関係性をとらえつつ、メディア文化の生成プロセスをすくいあげていく個別的な研究を一層蓄積していかねばならないのである。

たとえば私たちは移動している旅行中に、多くの写真をのこすが、近年ではスマートフォンをもちいて撮影し、それをInstagramにアップして保存し、遠くにいる友人と共有し、その写真についてＬＩＮＥでやりとりすることが当たり前になりつつある。したがって撮影するヒト、一緒にいるヒト、遠くにいる友人、スマートフォン、Instagram、ＬＩＮＥ、関連する企業などの行為者《アクター》に

図12－9　人と着ぐるみが一体化した「にしこくん」

よるハイブリッドなネットワークのなかで、写真メディアがいかに生成されているのかを考察することが、今後のメディア文化研究においては重要となるであろう（Larsen & Sandbye 2014）。こうした個別的な研究をつうじて、アクター・ネットワーク理論の精緻化がはかられていくのである。

引用・参照文献

岩崎達也（二〇一三）『実践　メディア・コンテンツ論入門』慶應義塾大学出版会
遠藤英樹（二〇一一）『現代文化論――社会理論で読み解くポップカルチャー』ミネルヴァ書房
遠藤英樹＋寺岡伸悟＋堀野正人編著（二〇一四）『観光メディア論』ナカニシヤ出版
遠藤英樹＋松本健太郎編著（二〇一五）『空間とメディア――場所の記憶・移動・リアリティ』ナカニシヤ出版
塚原史（二〇〇五）『ボードリヤールという生き方』NTT出版
――（二〇〇八）『ボードリヤール再入門』御茶の水書房
ナイ、J（二〇〇四）『ソフト・パワー』山岡 洋一訳、日本経済新聞社
ボードリヤール、J（一九八四）『シミュラークルとシミュレーション』竹原あき子訳、法政大学出版局
――（一九九二）『象徴交換と死』今村仁司＋塚原史訳、ちくま学芸文庫
松村圭一郎（二〇一一a）『ブックガイド基本の30冊　文化人類学』人文書院
――（二〇一一b）「所有の近代性――ストラザーンとラトゥール」、春日直樹編『現実批判の人類学――新世代のエスノグラフィへ』世界思想社、五四‐七三頁
ラトゥール、B（一九九九）『科学が作られているとき――人類学的考察』川崎勝＋高田紀代志訳、産業図書
――（二〇〇八）『虚構の「近代」――科学人類学は警告する』川村久美子訳、新評論
Elliot, A. & J. Urry（2010）*Mobile Lives*, Routledge

Larsen, J. & M. Sandbye, eds.（2014）*Digital Snaps : The New Face of Photography*, I. B. Tauris

Latour, B.（1993）"La clef de Berlin et autres lecons d'un amateur de sciences," *La decouverte*

——（2005）*Reassembling the Social : An Introduction to Actor-Network-Theory*, Oxford University Press

みうらじゅん（二〇〇九）「みうらじゅんインタビュー『最近、俺自身がゆるキャラになってる?』」http://www.oricon.co.jp/news/71089/full/：二〇一五年七月二六日アクセス

第13章 ショッピングモールとウェブサイトの導線設計を比較する
——インターフェース・バリュー概念を手がかりに

大塚泰造

【キーワード】
インターネット　ショッピングモール　インターフェース・バリュー　デザイン

【引用1】

たとえば、私たちは、脚のついた机《デスク》を使うと同時に、マッキントッシュ・スタイルの〝デスクトップ〟も使っている。また、実際に住んでいる場所のコミュニティに参加するとともに、コンピュータ・ネット上でコミュニケートする人たちだけの間に存在するヴァーチャル・コミュニティにも参加している。現実と仮想の単純な区別が、できにくくなっていると言えよう。画面上のデスクトップが現実のデスクトップより現実っぽくないとかいうことは、意味がないのだ。私が今使っている画面のデスクトップには、「プロフェッショナル・ライフ」というラベルのフォルダがある。中身は仕事の手紙類、手帳、電話番号簿だ。「講義」というラベルのついた別のフォルダには、講義の時間割、リーディングの課題、クラス名簿、講義ノートが入っている。三番目は「現在の仕事」というラベルで、中身は研究メモと本書の原稿だ。こうしたオブジェクトと私との関係では、非現実性といった感覚は感じられない。シミュレーションの文化のおかげで、私は画面上に見えるものを〝(インタ)フェース・バリュー〟でとらえるようになったのである。[†1]

†1　シェリー・タークル『接続された心——インターネット時代のアイデンティティ』三〇頁。

【引用2】

一九七〇年代のパソコン初期モデルや、一九八〇年代初頭に登場したIBM PCは、その基本的メカニズムが〝透明《トランスペアレント》〟でオープンなマシンという説明をしていた。こうしたマシンは、中を開ければその〝装置《ギア》〟が理解できるという想像をユーザーにさせたが、そのレベルの理解をしようとしたことのある人間は、かなり少なかった。初期のパソコンでは〝中にあるもの〟を〝見る〟ことができたものだ、という話をする人たちがいるが、彼らのほとんどにとって、マシンそのものとのあいだにはまだ仲介役のソフトがたくさんあったのだということを、忘れてはならない。だが、そうしたパソコンについて、画面のむこうに隠されたものを知っている、つまりテクノロジーを理解しているということが、彼らにとって励ましになったのだった。[†2]

†2　タークル、同書、二九頁。

*

二〇一六年現在、国内のみならず世界中の至るところで、大規模なショッピングモールが林立しつつある。たとえばショッピングモール発祥の地であるアメリカでは、屋根を取りはらい心地よい風と暖かい陽射しにあふれたオープンモールが増加傾向にある。世界で一番大きなショッピングモールは、なんでも世界一が好きなドバイにあり、現時点で巨大ショッピングモールの建設がもっとも盛んなのは、フィリピンやマレーシアといったアジアの新興国である。また日本では、沖縄の米軍基地跡に琉球風の赤瓦を装ったデザインの「リゾートモール」と呼ばれる巨大ショッピング

図13-1　タークル『接続された心』

モールが完成し、地元の利用だけでなく観光施設としての集客も期待されている。そしてそれらのショッピングモールは、買い物を効率的に遂行するための店舗の集合というだけでなく、そこを訪れる人間に「心地よさ」を提供し、なるべく長くその施設内に滞在させることを目的とした空間デザインが追求されている。

直接これらのモールに足を運んでみて感じるのは、表面的には、その土地らしい意匠がほどこされ独自性が見受けられるものの、本質的には、どこのモールに行っても既視感を抱く、という点である。つまり、そこでは「ショッピングモールという建物自体の構造的な同質性」を見いだすことができるのだ。あるいは、さらに換言すれば、ショッピングモールには大型施設内を、どう快適に、迷わず、しかし長時間滞在させるかという、導線設計についての標準化とオリジナリティをめぐる闘争の跡が認められる、ともいえよう。

昨今のショッピングモールでは、人々に時間と金銭を必要以上に消費させることを目的として、より多くのテナントに興味をもたせ、より回遊性を高め、よりリピート率をあげるための様々な工夫が施されている。ショッピングモールの建築史を通観すると、それは経済的な余裕を背景として、増加する購買層をその囲まれた空間にどう滞在させるのかを追求する歴史であると解釈することができる。そしてその変化の過程は、人が移動する手段の進化、とくにモータリゼーション、車という移動手段の質的／量的な拡大と、そのインフラである道路整備と密接に関係するともいえる。つまりショッピングモールの歴史とは、好きにどこへでも行けてしまう現代人を、ゲートのなかへと誘導し押し込める試みの反復として再解釈することができるのだ。

ショッピングモール内のあらゆる記号的演出、たとえばピクトグラム、植栽、オブジェなどは人為的に配置され、そのなかで人々の活動は効率的にコントロールされている。そしてその誘導効率の最大化は、リアル空間におけるショッピングモールのみならず、インターネット空間におけるオンライン通販ショップでも指向される目標だといえよう。つまり、あるサイトにアクセスした人々をいかにして惹きつけ、より多くの商品に興味をもたせ、そのうえで購買行動に誘うかがそこでは重要になるのだ。

筆者は二〇〇〇年から二〇〇八年にかけて、ウェブサイト、とくに数千ページ規模のポータルと呼ばれる大規模サイトの導線設計、あるいは、そのデザインを生業としてきた。この導線設計の作業は、クリックひとつで移動してしまう自由度をもったユーザーを、いかにして自らのサイト内に据えおき、回遊させ、長く滞在させ、数多くのページを閲覧させるか、という作業でもあった。本章ではインターネットにおける空間的隠喩に注目したうえで、シッピングモールの建築的構造がモータリゼーションにより発展してきた過程と、ウェブサイトが閲覧端末の性能向上と回線インフラの高速化により進化してきた過程を対比しながら（つまり、タークルが【引用1】であげるような「現実」と「仮想」の関係性を視野に入れながら）空間認識をめぐる現代的なあり方について考察を展開していく。

1　パソコンとインターネットにみる空間的隠喩

ユーザーの行為を効率的に誘導しうる空間デザインを考察の俎上に載せるにあたって、本章ではパソコン上で駆動するデスクトップ・メタファーに着眼したシェリー・タークルの言説を参照しておきたい。彼女は『接続された心――インターネット時代のアイデンティティ』[*1]において、「モダニズムにおける計算の文化から、ポストモダニズムにおけるシミュレーションの文化へと移りつ

＊1　本書二三九頁を参照。

つある」（タークル　一九九八：二五）と語り、その移行を「インターフェース・バリュー」なる概念によって説明しようと試みている。

タークルがそれを説明するうえでとりあげるのは、フォルダーやゴミ箱などのように視覚的に提示されるアイコン、いわゆる「デスクトップ・メタファー」である。たとえば、あるユーザーがファイルの削除をおこなおうとするとき、マウスをもちいてそれをゴミ箱までドラッグ&ドロップするわけだが、画面上に表象されている各種アイコンを直感的に操作するだけで、特別な知識を必要とせずともそれを遂行することができる。彼女にいわせれば、われわれは今日において「物事をインターフェースの価値《バリュー》でとらえるという習慣」（同書：三〇）を有するようになったのだ。

タークルはこのようなシステムが誕生した契機として、アップル社によるマッキントッシュのパソコンの発売をあげている。一九八四年、アップル社がマッキントッシュを発売し、それによって「デスクトップ」という概念が誕生した。われわれが現実世界において作業をする空間である机の天板を、コンピュータの「デスクトップ」としてシミュレーションするわけだ。「デスクトップ」には「フォルダー」が階層的に置かれ、そのなかには「ファイル」が入っている。われわれはそのフォルダーやファイルを「開い」て作業を遂行する――まさに、タークルのいう「インターフェース・バリュー」の時代が到来したわけである。

インターネットの閲覧に関しても、われわれは日常的に「ページを開く」と表現してみたり、「サイトへ行く」と表現してみたりする。この時われわれは指を使って本のページを「開く」ような動きはしないし、物理的にどこかへ「行く」わけでもない。コンピュータが表象する情報空間に対し、直接的に働きかける言語をもたないので、実在する三次元空間での物理的な行動について使用されている動詞をもちい、コンピュータやそのなかに存在する情報への接触を表現するのだ――

つまり河田学が論及するように、われわれは「インターネット上の様々な対象や、それらに対して私たち自身が行なう行為を、空間的な隠喩《メタファー》で記述している」のである（河田 二〇一五：五一）。

われわれ（とくに日本人の多く）は、ブラウザに配置された家のアイコンを押すとスタートページに戻ることから、そこをホームページと呼ぶ。その「「家」をクリックすると元に戻る」という作法は各々のウェブサイトでも援用され、各サイトのフロントページもホームページと呼ばれ、さらにはページの集合体、すなわちウェブサイト全体をさして「ホームページ」と呼んだりもする。情報空間に対する接触活動に対して適切な言語をもたないわれわれは、現実空間における言葉をメタファーとしてもちいてその仮想空間を認識し、操作を遂行しようとする。そして、この「隠喩」を媒介とするインターネット空間の認知は、それを閲覧する側だけでなく、制作する側（あるいは、その制作のプロセス）においても該当するのである。

2　モールのデザイン／ウェブのデザインの歴史を比較する

本節ではショッピングモールのデザインとウェブのデザイン、それぞれの歴史に関する比較を試みたい。アメリカにおけるショッピングモールの登場は、一九五六年から始まったフリーウェイの建設に端を発する。それ以前は自然の地形にそって街同士を繋いでいたハイウェイ（日本での国道）と呼ばれる幹線道路がアメリカの国土を網の目のように覆っていたのに対して、より速くより大量に自動車による移動を実現させるため、地形を改変して大都市間を結ぶフリーウェイ（高速道路）が建設された。このフリーウェイ（高速道路）は、従来のハイウェイ（幹線道路）と同様に通行に関しては無料であるが、日本の高速道路のように一般道とは区別され、交差点がなく、車を停止させるスペースがない。したがってガソリンスタンドや商業施設は沿線ではなく、フリーウェイを降りた支線ぞいに建設されることになる。ちなみに、フリーウェイができる以前の商業施設（ショッピングセンター）は幹線道路ぞいにあり、道路からのアクセスを勘案して、図13－2のようなレイアウトのものが多かった。

道路から見えやすいようにテナントの看板が掲出され、すべてのテナントが道路から認識できた。いまでもアメリカで日用品を購入するスーパーを含む商業施設（とくにデパート以外のそれ）は、このような「コの字型」のレイアウトを採用しているケースが多くみられる。地域の人が日常的に訪れる施設は、巨大な立体駐車場などではなく、施設の目の前に駐車場があるということが、やはり便利だからであろう。これに対して、フリーウェイの支線の先に作られた大型ショッピングモールは、図13－3のようなレイアウトを採用する傾向にある。

交通網の発達により商圏が拡大され、フリーウェイでの来場を前提とした巨大駐車場は施設と切り離され、そこを訪れるものは車を駐車して、歩いて複数の店舗を回遊する構造となっている。ほとんどの場合、建物の外壁には看板がないか、施設を代表する大型店の看板しかなく、各テナント店は屋根で覆われた内廊下に向けて看板を掲出している。数多くのテナントを抱え、フードコートがあり、子どもが遊べる空間があることから、そこは買い物をする場所としてだけでなく、ある種の都市空間としても機能している。外界と遮断されるように意図的に設計され、ショッピングモールの施設内でどれだけ人々の時間を消費させ、人々の回遊性を向上させるかに注力されるのである。

このハイウェイ時代のショッピングセンターの構造と、フリーウェイ時代のショッピングモールの構造は、インターネットの世界におけるブロードバンド以前／以後の構造変化に対応させうると

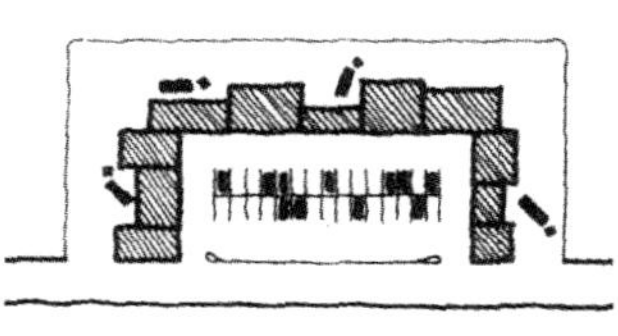

図13－2 フリーウェイ以前の商業施設（東 二〇一一：六四）

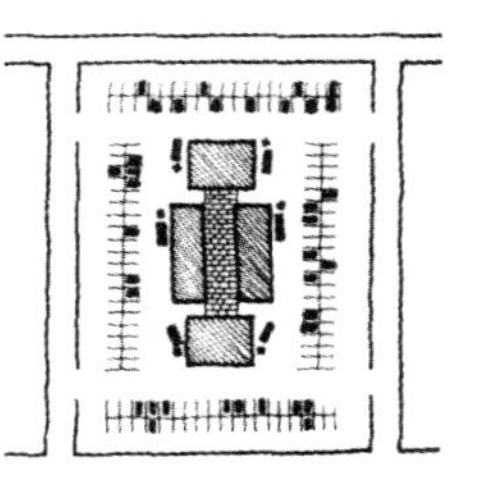

図13－3 フリーウェイ以後の大型ショッピングモール（東 二〇一一：六五）

考えられる。ブロードバンド以前のインターネット環境は、回線の速度が遅く、また常時接続ではないため、ウェブサイトの制作においては、情報をいかに効率的に伝達するのか、という点が意識されていた。何らかの情報を求めて訪れたユーザーに対して、迷わせることなく、無駄なく、必要なページへと誘導するためのアプローチを探るのが基本となる設計思想であった。それはまさしく道路を走行中のドライバーにテナントの看板を視認させ、駐車スペースへと円滑に誘導するショッピングセンターの空間設計とも類似している。テナントの看板は、インターネットの世界でいうならば「バナー広告」[*2]である。広告主はそれを交通量の多い場所に立地させ、その多量の交通量に対して看板を掲示し、人々を店へと誘導するのである。

これに対して、ブロードバンドがもたらした「高速通信」と「常時接続」により、ウェブサイトは肥大化することになった。より派手な演出をし、より多くのユーザーを集め、よりリッチでインタラクティヴなコンテンツを無数に展開することにより、サイト内での滞在時間を延ばし、より多くのコンテンツを消費させる。ユーザーが求める情報を提供するだけに飽き足らず、より多くの時間を消費させることが、サイトの価値を高めると考えられるようになった。現在、もっとも滞留時間の長いメディアであるＦａｃｅｂｏｏｋはその進化系といえる。そこでは道を行き交う人々同士が会話するように、限定された情報空間のなかでコミュニケーションが成立する。また、そのコミュニケーションはＦａｃｅｂｏｏｋという施設の外部からは不可視ですらあり、外界とは隔絶された空間のなかで増殖していくことになる。

ショッピングモールの設計において、その建築的構造が世界中で類似している点は冒頭で言及したとおりである。具体的にいえば、現在のショッピングモールは三層ガレリア式と呼ばれる、中央に吹き抜けがあり、その周囲に三階建てのショップが回廊ぞいに並んでいる構造をもつものが一般

＊2
バナー広告とは、インターネット上でアクセス（トラフィック）の多いページに出す広告のこと。通常、横に長い旗（Ｂａｎｎｅｒ）のような形状をしているため、バナー広告と呼ばれる。

的である。世界最大のドバイ・モールも、オープンエアーに改造されたロサンゼルスのサンタモニカ・プレイスも、日本人にもっとも親しみのあるハワイのアラモアナ・ショッピングセンターも、すべてこの形式が採用されている。また、近年に建てられたショッピングセンターは、意図的に曲線やジグザグをとりいれ、機能性や効率性を犠牲にしてでも、単調になりがちな巨大施設を長く飽きさせずに回遊させる空間に仕立てているのだ。それは客の緊張を取りのぞくデザインともいえる。

この「回遊性」という点に関して比較してみるならば、それは滞留時間の向上を目的とするウェブデザインでも意識されることである。たとえば次頁の四つの画像（図13－4）は、Ａｍａｚｏｎの日本サイトにおける二〇〇一年から二〇〇八年までのナビゲーションの変遷を示している。

本サイトでは当初は書籍のみをあつかっていたが、その後、ＤＶＤやゲームソフト、電子機器や家庭用品と、取り扱い商品を増やすにつれて、「タブ」とよばれる項目が増やされているのがみてとれる。このタブ型のナビゲーションはサイトの全ページの上部に必ず設置され、たとえば特定の本を買いにサイトを訪れた時でも必ず視界にはいり、また、他のアイテムも閲覧、購入しようと思ったときに迷わずそのページへ行けるよう設計されている。現在では欲しい商品名やその商品カテゴリーで検索し、目的のページへ行くのが一般的だが、当時はまだリンクをたどって目的のページへとナビゲートするのが、ユーザーにとってもっとも迷いにくい導線設計であり、そのような手法はＡｍａｚｏｎに限らず世界中のあらゆるサイトで採用される手法だったのだ。また、このタブ型のナビゲーションには、このサイトで扱っているカテゴリーがひと目で分かるという利点があり、たんに意中の商品を購入して終わるのではなく、ひょっとしたら本を買いに来たのだけど、「ホーム＆キッチン」というタブを目立たせれば、ついでにフライパンも買っていってくれるかも

図 13-4　Ａｍａｚｏｎサイトにおけるナビゲーションの変遷
（上から順番に 2001 年 1 月 10 日, 2002 年 1 月 27 日, 2004 年 4 月 5 日, 2008 年 3 月 13 日閲覧）

しれない、というサイト運営側の思惑を投影した形式にもなっている。

しかし二〇〇八年のナビゲーションからわかるように、この足し算式タブ・ナビゲーションには限界があった。タブの数が増えすぎ画面の横幅に収まらないため、文字を小さくし、二段組みにし、二〇〇四年時点ではタブが増えて読みづらくなったために設けたタブ間の隙間もぴったり埋め、可能なかぎり情報を詰め込んだ結果、もはや各タブが読みづらくて使いづらいものになってしまったのである。タブという、もともと紙の書類をファイリングする行為をシミュレートしたナビゲーションでは、増え続けるウェブページを収めることはもはや困難になってしまったのだ。

3　Google以降の状況――空間的隠喩がもつ意味の変化

一昔前のウェブデザインをみてみると、建物や都市についての物理的な形象をパソコンのモニター上にシミュレートしようとする試みが散見された。たとえば図13-5は、日本テレビ放送網株式会社が二〇〇五年に立ち上げたインターネット動画配信サービス「第二日本テレビ」のトップページである（二〇一二年サイト閉鎖）。ここでは「喜怒哀楽」を構成するそれぞれの文字を冠して、「喜通り」「怒通り」「哀通り」「楽通り」という四つの通りが設定され、それぞれが商店街に見立てられている。つまりここでは、現実の物理的空間における「商店街」のイメージがウェブサイト上で隠喩的に表象されているわけであるが、これは見方によっては、インターフェース・バリュー的な空間設計の一例としてとらえることができよう。

図13-5「第二日本テレビ」のトップページ（二〇〇五年一〇月二九日開設当時）

上記のような空間的隠喩を含むウェブデザインのあり方に対して、その意味を揺るがす契機となったのがGoogleの台頭ではないだろうか。Googleは一九九八年に米国で創業し、日本でのサービスを二〇〇〇年に開始している。その当時はＹａｈｏｏ！Ｊａｐａｎが独占的な地位を占めており、ロボット[*3]によるフリーワードの検索よりも、Ｙａｈｏｏ！のスタッフが人力で集めて作成したリストから検索結果を返すのが一般的で、Ｙａｈｏｏ！に掲載されていなければインターネット上に存在しないも同然というほど、インターネットのトラフィックはＹａｈｏｏ！を中心に動いていた。したがって、そこからリンクされる各ウェブサイトのトップページは複雑な情報を盛り込むかたちとなり、また、ブロードバンドの普及により画像が多用されるようになった影響で、トップページが肥大化していったのである。当時のインターネットはキーワードで検索し、目的のページに到達するという構造ではなく、Ｙａｈｏｏ！からのリンクをたどって、まずはトップページへと到達するのが一般的だったからだ。

しかしその後、Ｇｏｏｇｌｅのシェアが二〇〇四年に六二・一％となり、過半数を超える。Ｇｏｏｇｌｅが躍進したのは、ロボットによる質の高い検索結果が評価されたからだ。Ｇｏｏｇｌｅ社のミッション・ステートメントに「世界中の情報を整理し、世界中の人々がアクセスできて使えるようにすること」とあるように、圧倒的に多くのページをリスト化し、またそれぞれのページにランキングをつけることにより、検索したキーワードに対して直接関係するページが表示されるようになったのである。

Ｇｏｏｇｌｅ以前に、たとえば映画『００７』の最新作に関する情報を得ようとすると、「映画」で検索し、「シネマスクランブル」[*4]のような映画ポータルのトップページへ行き、そこから『００７』の映画に関するレビューや、上映館情報を得る、という流れが一般的だった。ところが現在、われわれはその情報を調べるのに「映画」で検索するだろうか。現在では『００７』で検索し、意中の映画に関する情報を直接的に得るのが一般的となっている。われわれは検索エンジンのロジックは

＊3　Ｇｏｏｇｌｅをはじめとした現在の検索エンジンは自動的にインターネット上を回遊しページ情報を取得、インデックス化するロボットによって膨大な索引データベースが構築される。

＊4　映画のポータルサイト「シネマスクランブル」は、インターネットプロバイダＢＩＧＬＯＢＥが運営するサイトであり、国内の映画サイトとして有数のアクセスがあるサイトであった（二〇一一年サイト閉鎖）。筆者は二〇〇四年からその運営に携わり、このサイトに関して複数回のリニューアルを実施した。

知らなくても、どのようなキーワードを入力して検索すれば、目的の情報を得られるかというリテラシーをすでに獲得し、各サイトのトップページなどバイパスしても問題ないことを知っている。かつては一定の人気を誇っていた「シネマスクランブル」のように、まずはトップページに集客し、そこに集まるトラフィックを原資として収益化を計っていたサイトは徐々に運営が難しくなり、当時の段階で、もはやそのトレンドが変化しないことは明らかである。

これは、物理的な空間に置き換えていうと、〝どこでもドア〟が出来たようなものだ。集客を期待してショッピングモールへと出店しているのに、お客が自動車に乗ってではなく、〝どこでもドア〟を使っていきなり店内に現われたらどうだろう。テナントはショッピングモールに出店し続けるであろうか。ショッピングモールはテナントを分類し、明示的にカテゴライズして並べる努力を継続するだろうか。これは導線設計をめぐる従来的な考え方を揺るがす事態であった、といえる。

インターネットの世界でGoogle以降に生じたのは、コンテンツ（内容）とヴィークル（乗り物）の分離である。それまでは一つのウェブページに含まれるコンテンツは、そのページを閲覧しないと得られなかったものが、いまやコンテンツはページから独立してさまざまなヴィークルへと乗り移り、複数の箇所に存在している。ある映画の予告編動画は、その公式サイトや映画サイトのなかだけにあるのではなく、YouTubeに存在し、それはインターネットのあらゆる箇所に貼り付けられ、組み込まれ、スマホのアプリで視聴されることもあれば、Facebookのシェアとしてタブレットの画面に表示されることもある。もはやコンテンツは、その居場所を制作者に固定されることなく、受信者側が望むかたちで表象されるようになったのである。

そのコンテンツの新しい流通経路として、検索エンジンをも凌駕しつつあるのがソーシャルネットワークである。もともとインターネットが情報取得に対するユーザーの能動性を前提とするメディアであったのに対して、ソーシャルネットワークはユーザーの知人をフィルターとして機能させるメディアである。つまり検索を実行する前に、ユーザーと近しい存在から多量かつ優良なコンテンツがフィードされることになるのだ。そして現在、インターネット上で対流する時間の多くが、ソーシャルネットワークと動画に費やされつつある。たとえば映画に関して考えてみるならば、その配給会社にとっては、たとえば「シネマスクランブル」のように「トラフィックの卸売り」をやっている存在よりも、「007は面白かった」とつぶやいてくれる個人のほうがはるかに重要な存在なのだ。

本章のまとめ

本章ではインターネットにおける空間的隠喩に注目しながら、シッピングモールの建築的構造がモータリゼーションにより発展してきた過程と、ウェブサイトが閲覧端末の性能向上と回線インフラの高速化により進化してきた過程を比較した。さらにショッピングモールのデザインとウェブデザインに共通して認められる仕掛け――回遊性を高め、滞留時間を長くするための記号的な演出――をとりあげたうえで、そこで援用される空間的隠喩（それ自体は、見方によっては〝インターフェース・バリュー〟的ともいえる）の意味がGoogleの台頭以降に変化した可能性があることを指摘した。

タークルのいう「インターフェース・バリュー」概念は、パソコン操作上の導線設計を考えるうえで示唆的といえる。そしてそれを関連づけて再考するならば、既出の河田による言説が明らかにするように、われわれはインターネットにおける接触行動を、さまざまな空間的隠喩によって表現したりもする。それだけではない。本章で論じたように、たとえばウェブの制作者は商店街のイメージをホームページのデザインに移植したり、あるいは、ショッピングモールにも認められる回遊性をサイト上に持ち込んだりもする。しかもその場合、大多数のユーザーにとっては、【引用2】でタークルが言及していたような「〝中にあるもの〟を〝見る〟」という欲望は後退している、といえるのではないか。

昨今のシミュレーション文化において、情報の検索がどのようなメカニズムのもとで成り立っているのか、あるいは、自らがどのような導線を経由してある行為へと誘われているのかが人々に意識されることはほとんどない。さらに付言しておくならば、そのような空間的な隠喩を媒介した現代人の認識もまた、Ｇｏｏｇｌｅの事例が示唆するように、インターネットをめぐる技術的な条件の変化によって揺らぎうるのである。

引用・参考文献

東浩紀編（二〇一一）『思想地図β』第一巻、合同会社コンテクチュアズ

河田学（二〇一五）「情報と空間――テクノロジーが生み出す擬似的な空間」、遠藤英樹＋松本健太郎編『空間とメディア――場所の記憶・移動・リアリティ』ナカニシヤ出版

タークル、Ｓ（一九九八）『接続された心――インターネット時代のアイデンティティ』日暮雅通訳、早川書房

第14章 インターネットと対人関係
——若年女性のソーシャルメディア利用に関する調査から

天野美穂子

【キーワード】

インターネット・パラドクス　ソーシャルメディア　強い紐帯／弱い紐帯　対人関係

【引用1】

本研究の結果は、インターネットの利用が及ぼす影響について、極めて一貫性のある図式を提供している。家族間のコミュニケーションと地域社会ネットワークの大きさで評価すると、インターネットの利用が頻繁になるにつれて、社会との関わりは少しではあるが統計的には有意な減少がみられ、社会との関わりに関連した心理状態である孤独感の上昇がみられた。また、インターネットの頻繁な利用は抑うつ感の増加にも関連していた。[†1]

【引用2】

ここで見られるパラドクスとは、インターネットは個人やグループとのコミュニケーションにもちいられる社会的テクノロジーであるにもかかわらず、社会との関わりの減少、および、それにともなう精神的健康の低下に関連しているということである。おそらく、インターネット

†1　Robert Kraut, et al., "Internet paradox : A social technology that reduces social involvement and psychological well-being?", p.1028.

の利用により、人々はより良い人間関係のかわりに、より質の低い社会的関係を選んでしまっている、すなわち、強い紐帯（strong ties）を弱い紐帯（weak ties）[*1]とおき換えてしまっているのである。[†2]

＊

1　インターネット利用は対人関係や精神的健康を阻害するのか

いまや多くの人々にとって生活に欠かせない存在となっているインターネット。このインターネットが利用者に与える影響について、カーネギーメロン大学のロバート・クラウトらは、一九九五年から一九九七年にかけてピッツバーグの九三世帯二五六人（最終的には七三世帯一六九人）を対象に大規模なパネル調査[*2]を実施した。冒頭の二つの引用文は、クラウトらが研究成果としてまとめた論文「インターネット・パラドクス」からの抜粋である。「パラドクス」は日本語で「矛盾、逆説」を意味するが、これは、インターネットの本来の目的が豊富な情報提供やコミュニケーションの活性化などによって利用者の対人関係や精神生活を豊かにすることだと考えられていたにもかかわらず、〝インターネットの利用時間が長いほど家族や社会との関わりが減り、孤独感や抑うつの程度が増す〟という、本来の目的とは逆の結果が示されたためである（【引用1】）。この結果について、クラウトらは、インターネットの利用によって家族とのコミュニケーションや社会参加に使用される時間が奪われたと解釈した。また、ネット上のコミュニケーションの相手は、物理的に近くにいる家族や友人からのような実際的なサポートは得られにくく、話も理解してもらいにくい質の低い「弱い紐帯（むすびつき）」の関係であり、こうした関係が増えることによって、家族や身近な友人との良質な「強い紐帯（むすびつき）」の関係が減少し、結果的に孤独感や抑うつ感が

＊1
「紐帯」（ties）はグラノヴェター（二〇〇六）で議論されている用語。グラノヴェター（二〇〇六）は、個人と個人の間の紐帯（むすびつき）の強さを、ともに過ごす時間量、情緒的な強度、親密さ（秘密を打ち明け合うこと）、助け合いの程度の四次元の組合わせだと述べている。したがって、「強い紐帯」は共有する時間が長く、親しみを感じ、相互にサポートしあう家族や親友のような関係、「弱い紐帯」はあまり会うことがなく、さほど親しみも感じない知人など、ということになる。

†2
Robert Kraut, et al. op. cit. p.1029.

＊2
同じ対象者に対して一定の間隔をおいて同じ質問を行なう調査。

増加したのだと主張している（【引用2】）。

この論文は社会に大きなインパクトを与え、その後、国を問わず多くの研究者によってインターネット・パラドクスの検証がなされた。検証の結果からクラウトらの研究成果への反論も多かったなかで、皮肉にも、クラウトら自身による二回目の調査の結果においてもクラウトら（Kraut et al. 1998）とは異なる結果が導きだされた。二回目の調査（一九九七—九九）は、一回目の調査対象者に対するフォローアップ調査と新規パネル調査の二つから構成されており、フォローアップ調査の結果ではインターネット利用と家族間のコミュニケーション時間、ネットワークの規模、孤独感、抑うつとの有意な関連は見られなかった。そして、新規パネル調査の結果では、インターネットの利用量が多いほど社会でのネットワークが拡大し、また、外交的な人のみインターネットの利用が多いほど孤独感が減少していた。クラウトらは、概してネガティヴな結果が導きだされた一回目の調査と結果が異なった理由について、おもにインターネット環境の変化によるものだと説明している。一九九五年から一九九八年にかけてアメリカの家庭でのインターネット利用者は約四倍に拡大し、調査対象者がインターネットでコミュニケーションする相手も家族や友人などの良質な「強い紐帯」の相手が増えたため、対人ネットワークや精神的健康を阻害しなかったのだと解釈している（Kraut et al. 2002）。

日本においても、インターネットが利用者に与える影響に関して調査が実施されているが（詳細は2節を参照）、その結果はポジティヴな影響を示すもの、ネガティヴな結果を示すものなど、一貫していない。結局のところ、インターネットは利用者の対人関係や精神的健康を阻害するものなのだろうか。また、インターネット上で形成された対人関係は、リアル世界の対人関係と比べて質的に劣るのだろうか。これらの問いはおそらく多くの人々の関心事だと思われるが、一方で、答えをだすのが困難な問いでもある。なぜなら、これまでのさまざまな研究成果によって示唆されるとおり、インターネット利用の影響は情報環境や利用者の属性、利用機器、利用サービス（コンテンツ）、利用のされ方、文化などによって変わりうるからである。

近年の日本では、LINE、Twitter、Facebookなどのソーシャルメディアの利用が若年層を中心に盛んになっている。「平成二六年情報通信メディアの利用時間と情報行動に関する調査」によれば、二〇一四年一一月時点での日本のソーシャルメディアの利用率[*3]は調査対象者全体で六二・三％、一〇代で七八・六％、二〇代で九五％に達し、ソーシャルメディアのなかでもっとも利用率が高いLINEは、全体で利用率五五・一％、一〇代で七七・九％、二〇代では九〇・五％に及ぶという。こうしたソーシャルメディアの普及により、かつては若年層の友だちとのコミュニケーションツールとして中心的に活用されていた電子メールも、その役割はソーシャルメディアに移りつつあり、リアル世界の身近な友だち同士で活発に利用される（柳ら 二〇一五）。一方で、ソーシャルメディアは、とくに若年女性においては見知らぬ異性との「出会い」のツールともなっている（橋元ら 二〇一五）。このような情報環境は、クラウトら（Kraut et al. 1998）が調査を実施したインターネット普及初期とは大きく異なることは明らかだろう。

本章では試みとして、インターネット・パラドクスの問題意識（インターネットは対人関係や精神生活を豊かにするのか）を、日本の若年女性のインターネット（ソーシャルメディア）利用という条件のもとでとらえ、対人関係や精神的健康にどのように関係するのかについて検討する。とくに、インターネット（ソーシャルメディア）を介して新たに形成された対人関係の「質」について、リアルの対人関係よりも劣る「弱い紐帯」なのか、リアルの人間関係とどのように異なるのかを、クラウトら（同上）のもちいた定量的なデータだけではなく、定性的なデータも活用しながら

＊3　ここでのソーシャルメディアの利用率は、LINE、Facebook、Twitter、mixi、GREE、Mobageのいずれかを利用している率。

描出したい。ソーシャルメディア（見る・書く）の行為者率はとくに若年層において男性よりも女性の方が高く、[*4]また、若年女性のソーシャルメディアを介した見知らぬ異性との出会いが深刻な事件につながりうるという現状を鑑みると、ソーシャルメディアを利用する若年女性を考察の対象とすることは意義があると考えられる。

この後、2節では、日本でのインターネット・パラドクス研究の一つを取りあげながら本章での検討事項を確認し、3節では、二つの実証調査データに基づいた、日本の若年女性のインターネット（ソーシャルメディア）利用と対人関係・精神的健康の関係を検討する。そして、4節では、3節での結果をふまえながら、クラウトらの「インターネット・パラドクス」学説の意義を考えたい。

2 日本の「インターネット・パラドクス」研究

日本でインターネットが利用者に与える影響について検討した研究は多数みられ（橋元ら 二〇〇二；安藤ら 二〇〇四；安藤ら 二〇〇五；志村ら 二〇〇五；高比良ら 二〇〇九；河井 二〇一四）、これらの結果が一貫していないことはすでに述べたとおりである。[*5]これらの研究は、まず、調査時期が異なるため、情報環境にも相違が生じている。加えて、「インターネットの利用量」（説明変数）が「対人関係」や「精神的健康」（目的変数）にどのような影響を与えるかを調べる点では一致しているものの、「インターネット利用量」の測定の仕方や調査対象者などの細部はそれぞれの研究目的によって異なるため、結果に関する単純な比較は難しい。たとえば、「インターネットの利用量」に関して、クラウトら（1998）と同様にインターネットの総利用時間を測定している研究（橋元ら 二〇〇二）もあれば、ウェブサイト閲覧・チャットなどのツール別の利用量を測定している研究（安藤ら 二〇〇四；安藤ら 二〇〇五；志村ら 二〇〇五；高比良ら 二〇〇八；河井 二〇一四）、情

＊4
前出の「平成二六年情報通信メディアの利用時間と情報行動に関する調査」によれば、二〇代の「ソーシャルメディアを見る・書く」の平日の行為者率は、女性六九・四％、男性四三・八％。

＊5
日本のインターネット・パラドクスに関する先行研究については高比良（二〇〇九）で的確に整理されている。

報収集・娯楽などの目的別利用量を測定している研究（安藤ら 二〇〇五；高比良ら 二〇〇八）など、それぞれの目的に応じている。また、調査対象者も、幅広い年齢層を対象とした研究（橋元ら 二〇〇二；志村ら 二〇〇五）のほか、小学生（高比良ら 二〇〇九）や中学生（安藤ら 二〇〇五）に絞った研究もある。こうしたさまざまな視点からのインターネット利用と対人関係・精神的健康に関する調査研究がおこなわれているのは、悪影響が起こる条件の特定が研究目的になっているからだと考えられる（高比良 二〇〇九）。

ここでは、ネット上の対人関係の「質」を検討課題の一つとする本章の関心と近い、安藤ら（二〇〇四）の研究をみてみよう。安藤ら（二〇〇四）は、オフラインではなくオンラインで新たに構築された対人関係に焦点をあて、これが精神的健康（ここでは人生満足度と社会的効力感）に及ぼす影響の検討を目的としている。調査は、情報系専門学校男子学生一七三名（平均年齢一八・九歳）を対象にしたパネル調査（一九九九年と二〇〇〇年の二回）で、インターネット利用量をユーザー同士が同期的にやり取りする同期ツール（チャット、オンラインゲームなど）と、個々のユーザーが好きな時間にアクセスしてやり取りする非同期ツール（Eメール、掲示板、フォーラムなど）に分けて測定している。

結果として、まず、同期ツールの使用で異性の友人が増加した場合のみ人生満足度が高くなった。この点について、安藤ら（二〇〇四）は、調査の対象が女子学生の少ない情報系専門学校の一九歳前後の男子学生であり、ネット上での異性の友人の増加が特別な意味をもつサンプルのためだと考察している。また、おもに同期ツールによってネット上の知人数や同性の友人数の増加により社会的効力感（新たな対人関係構築への確信）が高まった一方で、異性の友人数の増加は社会的効力感に影響を及ぼさなかった。これは、ネット上の異性の友人とはあくまでネット上でのおしゃべりにとどまっており、ネット以外の対人的な効力を育むには至らないという考察がされている。

上記の結果は、安藤ら（二〇〇四）が述べるとおり、ネット上で形成された対人関係が少なくともクラウトら（1998）の述べる質の低い関係ではなく、精神的健康にポジティヴな影響を与えうる質を有することを示唆している。この研究は、ネット上で形成された対人関係の「質」を明らかにした点で興味深いが、ネット上の友人・知人の増加が人生満足度を高めたのは、リアルの友人・知人にはない利点をネット上の友人・知人が持ち得るためなのかどうかが安藤ら（二〇〇四）の研究関心外であるため、この調査結果からは把握が難しく、今後発展の余地があると思われる。

3　インターネット（ソーシャルメディア）利用の影響——二つの調査データからの検討

前述の「リアル」と「ネット」の対人関係の相違についても検討項目に含めつつ、日本の若年女性のインターネット（ソーシャルメディア）の利用が対人関係や精神的健康にどのように関係するのかについて、筆者が参加した若年女性のソーシャルメディア利用に関する二つの調査のデータ（ＷＥＢアンケート調査、ＭＲＯＣ調査）にもとづいてみてみよう。*6

ここでの検討項目を改めて整理すると、①インターネット（ソーシャルメディア）利用量と対人関係・精神的健康の関係、②インターネット（ソーシャルメディア）を介して形成された対人関係の「質」（1　ネット上の対人関係は「弱い紐帯」か、2　ネット上の対人関係のメリット）となる。①および②-1はＷＥＢアンケート調査データ、②-2はＭＲＯＣ調査データをもちいて考察する。

*6
この二つの調査は、東京大学大学院情報学環橋元良明研究室とＮＴＴセキュアプラットフォーム研究所による共同研究の一環として行なわれたものである。詳細は天野ら（二〇一四）、堀川ら（二〇一四）、橋元ら（二〇一五）を参照されたい。また、ＭＲＯＣ調査は、オンラインコミュニティ上でおこなう文字によるインタビュー調査で、ＭＲＯＣはMarketing Research Online Communityの略。

調査と分析の概要

WEBアンケート調査は、高校生を含む一五〜一九歳の未婚女性でなおかつソーシャルメディアなどの書き込み利用者三〇〇〇人（一五〜一九歳：一〇〇〇人、二〇〜二四歳：九二〇人、二五〜二九歳：一〇八〇人）を対象とし、調査時期は二〇一四年三月二一日〜二四日である。[*7] このWEBアンケート調査は、1節、2節で取りあげた先行研究のようなパネル調査ではなく、単発の調査であるため、インターネット利用時間量と対人関係や精神的健康の関連は調べることができるが、因果関係までは明らかにすることができない。

分析にあたって、インターネット利用量はスマートフォンでのインターネット利用時間を（1）高頻度利用（平日一日七〇分以上）、（2）低頻度利用（平日一日六九分以下）の二カテゴリーに分けて使用する。クラウトら（1998）は、インターネットの利用量については自宅でのパソコンによるインターネット総利用時間を測っており、すなわちこれは「プライベートな用件でインターネットを使用する時間」を見ていたわけだが、近年の日本ではプライベートな用件でのインターネット利用はスマートフォンなどのモバイル機器からの利用が主流となっていると考えられるため、ここではスマートフォンでのインターネット利用時間を使用する。[*8] また、これとは別に、スマートフォンでのソーシャルメディアによる友だちとのやりとりの時間に関しても（1）高頻度利用（一日三〇分以上）、（2）低頻度利用（一日二九分以下）の二カテゴリーに分けて使用する。これは、コミュニケーション目的でのソーシャルメディア利用量と対人関係・精神的健康の関係も検討するためである。なお、このWEBアンケート調査の「ソーシャルメディア」の定義は幅広いサービスを含んでいる（詳細は注7参照）が、各サービスの利用率を複数回答可で尋ねたところ、利用率の高かった上位五サービスはLINE（八〇・九％）、Twitter（七七・一％）、動画サイト・生

＊7　アンケート調査では、LINE、KakaoTalk、comm、Skype、「その他通信アプリ（自由記述）」、アメーバブログ、「その他ブログ（自由記述）」、Twitter、Facebook、mixi、GREE、Mobage、「その他のSNS（自由記述）」、チャット（オンラインゲームのチャット含む）、プロフ、Vine、動画サイト・生放送、掲示板、出会い系アプリ・サイトの一九種類を選択肢項目とした。

＊8　前出の「平成二六年情報通信メディアの利用時間と情報行動に関する調査」によれば、二〇一二〜二〇一四年の三年間の自宅での機種別インターネット利用時間は、パソコンでの利用時間が二〇一二年二〇・九分、二〇一三年一七・〇分、二〇一四年一四・三分と減少しているのに対し、モバイル機器での利用時間は二〇一二年二五・二分、二〇一三年二九・四分、二〇一四年三三・三分と増加傾向にある。

放送（六四・五％）、Ｆａｃｅｂｏｏｋ（五五・八％）、アメーバブログ（五一・六％）であった。対人関係に関しては、家族と顔をあわせて話す時間、友だちと顔を合わせて話す時間、対人関係満足度を、精神的健康については孤独感、対人的疎外感、抑うつ、社交性の四つの心理尺度をそれぞれ使用する。[*9]

また、ＭＲＯＣ調査は、ソーシャルメディアなど[*10]を利用している高校生女子でなおかつネット上で見知らぬ人と知りあい、実際に会った経験のある二〇人を対象とし、調査期間は二〇一四年二月一四日〜二月二八日である。

対人関係

まず、家族との関わりを見てみると、次頁の表14－1に示したとおり、「家族と顔を合わせて話す時間」は、インターネット利用高頻度（一四七・八分）の方が低頻度（一一四・九分）よりも直接顔を合わせて話す時間が長い。同様に、ソーシャルメディアでの友だちとのやりとりが高頻度（一三六・六分）の方が低頻度（一二五・四分）よりも、家族と直接顔を合わせて話す時間が長い。また、表には示していないが、相関分析をおこなったところ、ネット利用時間・ソーシャルメディアで友だちとやりとりする時間と家族と顔を合わせて話す時間には、弱いながらもそれぞれ正の相関がみられた（ネット r = 0.146, p<0.001、ソーシャルメディア r = 0.054, p<0.01）。これは、ネット利用時間が長いほど家族と顔を合わせて話す時間も長いことを意味する。すなわち、ネット利用時間とソーシャルメディアで友だちとやりとりする時間量に限ってみれば、これらは家族とのコミュニケーションを妨げてはいないと考えられる。

つぎに、友だちとの関わりをみてみると、「友だちと顔を合わせて話す時間」（表14－1）も、

＊9　対人関係満足度は、リアルの友人、ネットの友人、家族等に関して「1 満足」〜「4 不満」、「5 該当する人はいない」の五件式で回答を求めた。分析時の平均値の算出にあたっては、「満足 4点」〜「不満 1点」とし、5「該当する人はいない」は欠損値として除外している。精神的健康の四つの心理尺度に関しては、孤独感、対人的疎外感、抑うつ、社交性等を構成する項目について四件式で回答を求め、分析時はリッカート加算して使用した。

＊10　ＭＲＯＣ調査ではＬＩＮＥ、ＫａｋａｏＴａｌｋ、ｃｏｍｍ、Ｓｋｙｐｅ、「その他通信アプリ（自由記述）」、アメーバブログ、「その他ブログ（自由記述）」、Ｔｗｉｔｔｅｒ、Ｆａｃｅｂｏｏｋ、ｍｉｘｉ、ＧＲＥＥ、Ｍｏｂａｇｅ、「その他のSNS（自由記述）」、チャット（オンラインゲームのチャット含む）の一四種類を選択肢項目とした。

ネット利用高頻度（一〇三・七分）の方が低頻度（六五・八分）よりも直接顔を合わせて話す時間が長い。また、ソーシャルメディアでの友だちとのやりとりが高頻度（一一九・八分）の方が低頻度（五四・一分）よりも友だちと直接顔を合わせて話す時間が顕著に長く、高頻度は低頻度の二倍以上の時間となっている。別途おこなった相関分析の結果からも、ソーシャルメディアでの友だちとのやりとりの時間が長いほど友だちと顔を合わせて話す時間が長いことが示されている（ネット r = 0.174, p<0.001、ソーシャルメディア r = 0.241, p<0.001）。これらの結果から、長時間のインターネット利用やソーシャルメディアでの友だちとのやりとりは、友だちとの直接の関わりを妨げるものではない可能性が示唆される。この結果は、後述の「精神的健康」でも触れるが、ネット利用及びソーシャルメディアでの友だちとのやりとり高頻度利用者は、低頻度利用者と比べて「社交性」が高い傾向にあったため、ネット／リアルの別を問わず友だちと活発にコミュニケーションをとったと推測できる。また、ソーシャルメディアでの友だちとのやりとり高頻度者が友だちと直接顔を合わせて話す時間が顕著に長かったという結果は、ソーシャルメディアでやりとりする友だちが日常的によく接するリアルの友だちでもあるというケースも考えられだろう。

ネット上の対人関係は「弱い紐帯」か

ソーシャルメディアの利用目的（複数回答可）は、友だち関係での利用が上位を占めている（図14－1[*11]）。調査対象者全体（三〇〇〇人）でもっとも該当率が高かったのは「友だちの近況を知る」（六三・一％）、第二位は「リアルの友だちとやりとりする」（五二・八％）であった。また、上位ではないが、「リアルでは知らない人と交流する・友だちを探す」も全体で三割弱（二七・三％）が該当しており、ソーシャルメディアによる友だちとのやりとりが既存の友だちとのコミュニケー

＊11 図14－1は、表側の各項目に関する「あてはまる」の回答比率を示している。

	全体 (N=3000)	ネット利用時間			ソーシャルメディアで友だちとやりとりする時間		
		高頻度 (N=1414)	低頻度 (N=1586)	t検定	高頻度 (N=1350)	低頻度 (N=1650)	t検定
家族と顔を合わせて話す時間	130.4	147.8	114.9	***	136.6	125.4	†
友だちと顔を合わせて話す時間	83.7	103.7	65.8	***	119.8	54.1	***

表 14-1　友だち・家族と顔を合わせて話す時間（メディア利用頻度別）　（単位：分）
※ t 検定結果：*** p<0.001, † p<0.10.

ションの補強だけではなく、新たな友だちとの交流にも開かれていることがわかる。実際、見知らぬ人とのネット上でのやりとりの経験を問う設問では、調査対象者全体のうち、「やりとりをしている」が三九・六%、「やりとりした経験はあるが今はしていない」が二八・五%存在した。

クラウトら（1998）は、ネット上でのコミュニケーションの相手からはサポートを受けにくく、リアルの身近な友人に比べて質の低い「弱い紐帯」の関係だと述べていたが、現代日本の若年女性にとってもそれはあてはまるのだろうか。次頁の図14－2は、「普段からあなたの気持ちをよく理解してくれる」相手がリアルとネットのどちらの人間関係に多く存在するかを尋ねた結果をメディア利用頻度別に整理したものである。[*12] 図に示したとおり、ネット利用、ソーシャルメディア利用ともに頻度の高低を問わずリアルの人間関係の方に多く存在し、高頻度利用者の方がその比率はより高いことがわかる。また、ネット利用、ソーシャルメディア利用ともに高頻度利用者は「ネットの人間関係の方が多くいる」が一割弱、「両方同じくらいいる」とあわせると二割弱が該当しており、ネット上の人間関係においてもよき理解者がいる比率が低頻度利用者と比べて高いことがわかる。

この傾向は、「深刻な悩みを打ち明けることができる」相手に関しても同様であった（図14－3）。ここでは、ソーシャルメディアでの友だちとのやりとり高頻度利用者は、リアルとネットのどちらの人間関係にもおい

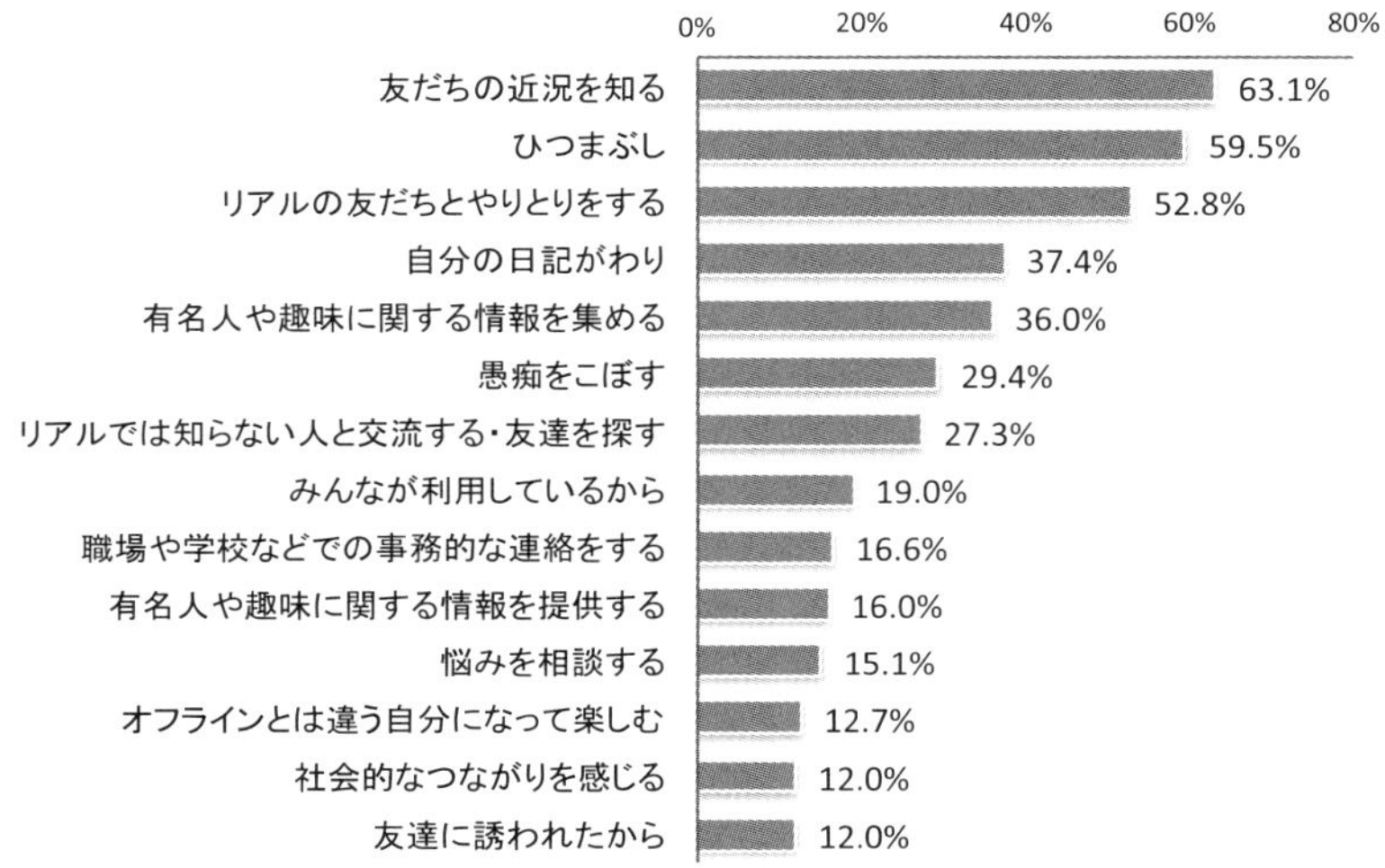

図 14-1　ソーシャルメディアの利用目的（N=3000）

ても該当率がもっとも高く、さまざまな友だちとのソーシャルメディアでのやりとりで精神的サポートが得られている様子が伺える。また、「趣味に関する話ができる」相手に関しては、ネット利用、ソーシャルメディア利用ともに頻度の高低を問わずリアルの人間関係に多く存在するものの、ネットの人間関係にも二割強の比率で存在していた（図14－4）。これは、図14－2、図14－3と比べて高い比率である。

＊12 WEB調査においては、「リアルの人間関係」は家族や職場・学校の友だちなど、リアルの活動をきっかけに知り合った人を指すとし、「ネット上で初めて知り合いその後リアルでも付き合うようになった人」については「インターネット上の人間関係」に含むとした。

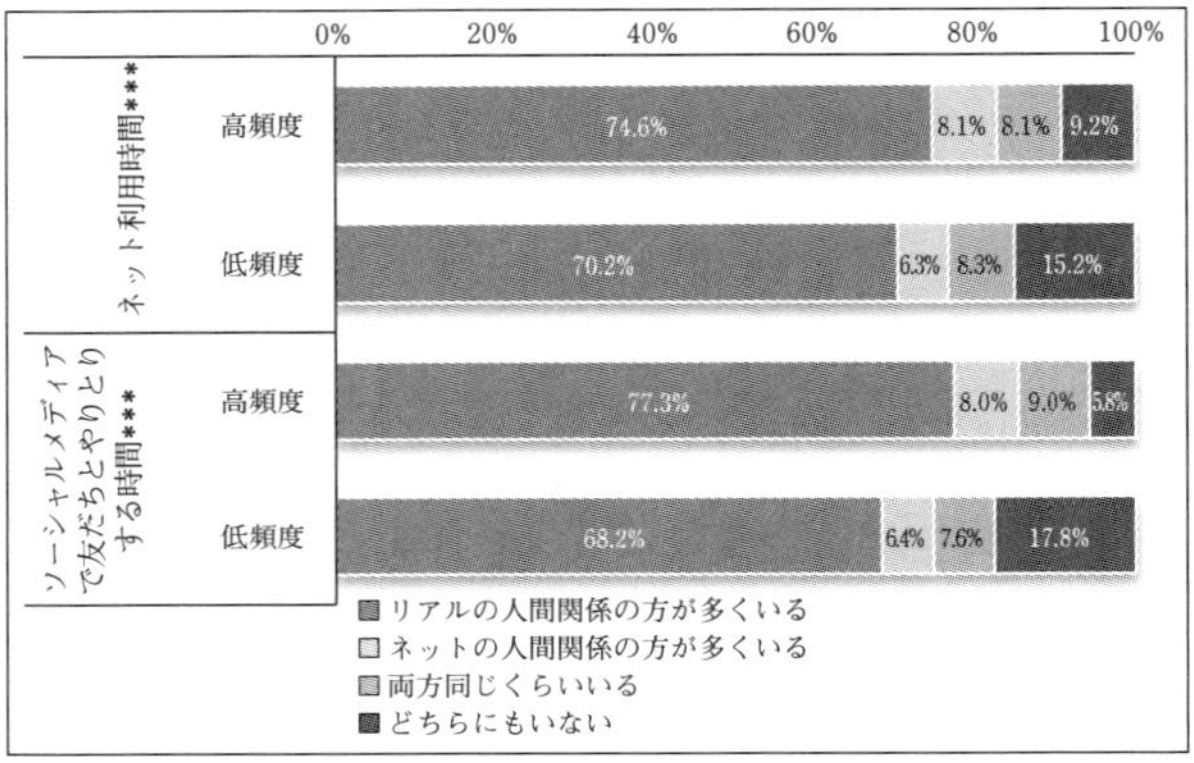

図 14-2 「普段からあなたの気持ちをよく理解してくれる」相手の比較（メディア利用頻度別） ※χ二乗検定結果：*** p<0.001

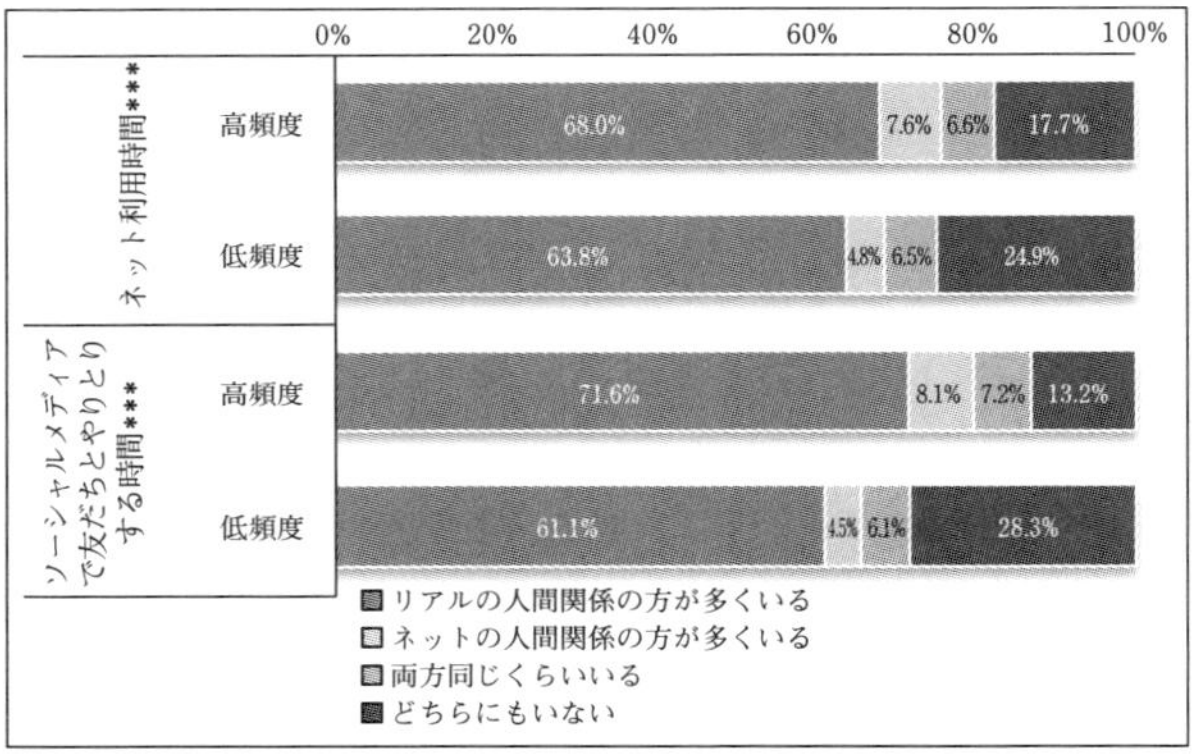

図 14-3 「深刻な悩みを打ち明けることができる」相手の比較（メディア利用頻度別） ※χ二乗検定結果：*** p<0.001

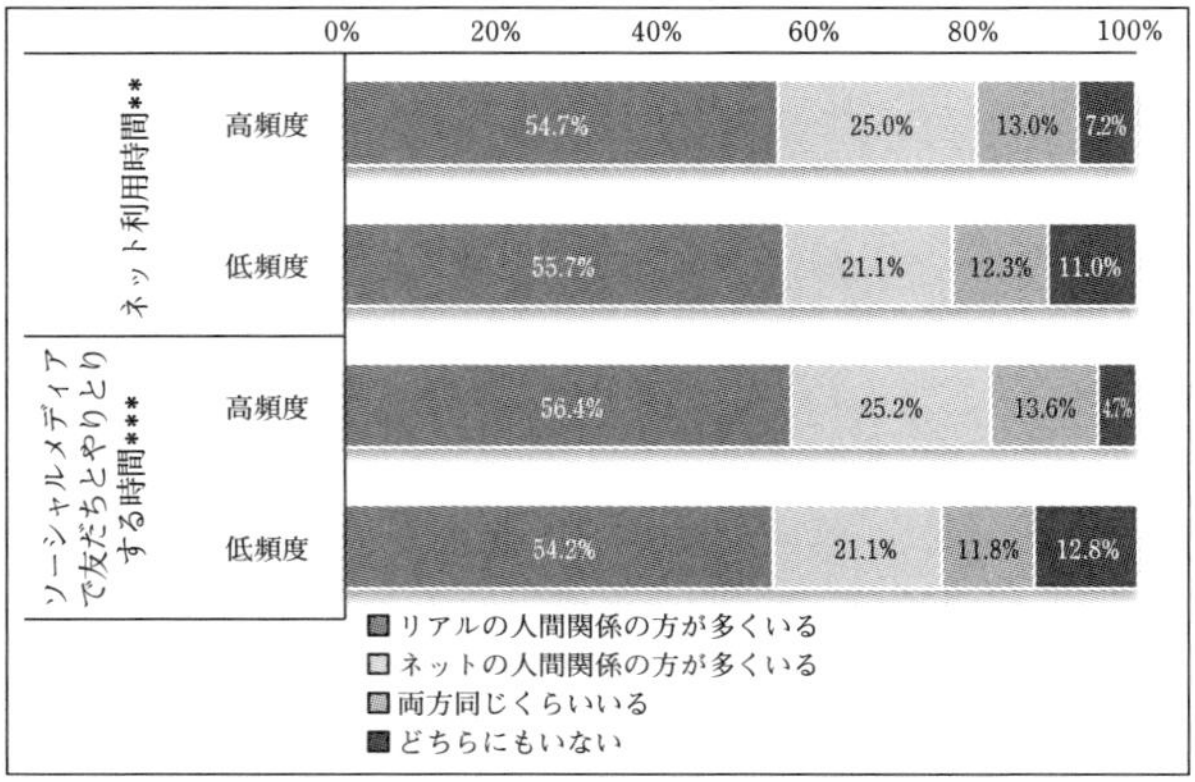

図 14-4 「趣味に関する話ができる」相手の比較（メディア利用頻度別） ※χ二乗検定結果：*** p<0.001

以上のように、自分を理解し、深い悩みごとも相談でき、趣味の話も共有できる相手はネットの人間関係にも存在していた。こうした精神的拠り所となる相手がネットの人間関係で得られるということは、ネット上で形成される対人関係は、かならずしも質の低い、弱い紐帯ではないといえるのではないだろうか。

また、こうした精神的サポートを享受しているのはネット、ソーシャルメディア低頻度利用者よりも高頻度利用者の方が多く、一方で、ネット利用、ソーシャルメディア利用ともに低頻度利用者は自分をよく理解してくれる相手がネットとリアルの「どちらにもいない」の比率が高かったことは注目に価する。とくに、「深刻な悩みを打ち明けることができる」相手に関しては、ネットとリアルの「どちらにもいない」の比率がネット利用低頻度で二四・九%、ソーシャルメディア利用低頻度では二八・三%に及んでいた。つまり、ネットやソーシャルメディアで長時間友だちとやりとりする人は、仮にリアル世界でサポートを得られる相手を見つけられなくともネット世界でサポートを得られているケースもあるが、ネットをあまり利用せず、ソーシャルメディアで友だちとのやりとりが少ない人は、自分を精神的にサポートしてくれる相手をどこにも見つけられないことになる。この点において、インターネット利用、そしてコミュニケーション目的でのソーシャルメディア利用は、対人関係を豊かにしうる可能性がある。

これは、表14－2の「対人関係の満足度」をみても確認できる。ネット利用高頻度者は、低頻度者に比べてネットの友人の満足度が高く、ソーシャルメディア利用高頻度者はリアルの友人、ネットの友人どちらも低頻度者に比べて満足度が高い。

	全体	ネット利用時間			ソーシャルメディアで友だちとやりとりする時間		
		高頻度	低頻度	t検定	高頻度	低頻度	t検定
リアルの友人満足度	3.02	3.04	3.00	n.s	3.12	2.94	***
ネットの友人満足度	2.99	3.04	2.93	**	3.06	2.91	***
職場・学校人間関係満足度	2.78	2.79	2.77	n.s	2.83	2.73	**
家族満足度	3.04	3.06	3.02	n.s	3.07	3.01	*

表 14-2　対人関係の満足度（メディア利用頻度別）

※ t 検定結果：*** $p<0.001$, ** $p<0.01$, * $p<0.05$, n.s 有意差なし

精神的健康

インターネット利用量とソーシャルメディアでの友だちとのやりとり量が精神的健康に関係するかについてみてみると、表14-3のとおり、ネット利用、ソーシャルメディアでの友だちとのやりとりともに、高頻度利用者は低頻度利用者よりも統計的に有意に「抑うつ」と「社交性」が高く、「孤独感」が低かった。つまり、ネットやソーシャルメディアでの友だちとのやりとりの時間が長い人は、人と一緒にいることが好きで精神的な孤独を感じていないというポジティヴな面と、気分が沈むようなネガティヴな側面の両方と関係しているということである。[*13] このポジティヴな側面に関しては、前述のような、リアル／ネットの双方の人間関係で高頻度利用者が精神的サポートを得る傾向にあったことが関係すると推測できる。反対に、ネットやソーシャルメディアでの友だちとのやりとり低頻度利用者は高頻度利用者よりも「孤独感」が高い傾向にあるが、これは低頻度利用者が心理的サポートを得られる相手をリアルでもネットでも得られていないケースが多いことが関係していると考えられる。

ネットの対人関係のメリット

ネットで形成された人間関係が精神的サポートになっていることは、MROC調査での参加者たちの発言からも見て取ることができた。これらの発言には、リアルの対人関係にはない、ネットの対人関係だからこそのメリットも言及されていた。ネットの対人関係のメリットに関する発言を分類すると、①ありのままの自分でいられる、②リアルの友だちには話しにくい話ができる、③趣味のあう人を見つけやすい、④すぐに関係を切れる、の四つに大別できた。以下は実際の発言例の抜粋である。[*14]

	全体 (N=3000)	ネット利用時間 高頻度 (N=1414)	ネット利用時間 低頻度 (N=1586)	ネット利用時間 t検定	ソーシャルメディアで友だちとやりとりする時間 高頻度 (N=1350)	ソーシャルメディアで友だちとやりとりする時間 低頻度 (N=1650)	ソーシャルメディアで友だちとやりとりする時間 t検定
孤独感	2.65	2.63	2.67	*	2.56	2.72	***
対人的疎外感	2.40	2.40	2.40	n.s.	2.34	2.46	***
抑うつ	2.87	2.93	2.81	***	2.90	2.85	***
社交性	2.59	2.66	2.52	***	2.76	2.44	*

表 14-3　心理傾向（メディア利用頻度別）

※ t 検定結果：*** p<0.001, * p<0.05, n.s 有意差なし

①ありのままの自分でいられる

私は自称コミュ障で、リアルではあまり話しませんが、ＴｗｉｔｔｅｒやＬＩＮＥではマシンガントークといわれるほど話しています。リアルだと、相手と同時に話してしまい、あ、ごめん！的な感じで譲りがちになりますが、ネットでは、同時だとしても、相手がいいきるのを見れるので、そのまま返すことができます。（ＭＺさん、一八歳、高三）

リアルの友達にはあまり素の自分を晒すことができず、いつもみんなに合わせています。ネットだと自分の意見をしっかり主張することができます。（ＮＫさん、一八歳、高二）

②リアルの友だちには話しにくい話ができる

話す内容も、リアルだと疎まれるくらいの鬱なことも相談できたりするので、割と相談の質は重いかもしれません。〔…〕リアルだとちょっとバラされたら困る内容でも、ネット上だと私のリアルを知らない訳ですし、バラされることがないので比較的何でもいえます。（ＬＮさん、一七歳、高二）

ネットの友達には結構人が引くような悩みとか重い悩み話しちゃいます（…）だからリアルの友達より話してて本音いえます！（ＣＥさん、一六歳、高二）

③趣味のあう人を見つけやすい

＊13
本調査は、クラウトらの一連の研究のように調査期間の開始と終了の二時点での変化を見た調査（パネル調査）ではなく、あくまでの一時点の調査の結果によるため、もともと孤独感が強かった人がネットもしくはソーシャルメディア利用頻度が高いのか、ネットもしくはソーシャルメディアの利用時間が長い結果孤独感が高まったのか、その因果の方向性を明確にすることはできない。

＊14
発言内容は、可能な限り原文のまま（誤字脱字、絵文字もそのまま）引用している。また、発言者名は仮名を用いている。

ＳＮＳにもよるけど、プロフィールが見られる場合だとその人がどんな趣味なのかとか何が好きなのかとかっていう情報がそれだけでわかってしまいます。それで趣味が合う人なら絡んでみようという気持ちになると思います。（ＮＮさん、一七歳、高二）

個人的に一番違うと思うのはネットのほうが、ある程度相手の趣味や好みを知った状態で知り合うことができるということですね。Ｔｗｉｔｔｅｒだとプロフィール欄に好きなもの書いてあったりつぶやきの内容から〝〇〇のイベント・ライブいったんだ！〟ってなって、ダイレクトに趣味・好きなものについて話をすることができると思います。（ＫＳさん、一八歳、高三）

④すぐに関係を切れる

私にとってリアルの人間関係は必要だけれどとてつもなく面倒なものです。ネットなら関わりたい時だけ関われる、離れたい時には離れられる。いい方が悪いですがある意味「都合のいい存在」なのかもしれません。（ＴＦさん、一六歳、高一）

口が悪くなってしまうかもしれないけれど、やっぱりネットの友達は気を使わなくていいというか…。嫌になったらすぐに相手から関わりを断てるから、本音で結構話します。（ＲＮさん、一七歳、高二）

①「ありのままの自分でいられる」、②「リアルの友だちには話しにくい話ができる」、③「趣味

のあう人を見つけやすい」については、リアル世界ではなく、ネット上で形成された関係だからこそ得られるメリットであり、物理的に近くにいなくても話が通じ、情緒的な安定が得られている様子が伺える。また、④「すぐに関係を切れる」に関しては、文字どおり解釈すれば「弱い紐帯」そのものになる。しかし、発言者の女子高生たちには、長く、つねに一緒にいることがメリットなのではなく、「関わりたい時だけ関われる」ことが親密化のポイントとなっているのである。この意味において、紐帯（むすびつき）の強さの要因として、共に過ごす時間量の重要性は低いとも考えられるかもしれない。また、前述の二つの調査の共同研究メンバーである堀川（二〇一四）は、近年の友人関係の「選択化・濃密化」の議論の延長線上に成り立つものとしてネットでの対人関係（ここでは若年女性のネット上での異性との出会い）をとらえているが、たしかに必要に応じてリアル／ネットの友だちを使い分けて接するという、選択された限定的な関係性だからこそ「親密さ」を求められるとも考えられるだろう。親密であることがむすびつきの強さをあらわすとすれば、この意味において、ネット上の対人関係は「弱い紐帯」ではないといえるかもしれない。

本章のまとめ

本章では、クラウトら（1998）の研究成果である「インターネット・パラドクス」を取りあげ、インターネット・パラドクスの問題意識（インターネットは対人関係や精神生活を豊かにするのか）を借りて、日本の若年女性のインターネット（ソーシャルメディア）利用が対人関係や精神的健康にどのように関係するのかについて検討してきた。３節での検討項目の結果をまとめると、①インターネット（ソーシャルメディア）利用量と対人関係に関しては、利用量が多いほど家族や友だちと顔を合わせて話す時間も長く、マイナスの影響は与えていないと考えられる。インターネット（ソーシャルメディア）利用量と精神的健康については、利用量が多いほど「抑うつ」と「社交性」が高く、「孤独感」が低かった。つまり、マイナスにもプラスにも関係している。②インターネット（ソーシャルメディア）を介して形成された対人関係の「質」に関しては、ネット上の対人関係も精神的拠り所となる場合があり、質の低い「弱い紐帯」とはいえないと考えられる。また、ネット上の対人関係ならではのメリットもあり、これはネット上の対人関係が質の低い関係ではないことを裏づける傾向にあったといえる。

本章で取り扱った調査のデザインやアプローチはクラウトら（1998）とは異なるため、厳密な比較はできないが、インターネット（ソーシャルメディア）利用量と対人関係に関してはクラウトらの結果とは異なる傾向、インターネット（ソーシャルメディア）利用量と精神的健康については、抑うつ感の増加のみクラウトらと共通の傾向がみられた。こうした結果は、クラウトらの「インターネット・パラドクス」とは一致していない。ただし、本章で用いた調査データの対象者が「日本」の「若年層」の「女性」、「ソーシャルメディア等の書き込み利用者」という限定された対象者であり、パネル調査ではなく単発の調査データによる分析によって導かれた結果であることを考慮する必要がある。1章で述べた通り、インターネット利用の影響には情報環境や利用者の属性、文化等の様々な要因が複合的に働くと考えられ、インターネット利用が人々の対人関係や精神的健康に及ぼす影響を一般化することはやはり困難だと考えられるだろう。しかしながら、クラウトら（1998）が主張した「インターネット・パラドクス」は、その結果のインパクトの強さによって、時を経ても議論や検証の契機となり、新たな知見を生みだす源泉となっている。この点において、意義があると考えられる。今後もおそらく変わりゆくであろう情報環境のなかで、「インターネット・パラドクス」の問題意識である「インターネットは対人関係や精神生活を豊かにするのか」については、つねに問い続ける必要があるだろう。

引用・参照文献

天野美穂子＋堀川裕介＋千葉直子＋橋元良明（二〇一四）「なぜ女性はネット上で異性と出会うのか（Ｉ）――性規範意識との関係を中心に」『二〇一四年社会情報学会ＳＳＩ学会大会研究発表論文集』六一―六六頁

安藤玲子＋坂元章＋鈴木佳苗＋小林久美子＋橿淵めぐみ＋木村文香（二〇〇四）「インターネット使用が人生満足感と社会的効力感に及ぼす影響――情報系専門学校男子学生に対するパネル調査」『パーソナリティ研究』第一三巻一号、一―一三頁

安藤玲子＋坂元章（二〇〇五）「インターネット使用が中学生の孤独感・ソーシャルサポートに与える影響」『パーソナリティ研究』第一四巻一号、六九―七九頁

岩田考（二〇一四）「ケータイは友人関係を変えたのか――震災による関係の〈縮小〉と〈柔軟な関係〉の広がり」、松田美佐・辻泉・土橋臣吾編『ケータイの二〇〇〇年代――成熟するモバイル社会』東京大学出版会、一七一―二〇〇頁

河井大介（二〇一四）「ソーシャルメディア・パラドクス――ソーシャルメディア利用は友人関係を抑制し精神的健康を悪化させるか」『社会情報学』第三巻一号、三一―四六頁

グラノヴェター、Ｍ・Ｓ（二〇〇六）「弱い紐帯の強さ」野沢慎司編・監訳大岡栄美訳、『リーディングスネットワーク論――家族・コミュニティ・社会関係資本』勁草書房、一二三―一五四頁

志村誠（二〇〇五）「インターネットのコミュニケーション利用が個人にもたらす帰結」、池田謙一編『インターネットコミュニティと日常生活』誠信書房、一二一―一三一頁

高比良美詠子（二〇〇九）「インターネット利用と精神的健康」、三浦麻子＋森尾博昭＋川浦康至編『インターネット心理学のフロンティア――個人・集団・社会』誠信書房、二〇―五八頁

橋元良明＋辻大介＋石井健一＋木村忠正＋金相美（二〇〇二）「「インターネット・パラドクス」の検証――

インターネットが精神的健康・社会的ネットワーク形成に及ぼす影響」『東京大学社会情報研究所調査研究紀要』一八号、三三五―四八五頁
橋元良明（二〇一一）『メディアと日本人』岩波書店
橋元良明＋千葉直子＋天野美穂子＋堀川裕介（二〇一五）「ソーシャルメディアを介して異性と交流する女性の心理と特性」『東京大学大学院情報学環紀要 情報学研究・調査研究編』第三一号、一一五―一九五頁
ボイド、D（二〇一四）『つながりっぱなしの日常を生きる――ソーシャルメディアが若者にもたらしたもの』野中モモ訳、草思社
堀川裕介＋天野美穂子＋千葉直子＋橋元良明（二〇一四）「なぜ女性はネット上で異性と出会うのか（Ⅱ）――ＭＲＯＣとアンケートで見る「出会い」の詳細」『二〇一四年社会情報学会ＳＳＩ学会大会研究発表論文集』六七―七二頁
柳文珠＋天野美穂子＋橋元良明（二〇一五）「日韓若年層におけるソーシャルメディア利用様相の比較――グループ・インタビューを通じて」『東京大学大学院情報学環情報学研究調査研究編』第三一号、二一五―二七八頁
Kraut, R., M. Patterson, V. Lundmark, S. Kiesler, T. Mukhopadhyay & Scherlis, W.（1998）“Internet paradox：A social technology that reduces social involvement and psychological well-being?” *American Psychologist*, 53（9）, pp.1017-1031
Kraut, R., S. Kiesler, B. Boneva, J. N. Cummings, V. Helgeson & A. M. Crawford（2002）“Internet paradox revisited,” *Journal of Social Issues*, 58（1）, pp.49-74
Takahira, M., R. Ando & A. Sakamoto（2008）“Effect of internet use on depression, loneliness, aggression and preference for internet communication,” *International Journal of Web Based Communities*, 4（3）, pp.302-318
総務省情報通信政策研究所「平成二六年情報通信メディアの利用時間と情報行動に関する調査報告書」〈http://www.soumu.go.jp/main_content/000357570.pdf〉二〇一五年七月閲覧

139, 153, 229-231, 237, 240, 241
——的転回　10, 241
物　67, 123, 124, 126-128, 130, 131, 134-136, 138, 139
物語　81, 86, 137-139, 160, 162
『物語の詩学』(ジュネット)　159
『物語のディスクール』(ジュネット)　159, 172
モノポリー　144, 154
『モバイル・ライブズ』(エリオット＋アーリ)　241

や　行

唯物性　9, 125, 128, 138, 139
唯物論　125, 133, 135, 138
——的時間　9, 121, 122, 125, 126, 128, 132-135, 138, 139
——的転回　125, 126, 134, 135, 139 → マテリアル・ターン
新しい——　123, 125, 141, 227, 232
郵便チェス　145, 147-149
ゆるキャラ　10, 227, 232, 234-238, 240, 241, 243
抑うつ　259-261, 267, 272, 275, 276
読み　10, 25, 139, 168, 213-217, 221-222, 224
——の多様性　139, 213-215
弱い紐帯　259, 260, 262, 265, 268, 270, 275, 276

ら　行

リアリティ　82, 84, 91, 92, 95-97, 99, 100, 156, 160, 238, 242, 258
リアル世界　261, 262, 271, 275
リキッド化　6
リキッド・モダン　4
利潤のレント化　65, 79
リテラシー　3, 6, 7, 11, 84, 218, 220, 240, 241, 255
『リング』(中田秀夫監督)　10, 176, 180-182, 184-189
『リング・ウィルス』(キム・ドンビン監督)　181
『リング完全版』(瀧川治水監督)　181
類像　97-99
ルール　68, 74, 78, 142-146, 149, 151-154
レコメンデーション　5
レンタルビデオ文化　178, 180
レント　62, 65, 72, 74, 200, 223
——化　64, 65, 79
ロールプレイングゲーム　147

わ　行

笑い　10, 211, 214-217, 219, 220, 222-225

人名索引

ア　行

アインシュタイン, アルバート　111-114
アガンベン, ジョルジョ　171
浅田彰　158, 172
アドルノ, テオドール　26
アーリ, ジョン　241
アルトドルファー, アルブレヒト　136-138
石井てるよし　177, 181, 190
石岡良治　114, 118, 119
ヴァールブルク, アビ　107
ウィアー, ピーター　82
ウォーホル, アンディ　27
ウォルトン, ケンダル　150
エーコ, ウンベルト　27, 28, 32, 214, 215, 217, 218, 224, 225
エジソン, トーマス　111, 112, 114-116, 118
エリオット, アンソニー　241
荻上チキ　218, 219, 225

カ　行

カイヨワ, ロジェ　146-148, 154, 155
カロン, ミシェル　232
河田学　249, 257, 258
神崎繁　31, 43
カント, イマヌエル　164
ギアツ, クリフォード　6, 7
北田暁大　218, 225
キットラー, フリードリヒ　31
ギルロイ, ポール　233
グーテンベルク, ヨハネス　4
クラウト, ロバート　260-263, 265, 266, 269, 273, 276, 278
クリステヴァ, ジュリア　184, 188
クリード, バーバラ　184
クルティウス, エルンスト・ローベルト　107, 114
クレーリー, ジョナサン　7, 49-52, 57, 58, 61
クローバー, キャロル・J　176
グロマラ, ダイアン　84-87, 91-94, 100, 101
國分功一郎　158, 172

サ　行

斉藤綾子　175, 176, 189, 209
桜井均　35-41, 43
サド, マルキ・ド　29, 30, 35, 38, 176
椹木野衣　92, 101
シヴェルブシュ, ヴォルフガング　112
シェイル, アンドリュー　110, 117, 118
ジェフォーズ, スーザン　115
シェリー, メアリー　107, 109, 245, 247
ジュネット, ジェラール　159-161, 172
シルバーストーン, ロジャー　87, 101
スカル, デイヴィッド・J　107-109, 114, 118, 119
鈴木光司　181, 189
鈴木良子　39, 40
スーツ, バーナード　146, 155
スティグレール, ベルナール　8, 25, 45-53, 55-61
ストート, ロビン　110, 117, 118
スミス, アダム　69
ゼメキス, ロバート　108, 188
セール, ミシェル　232
セルバンテス, ミゲル・デ　35
ソシュール, フェルディナン・ド　233

タ　行

タークル, シェリー　245, 247, 248, 257, 258
ダゲール, ルイ＝ジャック＝マンデ　88
タルボット, ウィリアム・ヘンリー・フォックス　88
千葉雅也　158, 172
デフォー, ダニエル　165
寺岡伸悟　236, 242
ドゥボール, ギー　10, 192-195, 203, 204, 206-209
ドゥルーズ, ジル　9, 28, 31, 34, 43, 46, 57, 61, 76, 78, 156-159, 161, 164, 165, 167-169, 171-173
トゥルニエ, ミシェル　165, 172
ドブレ, レジス　24, 25
トマセロ, マイケル　42
トリキ, ラチダ　27

ナ　行

ナイ, ジョセフ　234, 242
中島梓　198-200, 204, 210
中田秀夫　180, 185
ネグリ, アントニオ　64, 65, 78, 171

ハ　行

ハイデッガー, マルティン　31, 122, 130, 133
バウマン, ジグムント　3-5
パース, チャールズ・サンダース　97-99
ハート, マイケル　65, 78, 171
ハーバーマス, ユルゲン　24, 26
バラッド, カレン　125, 134
ハリス, アニタ　205
バルト, ロラン　138, 159,
ハルバースタム, ジュディス　176

ヒッチコック，アルフレッド　188
ヒューウェル，ウィリアム　107
ヒューム，デイヴィッド　158, 164, 172
フィンチ，スペンサー　128-131
フーコー，ミシェル　7, 22, 23, 26-32, 34, 35, 37, 39-41, 43-45, 53-55, 61
フータモ，エルキ　9, 104-108, 115, 117-119
フッサール，エドムント　47, 61
ブーニュー，ダニエル　25, 34, 44, 97-99, 101
フランクリン，ベンジャミン　69, 109-112, 114-116
フルッサー，ヴィレム　8, 80, 87-92, 94, 96, 100, 101
ブルネレスキ，フィリッポ　92, 93
フロイト，ジークムント　179, 184, 189
ヘインズ，ロズリン・D　107-109, 113
ヘルピ，R. M　69, 72, 78
ベンヤミン，ワルター　25, 26
ボードリヤール，ジャン　238-240, 242
ホフマン，E. T. A　179
ホール，スチュアート　10, 184, 213-216, 220-222, 224, 233
ホルクハイマー，マックス　26
ボルター，デイヴィッド　84-87, 91-94, 100, 101

マ　行

マクルーハン，マーシャル　24, 25, 44
マクロビー，アンジェラ　206
マネ，エドゥアール　30, 31, 35, 37, 38, 41, 67
マラッツィ，クリスティアン　62-65, 78
マルヴィ，ローラ　9, 174-176, 180, 185-189, 195, 210
マンデル，ルイス　70-72, 79
みうらじゅん　235, 243
水島久光　28, 44, 101, 219, 220, 225, 226
村上春樹　9, 10, 156, 158-162, 167, 171, 173
モクシー，キース　9, 123, 125-128, 130-132, 134, 136, 138, 139
モラン，リチャード　112, 117, 119

ヤ　行

ユール，イェスパー　9, 142, 144-155
吉野兼司　39, 40

ラ　行

ラッツァラート，マウリツィオ　64, 68, 79
ラトゥール，ブルーノ　10, 229, 231, 232, 242
ラブリュイエール，フランソワ・J　69, 72, 79
リラダン，ヴィリエ・ド　112, 120
ルーマン，ニコラス　24, 25, 82-85, 95
レンブラント・ファン・レイン　132, 133
ロー，ジョン　232

事項索引

a-z0-9

Amazon　252, 253
CG　8, 92, 93, 95, 97, 100
『DanceDanceRevolution』　145
Facebook　5, 251, 256, 262, 266, 267
FPS　145, 151, 155
Google　254-258
GPS　75, 151, 155
ICカード(化)　68, 75
『Ingress』　147, 148
Jホラー　8, 9, 174, 176, 177, 180, 186, 189
LINE　5, 96, 230, 241, 262, 266, 267, 273
MROC調査　265, 267, 272
『Quake Ⅲ Arena』　145
SNS　205, 220, 221, 266, 267, 274 → ソーシャルネットワーク
Twitter　5, 220, 262, 266, 267, 273, 274
VR　8, 92, 93, 95, 100
Yahoo! Japan　254
『ZONE――核と人間』　36, 38
『1Q84』(村上春樹)　162
『24／7――眠らない社会』(クレーリー)　50, 51, 58, 61
2・5次元文化　192, 202-204, 209

あ　行

アイオーン　156, 157, 168-170
アイドル　177, 178, 199-201, 204, 205, 207, 209
アーカイブ　22, 36-39, 41, 43
アクター・ネットワーク理論　10, 227, 230-232, 240-242
『遊びと人間』(カイヨワ)　146, 155
アドベンチャーゲーム　147
アブストラクトゲーム　144
アルシーヴ　22, 23, 39-41
『アンチ・オイディプス』(ドゥルーズ＋ガタリ)　158, 159, 188
イケメン　10, 196, 198-200, 203-205, 207-209
意識　8, 45, 47, 48, 50, 51, 55-60, 84, 86, 87, 120, 132, 136, 156, 166
　――の流れ　47-49, 56, 58, 60
異種混交的な時間　134, 135
異端(信仰)　121
イノベーション　8, 65, 75
いま・ここ　34, 161, 162
『意味の論理学』(ドゥルーズ)　156-158, 165, 171, 172
インターネット　10, 11, 50, 52, 60, 68, 147, 148, 244, 245, 247-251, 254-268, 271, 275-278
　――・パラドクス　11, 259-263, 275-277
インターフェース　51, 58, 77, 85-87, 92-96, 101, 105, 248
　――・バリュー　244, 248, 257
ヴァギナ・デンタータ　184, 185
ウェブサイト　10, 247, 249, 251, 254, 255, 257, 263
ウェブデザイン　252, 254, 257
映画　48, 49, 51, 56, 60, 81, 87, 96, 107, 174, 180, 185, 186, 188, 195, 255, 257
エージェンシー　9, 121, 122, 124, 125, 132-136, 138, 139 → 行為者性
　――現実主義　125
『エジプトへの逃避』(レンブラント)　132
『エドTV』　91
エピステーメー　7, 27, 29, 32-35, 41
遠近法　8, 92, 93, 95, 100, 101
エンコーディング　10, 211-215, 224, 225
エンコード　213
オセロ　151
オーディエンス　40, 42, 213-217, 219-221, 223-226
オリエンテーリング　148
オリジナルビデオ　177, 179, 180, 186, 187
音楽　49, 51

か　行

絵画　31, 33, 92, 93, 125, 136, 138, 139
回遊性　246, 250, 252, 257
『カウンターストライク』　151
『科学が作られているとき』(ラトゥール)　232, 242
可視性　22, 28, 31, 39, 42
『風の歌を聴け』(村上春樹)　158
『風のタクト』　149, 150 →『ゼルダの伝説 風のタクト』
画像　81, 82, 88-91, 93, 96, 97, 99, 252, 255
語り　25, 33, 38, 85, 126, 159, 161, 218, 238, 248
　――手　159-161, 163, 167
　――論　159-161, 171
カード　68-77 → クレジットカード
　――会員　71, 73
　――会社　73, 74
『カプリコン1』(ハイアムズ監督)　83
貨幣　8, 24, 62, 66-69, 77, 78
加盟店（クレジットカードの）　71-74
カルチュラル・スタディーズ　119, 206, 213, 225, 226, 233, 237
ガレージ(神話)　115, 117, 118
カワイイ　236, 238, 240
鑑賞者　22, 23, 30, 32, 129-133, 138, 139, 185,

187
管理社会　51, 57, 76, 78
記号　5, 80, 81, 85, 96-99, 123, 124, 133, 235, 236, 238, 239
——のピラミッド　97
——論　3, 97, 98, 101, 232, 233, 236
技術　46, 130, 135, 138
——化　31, 135, 136, 138
客体　22, 32, 37, 130, 133-136, 139, 179, 195, 205, 231
客観性　91, 97, 100, 122, 167
『虚構の「近代」』(ラトゥール)　229, 232, 242
去勢不安　179, 180, 184, 185
『キリギリスの哲学』(スーツ)　146
金融　62-67, 69, 70, 75-79
——化　63, 65
空間　29-31, 33, 40, 42, 68, 246
『空室の中の太陽の光…』(フィンチ)　128
『グランツーリスモ』　154
グリニッジ標準時　127
クレジット　66, 68-71, 76, 78, 205
——カード　8, 62, 63, 66-73, 75, 77, 78 →カード
クロノス　127, 156, 157, 168, 169
経験論　157, 164
啓蒙　121, 126
——主義　9, 121, 126, 127, 139, 229
ケータイ　3, 277
決済システム　8, 66, 74, 77
決済ネットワーク　72-74
ゲーム　3, 4, 51, 52, 59, 86, 99, 142-155
——化（ゲーミフィケーション）　4, 154
『ゲーム化する世界』(日本記号学会)　3, 101
現金　66, 72, 77
検索　3, 124, 252, 255, 257, 258
——エンジン　255, 256
言説形成体　28, 30, 31, 38, 42
言表可能性　22, 39, 42
行為者性　231, 241 →エージェンシー
考古学　9, 22, 26-28, 31, 38, 41, 44, 104-106, 119, 188
広告　58, 76, 123, 124, 251
交渉的な位置　214, 216
『構造と力』(浅田彰)　158
国際ブランド　68, 69, 71-74, 76
『国境の南、太陽の西』(村上春樹)　162
ごっこ遊び　142, 150, 152
古典的ゲーム　144, 145, 147, 153, 154
コード　24, 25, 75, 80, 81, 88, 98, 212, 213, 215, 216, 223
孤独感　259-261, 267, 272, 273, 275, 276
『言葉と物』(フーコー)　23, 26, 28, 30, 32
コミュニケーション　6, 42, 51, 52, 65, 80, 87, 96, 105, 125, 132-135, 194, 208, 211, 212, 214, 224, 251, 259-261, 267-269
『コミュニケーション学講義』(ブーニュー)　44, 97, 101
コモン　64, 65
コラージュ　134
コンテクスト　37, 38, 40, 106, 194, 208
——・メディア　236
コンピュータ　6, 24, 75, 77, 146, 148, 149, 154, 248
——ゲーム　3, 86, 96, 101, 149
——・リテラシー　6

さ　行

再帰性　238
『差異と反復』(ドゥルース)　158
作者　31, 35, 37, 132, 138, 139, 159
——の死　138
「作者の死」の死後　138
産業資本主義　64, 65, 69, 127
ジェンダー　176, 195, 196, 205
視覚　6, 9, 31, 95-97, 100, 123, 125-131, 135, 136, 139
「視覚的快楽と物語映画」(マルヴィ)　175, 176, 185-189, 209
——文化　107, 114, 119, 121, 123, 126-128, 139
時間　33, 127, 128, 160, 169, 171
——対象　8, 47-52, 56, 57, 60
——の唯物性　128, 134
『色彩を持たない多崎つくると、彼の巡礼の年』(村上春樹)　9, 156, 158, 160, 162, 165-171, 173
磁気ストライプ　75
『侍女たち』(ベラスケス)　22, 28-30, 32
視線　23, 30, 32, 83, 174-176, 179, 180, 182-185, 188, 195
自然　53, 54, 83, 85, 87, 93, 94, 100, 212, 227, 228, 231
視聴率　56, 225
実定態　28, 30-35, 38, 42
『自動的社会１』(スティグレール)　58
支配的な位置　214-217, 221, 223, 224
指標　34, 56, 57, 97-100
シミュラークル　238, 239, 242
シミュレーション　88, 146, 154, 238-240, 242, 244, 247, 248, 258
『シムシティ』　146
『シムピープル』　145, 146
自明　25, 35, 123, 126, 127, 130, 131, 133, 136, 139, 171, 195, 221, 222
——性　131, 132, 139
『邪願霊』(石井てるよし監督)　9, 176-189

社交性　267, 268, 272, 275, 276
写真　8, 32, 33, 81, 86, 88, 90, 92, 93, 95-101, 241, 242
従属化　195, 207
『ジュスティーヌ』(サド)　29, 30
主体　22, 25, 26, 30, 31, 34, 37, 122, 124-126, 130-136, 139, 164, 165, 179, 207, 231
障害者　215, 221-225
――表象　211, 215, 221, 223
将棋　144, 154
象徴　29, 32, 97, 116, 117, 133, 154, 169, 180, 184, 237, 242
焦点化　160, 161
消費　63, 65, 66, 69, 195, 197-199, 204, 205, 207, 208, 209, 246, 250, 251
――市民権　205
――者クレジット　65, 69, 70, 72, 78
――主体　192, 195, 197, 198, 209
――への従属化　207
商品化　69, 192, 195, 199, 205-207, 209
――への従属　207, 209
植民地(主義)　126, 127, 133
触覚　95-97, 100, 130
ショッピングセンター　250-252
ショッピングモール　10, 244-247, 249-251, 256-258
心権力　8, 45-47, 52, 53, 55-60
人口　53-56, 197
身体性　154, 155
『死んだピュラモス』(アルトドルファー)　136, 137
人的資本　64, 66, 76
親密化　274
親密さ　260, 275
『砂男』(ホフマン)　179
スペクタクル　10, 176, 188, 192-196, 204, 206, 207, 209
――社会　91, 193, 203, 209
『スペクタクルの社会』(ドゥボール)　10, 192, 195, 209
スポーツ　101, 148, 153-155, 196, 197, 221
スマートフォン(スマホ)　4, 5, 8, 47, 51, 52, 57, 59, 60, 75, 77, 95, 146, 148, 230, 231, 241, 256, 266
生権力　45, 46, 52-56, 65
精神的健康　11, 259-268, 271, 275-277
精神分析　131, 158, 179
「世界像の時代」(ハイデッガー)　31
セゾン　30
『接続された心』(タークル)　245, 247, 258
『ゼルダの伝説 風のタクト』　149, 143, 149, 150
潜在性　156
『千のプラトー』(ドゥルーズ+ガタリ)　158
装置　4, 8, 31, 46, 66, 75, 87, 88, 90, 91, 93, 96, 124, 129, 245
ソーシャルネットワーク　256, 257 → SNS
ソーシャルメディア　4-6, 11, 259, 262, 263, 265-272, 275-277
ソフト・パワー　234, 236
『ソフト・パワー』(ナイ)　234, 242

た　行

対抗的な位置　213-216, 221, 223
対人関係　11, 259-272, 274-276
対話　39, 41, 42
他者　5, 10, 23, 30, 37, 41, 52, 100, 101, 121, 122, 131, 156, 157, 164-167, 171, 224
タッチパネル　8, 80, 95, 96, 100, 101
タブレット　148, 256
チェス　144, 145, 148, 149, 151, 154, 155
地層　27, 28, 33, 35, 38, 41, 225
――化　28, 30
『知の考古学』(フーコー)　8, 23, 26, 27, 43, 44
抽象的ゲーム　145, 151, 152, 155
超越論的　23, 47, 164
――経験論　156, 164
強い紐帯　259-261
出来事　10, 23, 40, 48-50, 71, 83, 132, 142, 144, 156, 157, 164-172, 177, 213, 239
テクスト　81, 82, 90, 91, 138, 139, 162, 167, 168, 170, 216
テクノ画像　8, 80-82, 87-91, 95, 96, 100
テクノコード　80, 88, 89, 101
テクノロジー　6, 7,11, 47-49, 54-56, 58, 60, 245
デコーディング　10, 211-217, 220-225
デコード　211, 213
デジタル・イメージ　92, 95, 97, 99, 100
デジタルメディア　4, 5, 7, 106
『哲学とは何か』(ドゥルーズ)　157, 172
『鉄拳3』　152
『テトリス』　151
『テニスの王子様』　202
『テニミュ』　202-204
デビットカード　73, 76
テレビ　3, 7, 24, 27, 28, 32, 33, 37, 49, 50, 60, 188, 214, 215, 217-222
――ゲーム　97
『テレビの自画像』(桜井均)　37, 43
『テレビは戦争をどう描いてきたか』(桜井均)　36, 38, 43
転用　193, 194, 208
投企　121, 122, 130, 131, 133, 136
統計学　54-56
導線設計　11, 244, 246, 247, 252, 256, 257
透明　84-87, 90, 94, 126, 129, 133, 136, 212, 224,

226, 237, 245
——化 84, 91, 94, 101, 128
——性 8, 25, 27, 28, 33, 80, 85, 87, 91-95, 100, 217, 218, 225
——性の神話 94
——なコミュニケーション 212, 224
——な窓 85, 91, 93
『トゥルーマン・ショー』(ウィアー監督) 82, 83, 85, 91, 94, 100, 101
ドキュメンタリー 35-41, 43, 82, 177
トポス 9, 104-107, 115, 117-119
——概念 9, 104, 106-108, 118
『ドンキーコング』 150, 151
『ドン・キホーテ』(セルバンテス) 29, 30

な 行

内的相互作用 121, 124, 125, 133, 136
ナビゲーション 252-254
認知資本主義 8, 62, 64-66, 71, 72, 76-78
ネオTV 27, 28, 32-34, 44, 214, 215, 217-219, 221, 224-226
覗き見 178-180, 184
『ノルウェイの森』(村上春樹) 158, 161, 162

は 行

媒介 5, 33, 40, 42, 66, 67, 77, 86, 87, 101, 139, 192, 207, 249, 258
ハウスカード 70, 73, 76
『バック・トゥ・ザ・フューチャー』(ゼメキス監督) 9, 104, 108-111, 113, 116-118
ハード・パワー 234
パネル調査 260, 261, 264, 266, 272, 276
『ハーフ・リアル』(ユール) 9, 142, 144
『バリバラ』 215, 221-223
パレオTV 27, 214, 217, 218, 222
光 99, 129, 130, 132, 139, 174, 188, 238
美少年 198, 199
『美少年学入門』(中島梓) 198
非接触IC 75, 77
ビデオ 180, 181, 185-188
——ゲーム 8, 142-145, 147, 149, 151-155
——テープ 185, 186
批評空間 172
非物質化 8, 62, 67, 77
表象 11, 22, 23, 28-35, 38, 41, 86, 98, 99, 132, 137, 152
——不可能 128, 131, 132
『ファイナルラップ』 154
フィクション 9, 126, 142-145, 149-152, 155
——性 9, 144, 146, 149, 151, 152, 154, 155
——世界 142-144, 149-153
フェティシズム 121
フェミニズム 184, 196, 206-209
——映画理論 9, 174-176, 186
ポスト・—— 206
第二波—— 196, 208
第三波—— 192, 196, 205
フォーディズム 64, 70, 76
『フォリー・ベルジェール劇場のバー』(マネ) 30, 31
不気味なもの 179, 180
不透明性 90, 91
ふなっしー 237, 238, 240
『フライデーあるいは太平洋の冥界』(トゥルニエ) 165, 172
『フランケンシュタイン』(シェリー) 9, 107-111, 113, 114, 116-118
フリーウェイ 249, 250
プレイヤー 4, 142-146, 148-150, 152-154
フレーム 42, 219, 220, 221
ブロードバンド 250, 251, 255
文化 6, 7, 9, 193, 203, 233
——産業 49, 57, 60
ポスト・テレビ 7, 22, 28
ポスト人間 121, 135
ポストヒストリー 90
ポスト・フォーディズム 62-64
ポストモダン 5, 126-128, 139, 229
ポータブル・デバイス 8, 45, 47, 50-52, 57, 60
ホラー映画 176, 177, 186

ま 行

マインド・スポーツ 154, 155
マス・メディア 8, 24, 25, 27, 41, 50-52, 57, 58, 60
マッド・サイエンティスト 104, 106-119
マテリアル・ターン 227 →唯物論的転回
『マネの絵画』(フーコー) 30, 44
ミメーシス 126, 127
『未来のイヴ』(リラダン) 112, 120
見られる客体 37, 195, 196, 198, 199, 201, 204, 208
見る主体 195, 196, 201, 204, 207, 208
メディア 4, 6, 8, 24-27, 41, 43, 66, 67, 85-87, 94, 100, 101, 105, 149, 180, 181, 185, 188, 195, 213, 238-240
——学 26, 27
『メディア考古学』(フータモ) 105, 106, 119
『メディアの法則』(マクルーハン) 24, 44
『メディアは透明になるべきか』(ボルター+グロマラ) 84, 101
——・リテラシー 6
『メディア論』(マクルーハン) 24
メドゥーサ 182, 184, 185
メロディ 47, 48
モノ 10, 31, 98, 99, 121-127, 130, 135, 136, 138,

鈴木 潤（すずき じゅん）
新潟大学大学院現代社会文化研究科博士後期課程在学中。専門：映画論。著作：「レンタルビデオ市場におけるホラーブームとＪホラーの連続性――『邪願霊』から『リング』へ」（『二松学舎大学人文論叢 94』など。
ひとこと：小さい頃は、ホラー映画のＣＭをうっかり観ようものなら、ひとりでお風呂に入れなくなるような子どもでした。それが今や、Ｊホラーのことばかり考えて暮らしています。人生、何が起こるか解らないものですね。

田中東子（たなか とうこ）
大妻女子大学文学部准教授。専門：メディア文化論、カルチュラル・スタディーズ。著作：『メディア文化とジェンダーの政治学――第三波フェミニズムの視点から』（世界思想社）、『身体と教養』（共著、ナカニシヤ出版）など。
ひとこと：幼いころよりねこが大好きでしたが（見る専）、数年前に念願かなってようやく自宅で愛猫と暮らすことができるようになりました。今では立派なねこの下僕ですが、生きづらい現代社会で、ねこのように気ままかつ自由に生きていきたいものだと、なでるたびに思います。

塙 幸枝（ばん ゆきえ）
国際基督教大学大学院博士後期課程在学中、埼玉学園大学非常勤講師、日本学術振興会特別研究員。専門：コミュニケーション学。著作：『空間とメディア――場所の記憶・移動・リアリティ』（共著、ナカニシヤ出版）、『ショッピングモールと地域――地域社会と現代文化』（共著、ナカニシヤ出版）など。
ひとこと：何かを「笑う／笑えない」ということは、他者や物事に対するわたしたちの態度を反映する事象だといえます。お笑いをみて笑っている自分にふと気がつく瞬間、それを後ろからみている自分の気配を感じたりします。

遠藤英樹（えんどう ひでき）
立命館大学文学部教授。専門：観光社会学、現代文化論、社会学理論、社会調査法。著書：『現代文化論――社会理論で読み解くポップカルチャー』（ミネルヴァ書房）、『空間とメディア』（共編著、ナカニシヤ出版）など。
ひとこと：周りからしてみたら「愚か」としか思われないようなことであっても、あなたが発見したものは「かけがえのないもの」かもしれません。周りの目を気にして、この世界の不思議さに驚く（wonder）気持ちを忘れないで下さい。理論を考えるうえで一番大事なことはそれです。

大塚泰造（おおつか たいぞう）
株式会社フラッグ取締役。専門：マーケティング／メディア論。著作：『空間とメディア――場所の記憶・移動・リアリティ』『ショッピングモールと地域――地域社会と現代文化』（ともに共著、ナカニシヤ出版）など。
ひとこと：なぜ学問とビジネスは交わらないのか？　なぜ学者は事象を後追いするだけ、ビジネスマンは事業の持つ意味を振り返らないのか？　学問（特に文系）とビジネスの接点が増えるよう日々考えています。

天野美穂子（あまの みほこ）
長岡造形大学非常勤講師、東京大学大学院博士課程在学中。専門：メディア・コミュニケーション論、社会心理学。著作：「日韓若年層におけるソーシャルメディア利用様相の比較――グループ・インタビューを通じて」（共著、東京大学大学院情報学環紀要情報学研究調査研究編）など。
ひとこと：私自身の場合、ネット利用の恩恵を受ける一方で、ネット利用により物事をじっくり考える時間が減りつつあると感じている。本当に豊かに生きるためには、自分の頭でよく考え、行動するという行為は大切にする必要があるだろう。

執筆者紹介（執筆順）

水島久光（みずしま ひさみつ）
東海大学文学部広報メディア学科教授。専門：メディア論、情報記号論。著作：『閉じつつ開かれる世界——メディア研究の方法序説』（勁草書房）、『テレビジョン・クライシス——視聴率、デジタル化、公共圏』（せりか書房）など。
ひとこと：個別具体的な「メディアのかたち」に惑わされずに、認識とコミュニケーションのヴィークルとしての「メディアの本質」に迫るには、哲学と思想からしっかりと知見を受け継がなければならない、と日々考えています。

谷島貫太（たにしま かんた）
東京大学附属図書館特任研究員。専門：技術哲学。著作：「ベルナール・スティグレールにおける「正定立」の概念をめぐって——フッサールを技術論的に捉え返す試み」（『東京大学大学院情報学環紀要 情報学研究』第84号）など。
ひとこと：家でももいろクローバーＺの曲を延々とかけていたら、1歳の息子がももクロの曲に反応して踊り出すようになり、妻が怒っています。

山本泰三（やまもと たいぞう）
四天王寺大学ほか非常勤講師。専門：政治経済学の方法論。著作：『認知資本主義——21世紀のポリティカルエコノミー』（編著、ナカニシヤ出版）など。
ひとこと：最近、人生はひとそれぞれ大変だなあと嘆息することしきり。もちろん、誰しも苦労を免れえないということだけれども、それとはちょっとちがう何ごとかが、そう思わせる。

太田純貴（おおた よしたか）
鹿児島大学法文学部准教授。専門：美学・芸術学、メディア論。著作：エルキ・フータモ『メディア考古学』（編訳、NTT出版）、「タイムマシンとしての衣服」（『哲學研究』）など。
ひとこと：大学入学時は（あえていえば）、海関連もしくは海洋哺乳類のコミュニケーション研究がやりたかった。当時は哲学や芸術に反感を抱いていたのにもかかわらず、今はそれに類することをやっている。大学（院）時代の数多くの幸運と「誘惑」の結果です。

柿田秀樹（かきた ひでき）
獨協大学外国語学部教授。専門：レトリック理論、批判理論、視覚レトリック論。著作：『倫理のパフォーマンス——イソクラテスの哲学《レトリック》と民主主義批判』（彩流社）、『現代日本のコミュニケーション研究』（分担執筆、三修社）など。
ひとこと：理解（コミュニケーション）は難しいことを自分の枠に当てはめて、分かりやすくすることではない。難しいことに難しいままぶつかっていくことから理解は生まれる。

河田 学（かわだ まなぶ）
京都造形芸術大学芸術学部文芸表現学科准教授。専門：文学理論、記号論。著作：「（コンピュータ・）ゲームの存在論——その虚構性と身体性」（『ゲーム化する世界——コンピュータゲームの記号論』叢書セミオトポス、新曜社）、大浦康介編『フィクション論への誘い——文学・歴史・遊び・人間』（世界思想社）など。
ひとこと：僕たちが生きている世界には、ふだんは「あたりまえ」だとみすごしているけれど、よく考えてみると「ふしぎ」なことがいくらでも存在しています。「理論」はそういうところから生まれてくるものだと思っています。

五井 信（ごい まこと）
二松學舍大学文学部教授。専門：日本近代文学、文学理論。著作：『田山花袋　人と文学』（勉誠出版）、『武蔵野文化を学ぶ人のために』（共著、世界思想社）など。
ひとこと：いままでの人生で一度だけだけれど、「勉強のしすぎだよ」と言われたことがある。自分がどう反応したかは覚えていない。でも、ちょっと嬉しかった。そんなこそばゆい気持ちを、学生時代にぜひ一度は味わって欲しい。

編者紹介

松本健太郎（まつもと けんたろう）
二松學舎大学文学部准教授。専門：記号論、メディア論、映像論。
著作：『ロラン・バルトにとって写真とは何か』（ナカニシヤ出版）、『空間とメディア――場所の記憶・移動・リアリティ』（共編著、ナカニシヤ出版）など。
ひとこと：文字どおりの意味でも、そうでない意味でも、走りながら考え、考えながら走る、という毎日を送っています。ジョギング中、あるいは通勤中の“移動書斎”のなかで、空想に耽りながら、そのつど自分と走行環境との関係を組み替えていくのは、とても楽しい遊びです。

新曜社 **理論で読むメディア文化**
「今」を理解するためのリテラシー

初版第1刷発行 2016年5月31日

編　者 松本健太郎
発行者 塩浦　暲
発行所 株式会社 新曜社
〒101-0051 東京都千代田区神田神保町3-9
電話 (03)3264-4973㈹・Fax (03)3239-2958
E-mail：info@shin-yo-sha.co.jp
URL：http://www.shin-yo-sha.co.jp/
印　刷 メデューム
製　本 イマキ製本所

ISBN978-4-7885-1480-5 C1036

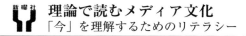